KEY TERMS
IN SYNTAX AND SYNTACTIC THEORY
統語論キーターム事典

KEY TERMS
IN SYNTAX AND SYNTACTIC THEORY
Silvia Luraghi and Claudia Parodi

統語論
キーターム事典

[監訳]
外池滋生

[訳]
江頭浩樹　伊藤達也　中澤和夫
野村美由紀　野村忠央　大石正幸
大野真機　西前　明　鈴木泉子

開拓社

KEY TERMS IN SYNTAX AND SYNTACTIC THEORY

by Silvia Luraghi and Claudia Parodi

Copyright © Silvia Luraghi and Claudia Parodi, 2008
Japanese edition © Shigeo Tonoike et al., 2016

This translation is published by arrangement with
Bloomsbury Publishing Plc, London
through Tuttle-Mori Agency, Inc., Tokyo.

訳者まえがき

原著者の一人シルヴィア・ルラギ (Silvia Luraghi) はイタリア出身, イタリア, パヴィア大学で PhD を取得し, 現在は同大学の理論・応用言語学科の准教授. もう一人のクラウディア・パロディ (Claudia Parodi) はメキシコ出身, カリフォルニア大学ロサンジェルス校で PhD を取得し, 現在は同大学のスペイン語・ポルトガル語学科の教授. ルラギ博士はヨーロッパの伝統の中で育った言語学者であり, パロディ博士はアメリカの伝統の中で育った言語学者であること, そして, 二人ともロマンス系言語を母語としているという点が, 本書を類書の中で特異な存在にしている. 言語の研究はヨーロッパでは長い歴史があるが, 20 世紀以降では構造言語学, 生成文法など, アメリカが中心になってきた感がある, その関係もあって英語で書かれた言語学の解説書は, アメリカ中心で, 英語の研究が中心を占めていることが多い. それに対して, 本書では, テニエール (Tesnière), ヴァッカーナーゲル (Wackernagel), ベハーゲル (Behagel), デルブリュック (Delbrück) などの 20 世紀初頭に活躍した, ヨーロッパ言語学者も取り込み, また, 著者の母語を含むイタリア語, スペイン語などのロマンス諸語だけでなく, とかくすると英語に偏りがちな用例を, 地理的, 系統的に多様な言語から取ってきているという意味でも英語中心主義を克服している点が評価される.

その意味で, 言語の諸理論, 言語学の用語, 言語学者の経歴や主張を調べるという辞書的な使い方も Key Terms と銘打っているだけに, 有用であるが, 加えて, 20 世紀以降の言語学全体, そして, 世界の

言語の多様性を体感するための読み物としても楽しめるものにしている．

しかしながら，著者達が英語の母語話者ではないということのためであろうか，説明の表現や，用語の使い方，また人名の綴りなどに誤りも散見された．そのような誤りについては，翻訳者，監訳者の能力の及ぶ範囲で，訂正した．

本書の翻訳にあたっては，その全過程において，辛抱強く，作業の進展を見守り励ましてくださった編集の川田賢氏にここに記して感謝申し上げる．また，用語統一，索引作りについて，高橋洋平氏と永盛貴一氏にお世話になったことを感謝します．

2016 年 3 月

監訳者　外池滋生

Preface
まえがき

言語学研究の諸分野のなかで，統語論は現在，いろいろな理論が競い合っているために言語現象の統一的特性を理解することが以前より難しくなっている．理論的枠組みの範囲がこのように広いため，膨大な専門用語が生まれ，そのため統語論の領域において関連する文献を読むことが困難になっている．統語論の用語には二重の問題がある．まず，用語の数自体が膨大である．二番目に，同じ用語が理論によって大幅に異なる意味で用いられているということがしばしばある．さらに，受け入れている理論的な枠組みが異なる言語学者はしばしば互いに意見を交わすことに関心がないということが見られる．これらの事実のために，統語論の分野は関心をもって文献を読みたいと思う人にとっても，容易に踏み込めない排他的なものに感じられる．このような理由から，本書には主要理論の章を別に立て，言語学の文献を読む際に読者が遭遇するであろう諸理論の簡潔な概観を提供することにした．統語論の用語が容易に理解できるかどうかということと関係しているもう１つの問題はこの学問分野について今日全般的に当てはまる歴史の浅さである．過去 20 〜 30 年の間で用いられてきた用語について，その参考文献を探すことが困難であることがしばしばある．その結果キータームの章では，現在統語論で用いられているキータームの網羅的な概観を提供するだけでなく，急速な理論の進展と改訂のために現在では用いられなくなったものも合わせて，最近の研究で用いられている基本的な用語も含めることにした．キータームの選択は，その前の章における主要理論の選択と一貫している．最後に，主

要研究者の章では，過去に統語論において先駆的な研究を行った言語学者だけでなく，今日の統語論の主要学派を代表する言語学者も含めている．その限られた紙面から，この章は現在進行中の研究の部分的な概観にとどまらざるを得ない．

言語資料に触れることが言語の仕組みを理解する上で不可欠に重要であるという信念のもと，本書で論ずる概念の説明において広範な実例を使うことにした．できる限り英語の例で始めるよう努力し，これにさらに，類書では慣例的ではないが，いくつかの言語からの例を追加するようにした．そのような言語の知識を持たない読者も理解できるように，つねに逐語訳を，そしてたいていの場合，文法的な語釈も付けている．加えて，統語論の分野が共時的記述に限られたものであるとして語ることを避けて，歴史言語学で現在用いられている様々なキータームも含めることにした．

友人，同僚のコメントによる助力に感謝する．特に本書を原稿段階で丹念に読んで，多くの洞察あふれるコメントと意見をくれたイーディス・モラヴチック（Edith Moravcsik）とカルロス・キコリ（Carlos Quicoli）に感謝の意を表するものである．また，英語の校閲についてリズ・グーディン-マエダ（Liz Goodin-Mayeda）にも感謝する．残る不備や誤りはすべて筆者達の責任である．

以下の項目は Silvia Luraghi 担当である： Actant, Adjunct, Adverbial, Adverbial clause, Afterthought, Agreement, Alignment, Anaphor, Anaphora, Animacy, Antecedent, Applicative, Apposition, Attributive clause, Autolexical Grammar, Auxiliary, Behagel, Case (except Abstract Case), Case Grammar, Cataphora, Causative, Chômeur, Circumstantial, Clause, Cleft sentence, Clitic, Cognitive Grammar, Comment, Complement, Complement clause, Complementizer, Configurational vs. nonconfigurational languages, Conjunct, Construction, Construction Grammar / Radical Construction Grammar, Controller, Converb, Coordination, Coordination reduction, Copula, Copular clause, Core, Core Argument, Coverb, Croft, Delbrück, Demotion, Dependency Grammar, Dependen-

Preface　　　　　　　　　　　　　　　　　　　　　　　　　　　　　　　ix

cy relation, Dependent, Dik, Direct object, Dislocation, Dixon, Ellipsis, Embedding, Emergent Grammar, Endocentric vs. exocentric construction, Extension, Fillmore, Focus, Functional Grammar, Functional sentence perspective, Gapping, Generalized Phrase Structure Grammar, Generative Semantics, Givón, Goldberg, Governor, Grammatical relation, Grammaticalization, Greenberg, Grounding, Halliday, Head Driven Phrase Structure Grammar, Head vs. dependent marking, Host, Immediate constituent, Incorporation, Indirect object, McCawley, Lakoff, Langacker, Lehmann, Lexical Functional Grammar, Matrix, Modification, Montague Grammar, Nucleus, Null argument, Oblique, P2, Parataxis, Part of speech, Participant, Periphery, Pivot, Pragmatic function, Predicate, Predication, Promotion, Reanalysis, Relational Grammar, Relative clause, Rheme, Role and Reference Grammar, Semantic macro-role, Semantic role, Serial verb, State of affairs, Stratificational Grammar, Subject, Subordination, Systemic Functional Grammar, Tagmemics, Tesnière, Theme, Topic, Transitivity/intransitivity, V2 languages, Valency or valence, Van Valin, Mathesius, Voice, Wackernagel, Weight, Word Grammar, Word order.

以下の項目は Clauidia Parodi 担当である： A-bar position, A-position, Argument, Articulatory and Perceptual properties, Binding, Binding Theory, Bloomfield, Branching, Case (only Abstract Case), Case Filter, Case Theory, C-command, Chain, Chain Condition, Checking, Chomsky, Classical Transformational Generative Theory, Computational system, Conceptual and Intentional properties, Control Theory, Convergence, Copy, Copy Theory, Core Grammar, Covert movement, Covert syntax, Deletion, DP, D-structure, Empty Category, Empty Category Principle, Exceptional Case-Marking Verbs, Expletives, Extended Projection Principle, Extended Standard Transformational Generative Theory, Feature strength, Full Interpretation, Goal, Governing Domain, Government and Binding and Principles and Parameters Theory, Harris, Inclusiveness Condition, Interpretable Features, Island constraint, Jackendoff, Kayne, Lamb, Lasnik, Last Resort Condition, Lexical redundancy rules, Light Verb, Lightfoot, Locality, Logical Form, Logophor, Merge, Minimalist Program, Move alfa or Move α, Movement, Node, NP-Movement, Numeration, Operator, Optimality Theory, Overt movement, Parameter, Parameter setting, Parsing, Postal, Percolation, Phase, Phonetic Form, Phrase, Phrase structure rules, Pike, PRO or big PRO, pro or little pro, Procrastinate, Projection Principle, Raising, Recursion or recursivity, Revised Extended Standard Transformational Generative Theory, Ross, Scope, Scrambling, Sisterhood, Small Clause, Spell-Out, S-Structure, Standard Transformational Generative Theory, Strong Feature, Subcategorization, Subjacency Condition, Superiority Condition, Theta Criterion, Theta role, Tough Movement, Transformational Generative Grammar, Uniformity Condition, Uninterpretable Features, Universal Grammar, Variable, Visibility Condition, Weak Features, Wh-in situ, Wh-movement, X-bar theory.

「序」(Introduction) と次の項目は2人の著者の共著である：Constituent, Grammatical/ungrammatical, Bresnan, Government, Head, Sentence.

List of Abbreviations
略　号

文法的語釈で用いる略号

ABL	奪格 (ablative)	DEM	指示詞 (demonstrative)
ABS	絶対格 (absolutive)	ERG	能格 (ergative)
ACC	対格 (accusative)	F	女性 (feminine)
ADESS	接格 (adessive)	FUT	未来 (future)
AOR	アオリスト (aorist)	GEN	属格 (genitive)
AP	反受動 (antipassive)	GER	動名詞 (gerund)
APPL	充当態 (applicative)	IMPF	未完了 (imperfect)
ASP	相標識 (aspect marker)	IMPT	命令(形) (imperative)
CL	名詞の類標識 (class marker)	INDEF	不定 (indefinite)
CLASS	分類詞 (classifier)	INF	不定詞 (infinitive)
CONN	結合子 (connective)	INSTR	具格 (instrumental)
CONSTR	所属形 (construct state)	INT	疑問 (interrogative)
COP	繋辞 (copula)	ITER	反復(相) (iterative)
DAT	与格 (dative)	LOC	位格 (locative)
		M	男性 (masculine)
		MID	中動態 (middle)
		N	中性 (neuter)
		N/A	主格／対格 (nominative/accusative)

NEG	否定 (negation)	PRS	現在 (present)
NOM	主格 (nominative)	PRT	部分格 (partitive)
OBJ	直接目的語 (direct object)	PTC	不変化詞 (particle)
		REFL	再帰的 (reflexive)
OBL	斜格 (oblique)	SG	単数 (singular)
PART	分詞 (participle)	ST	状態的 (stative)
PAST	過去時制 (past tense)	SBJ	仮定法 (subjunctive)
PF	完了 (perfect)	SUBJ	主語 (subject)
PL	複数 (plural)	TOP	主題 (topic)
POSS	所有格 (possessive)	VOC	呼格 (vocative)
PRET	過去時制 (preterite)		

句構造標識と樹形図に用いられる略号

Adv	副詞 (Adverb)	Infl	屈折(要素) (Inflection)
AdvP	副詞句 (Adverb Phrase)	IP	屈折(要素)句 (Inflection Phrase)
Aux	助動詞 (Auxiliary)		
CP	補文標識句 (Complementizer Phrase)	N	名詞 (Noun)
		NP	名詞句 (Noun Phrase)
Deg	程度詞 (Degree)		
Det	決定詞 (Determiner)	S	文 (Sentence)
DP	決定詞句 (Determiner Phrase)	V	動詞 (Verb)
		VP	動詞句 (Verb Phrase)

記 号

∅	空 (ゼロ)	*	(a) 非文法的な形式または構文
=	接語境界		
-	形態素境界		(b) 再構築された形式または構文

Contents
目 次

訳者はしがき ……………………………………………………………… v

Preface（まえがき）……………………………………………………… vii

List of Abbreviations（略号）…………………………………………… xi

Introduction
序 ………………………………………………………………………… 1

Key Theories
主要理論 ………………………………………………………………… 11

Key Terms
キーターム ……………………………………………………………… 63

Key Thinkers
主要研究者 ……………………………………………………………… 267

Key Texts
主要文献 ………………………………………………………… 325

Bibliography
参考文献 ………………………………………………………… 329

Index
索　引 …………………………………………………………… 341

著者・監訳者・訳者紹介 ………………………………………… 379

Introduction
序

1. 言語学は比較的最近の学問分野である．言語の科学的研究はほんの2世紀前に始まったばかりなのである．文法の中核的レベルの中で，統語論，すなわち文の構成と語と構文が組み合わされて文を形成する方法を支配する原理の研究は，明確に分離され，研究と理論的論述の対象となった最後のものである．

この序論では，言語学の分野の発展を簡潔かつ要約的に述べることにする．さらなる詳細は主要理論と主要研究者の章で扱うが，これらは時代順ではなく，アルファベット順に配列してある．本書の目的は言語についての思弁の歴史を書くことではなく，現在統語論で用いられている複雑に絡み合った用語の中を読者が道に迷わずに進む手助けをすることにあるので，本章は歴史的な概観についてのいくらかの基本的な情報を提供するのみである．さらに詳しいことについて関心のある読者は Lepschy (1982), Newmeyer (1986), Matthews (1993), Graffi (2001) などの様々な言語学の歴史の概説書を参照されたい．

この序論の後半部では本書で後述する現代の理論を概観し，統語論に対する「形式的な」接近法と，「機能的な」接近法の間のいくつかの基本的な相違に焦点をあてる．このセクションは主要理論の章への序論と捉えられるべきものである．ここで論じる様々な理論的接近法についてさらに学びたい読者には Moravcsik and Wirth (1980), Dorste and Joseph (1991), Edmondson and Burquest (1992), Butler (2003) が参考になるであろう．

2. 17世紀，18世紀には，統語論は思考と論理を直接反映するも

のであると捉えられていた．事実，言語についての思索は言語学者ではなく，哲学者が行っていたことであり，言語はコミュニケーションにおける現実的な用法において捉えられていたわけでもなく，また実際の資料に基づく経験的な記述の対象として捉えられていたわけでもなく，理性を写し出す抽象的な体系として捉えられていたのである．例えばポールロワイアルの一般文法（Grammaire général）のような論理文法は人間の精神の働きを支える論理的体系を理解する助けとなる限りにおいての貴重な観察の対象として言語に関心を寄せていたのである．

18世紀の終わり頃に，文献学者や哲学者など異なる学問背景からの学者達が，言語の多様性に関心を寄せるようになった．そして，比較言語学，歴史言語学，そして後に方言学は音韻論に焦点を絞っていて，他方，言語類型論は主に形態論に関心があった．フンボルト（Humboldt）（1767-1835）が打ち立てた言語類型論は統語論に対して強い影響力があった．というのは，彼は統語現象の中には言語の内部構造（innere Sprachform）を明らかにするものがあると考えていたのである．にもかかわらず，彼の研究は，構成素とか文という研究の対象としての明確に分離した構文へと繋がることはなかったのである．

19世紀に書かれた数多くの記述的，歴史的文法書はしばしば音韻論と形態論の章のみからなっていて，統語論はほとんどの場合，「格の用法」のような副題のもと形態論の付録として扱われていた．19世紀の終わり頃になってやっとベルトルト・デルブリュック（Berthold Delbrück）のような青年文法学派の何人かが，統語論に目を転じて，幅広く研究を始めたのである．

これらの初期の学者たちのほとんどは明確な理論的枠組みを持たなかった．彼らが文を統語分析の有意味な単位として見なし始めたときには，（たいていは懐疑的に，また批判的な態度で）用いることができた理論は，前述の「一般文法」やヴント（Wilhelm Wundt）（1832-1920）の「社会心理学（Völkerpsychologie）」[1]のような哲学的理論や

---

[1] 日本では「民族心理学」として知られる．

心理学的理論であった．そのような理論は，その大多数が文献学的な背景を色濃くもっていた19世紀の言語学者にとっては周知の事実であった実際のデータと相容れないことがしばしばであった．その結果，文の定義もほとんどがコミュニケーションに基づくもので，コミュニケーションの単位として，つまり発話として定義されており，文の構造にはほとんど関心が払われなかったのである．Graffi (2001: 113-135) が論じるように，この考え方は歴史言語学者や方言学者の間で流布していただけではなく，イェスペルセン (Otto Jespersen) (1860-1943) のような多くの一般言語学者が想定するものでもあった．

イェスペルセンの著作は言語学的思索の歴史に置ける一里塚であった．彼のネクサス (nexus) の考えは現代の依存 (dependency) と統率 (government) の概念へ続く第一歩であった．そのような概念は20世紀初頭のヨーロッパにおける構造主義者たちの著作における統語記述のさらなる発展の基礎となった．彼らがイェスペルセンから直接影響を受けていない場合においてすらそうであった．

3. ヨーロッパ構造主義の様々な思考の系譜の間でもプラーグ学派は談話と語用論における現代の研究の先駆けとして特筆すべきものである．事実，文構造に対するコミュニケーションに関わる要因の影響は19世紀前半において，すでにヴェイユ (Weil) (1818-1868) が観察していたことであるが，彼の先駆的な考えは当時の同時代人にはほとんど影響を与えなかった．1910年代になってはじめて，チェコの言語学者ヴィーレム・マテジウス (Vilém Mathesius) が彼の研究を再発見し，語と構成素に対するコミュニケーションの力学に焦点を当てる機能的統語論の華やかな伝統を始めたのである．そのような見方のもとでは，話し言葉の資料が文構造の理解には不可欠なものであった．特に1920年代，1930年代では，これらの考えは，ほぼ「文法 (grammar)」と「ことば (speech)」を表すラング (langue) とパロール (parole) を峻別し，ラングだけを科学的な研究の対象と見なす，主流のヨーロッパ構造主義とは相容れないものであった．（ラングとパロールの二分法はフェルディナン・ド・ソシュール (Ferdinand de

Saussure, 1857-1913) が 1910 年代に発案したものである.)

1930 年代にヨーロッパでもう 1 つ重要な理論が出現した. それはデンマークの言語学者ルイス・イェルムスレウ (Louis Hjelmslev) (1899-1965) によって提唱された言語素論 (Glossematics) で,それは音韻的体系と文法的体系の間の関係を代数的に記述することを目指すものであった. イェルムスレウの研究は,フランス構造主義の主導的提唱者の一人で,統語論の分野においても活躍したアンドレ・マルティネ (André Martinet) (1908-1999) との手紙のやり取りのなかでも明らかなように,ヨーロッパ構造主義に対して大きな影響を与えた (Arrivé and Ablali 2001 を参照). その他にも言語素論はアメリカ人言語学者シドニー・ラム (Sydney Lamb) の成層文法 (Stratificational Grammar) の発展にも重要な役割を果たしたのである. しかしながら,イェルムスレウが今日もっぱら引き合いに出される分野は記号学 (Semiotics) である.

この頃までにアメリカ構造主義はここで紹介すべきいくつかの方向に向かって動き始めていた. 20 世紀初頭以来,統語論の最重要単位である文は,ばらばらの語の連続ではなく,構造を,Leonard Bloomfield (1933) とその弟子の Zellig Harris (1946) や Rulon Wells (1947) の言葉を借りれば,構成素構造を形成している,ということが主張されていた. 文の直接構成素 (IC) について,Wells (1947: 83) は「直接構成素分析 (IC analysis) に関する我々の一般原理はある連続を,可能な場合は,それより短い連続の拡大として見るばかりでなく,その連続を,そのいくつかあるいはすべてが,それ自身拡大であるような,部分に分解することである」とウェルズ (Wells) は主張している. それ以降 Graffi (2001: 9) が指摘するように,IC 分析はアメリカ構造主義の代名詞のようになった. 構成素は二項的 (binary) であると考えられ,しばしばそのように図示される. 事実,IC 構成素を画定する手助けとなる手順を確立することが,20 世紀前半の間,アメリカ構造主義統語理論の主たる到達目標の 1 つであった.

4. 初期のアメリカ構造主義の科学モデルは帰納的実証主義 (in-

ductive positivism）と行動主義（behaviorism）に立脚していた．説明は数学と論理学の原理により分析される観察可能な事象に基づくものとされていた．ブルームフィールド（Bloomfield）にならって，アメリカの言語学者のほとんどは言語についての心理主義的（mentalistic），認知的（cognitive）説明に敵対していた．例えば，彼らは意味を枠組みの中から排除したのである．しかしながら，20世紀後半になって，ノーム・チョムスキー（Noam Chomsky）は構造言語学的研究方法と構造言語学者がコーパス，つまり，資料収集を重要視する姿勢に対して鋭く反駁したのである．チョムスキーは代わりに，言語学は，仮説を提出し，母語話者が自分の言語で問題の文についてもつ直観から得られる証拠に照らしてそれらの仮説を評価する演繹的科学であるべきだと提案したのである．

　チョムスキーは，どの話者でも，それまでに発したことも聞いたこともない無限の文を作ったり理解したりすることができるのであるから，言語学の本来の研究は話者が自らの言語についてもつ背後にある知識の研究でなければならないと主張したのである．チョムスキーは言語習得の刺激と反応のモデルに基づくどんな行動主義的説明も子供が迅速にそしてやすやすと言語を習得するという事実をとうてい説明できないということを示してみせた．1980年代ころからチョムスキーは普遍文法（Universal Grammar: UG）の生得的な原理を，その値が遺伝的に決定されてはいない言語の部分である媒介変数（parameter）と結び付けるようになった．この時点で，言語獲得と言語変異の研究はチョムスキーの視点からは，媒介変数の値の設定のプロセスということになった．

　文法の自律性（autonomy）と言語のモジュール的捉え方が機能的／認知的理論と変形生成文法を区別する2つの特徴である．変形生成文法理論によると，文法は，それを構成する原始要素（primitive）が人間の他の心的能力とは独立しているという事実のために，自律的システムであるということになる．さらに，変形生成文法によると，それ自身の規則群をもつシステムとしての言語は，モジュール的である．すなわち，言語は他のシステムと相互作用をするが，他のシステ

ムもまたそれぞれに特定の一般原理の集合により統率されているのである.

Caplan (1981: 60) が「文法は種と領域に特異的な認知構造であり，それは他の構造と相互作用をして，通常の知的な機能を生み出す」と述べているように，自律性とモジュール性もまた相互に作用し合うのである.

5. 20世紀後半の間，統語理論に関していくつかの発展がヨーロッパで起こった．最も特筆すべき，そして影響力の大きい進展は1959年のルシアン・テニエール (Lucien Tesnière) の『構造統語論要説 (Éléments de syntaxe structurale)』の出版であった．その本で，テニエールは動詞の結合価という概念を導入し，文は主語と述語という基本的な部分からなるという伝統的な概念を，自然論理 (natural logic) の概念を言語に当てはめる傾向に端を発しているものとして，これに異を唱えたのであった．チョムスキーが米国で行ったような深層構造の理論という形で組み立てるということはしなかったけれども，テニエールは文には基底表示があるという考えを追求していたのである．テニエールの理論においては依存 (dependency) と統率 (government) という概念が重要な役割を果たしている．それらは，すでに指摘したように，イェスペルセン以来，ヨーロッパの統語理論を律してきたものであった.

ヨーロッパの理論言語学のもう1つの重要な流れは，イギリスの言語学者ルーパート・ファース (Rupert Firth) (1890–1960) が始めたものである．彼は多体系主義 (polysystematism) という概念を創設した．彼のアプローチでは言語的なパターンは1つの体系だけでは説明できず，むしろ，異なるパターンを説明するためには異なる体系を立てなければならないのである．ファースはさらに，意味の文脈依存性を強調し，彼の学生のハリデー (M. A. K. Halliday) の体系文法 (Systemic Grammar) への道を拓いた．これは，社会的相互作用が言語の研究にとって基本的であると見なす影響力のある理論である．ハリデーのアプローチは統語論と談話の研究への様々な機能的アプローチの1つであり，言語を第一義的にはコミュニケーションの

Introduction

手段であると見なしている.

1960年代に入るとチョムスキーの考えが、ヨーロッパの大学に輸入されはじめ、ルイジ・リッツィ (Luigi Rizzi) やグリエルモ・チンクェ (Guglielmo Cinque) などの様々な言語学者が、これに即した研究を行い、変形生成文法の進展に大きく貢献した. しかしながら、批判的な言語学者もいた. 早い段階でチョムスキーのアプローチに対して批判的な立場を取った言語学者の中にはサイモン・ディック (Simon Dik) がいて、彼は独自の機能文法を発展させた. この理論は、統語論の自律性に関する仮定を退け、コミュニケーションにおける言語の機能に重きを置く. 文構造の記述においてはテニエールの結合価の概念を用いる.

1960年代には米国内でも何人かの言語学者がチョムスキーに対して批判的な立場をとるようになった. 基本的な意見の不一致は意味論の役割と統語論との関係に関わるものであった. ここから生成意味論 (Generative Semantics) として知られるようになる運動が生じた. それは、統語論について非自律的な見方をとり、文生成において意味論が主要な役割を果たすということを仮定していた. 生成意味論は完成された理論には至らず、この運動に参加していた言語学者は統語論についての様々な代案のアプローチを作り出したのである. その一部は本書の主要理論において扱っている.

次の章で紹介する理論について、そのすべてが、統語論の分野のインパクトと関連性に関して、同じ平面にあるわけではないということを断っておかねばならない. 変形生成文法や選択体系機能文法のような現在でも研究され発展を続けているものがある一方、成層文法のような実質的に放棄されているものもある. さらに生成意味論や格文法のように、他の機能的／認知的アプローチと合流して、認知文法や構文文法のような生産的な理論の基礎となったものもある.

本書での概説は20世紀半ばから提案されたすべての統語理論を網羅するものではない. 過去数十年の間に世界中の様々な場所で、しばしば互いに無視し合いながら、理論が増殖したことからすると、そのような試みは本書の規模をはるかに越えるものになる. 本書では、読

者が言語学の文献で最も遭遇しそうな理論を選んでいる．

6. 現在の統語論のアプローチを語るとき，「形式的」アプローチと「機能的」アプローチを区別するのが慣例である．この最後のセクションでは，本書の中で何度も使われるこの2つの用語の意味を明らかにしておきたい．

先に指摘したように，現存の機能的アプローチに共通しているのは，言語を第一義的にコミュニケーションの手段であると考える点である．これに対して，形式的なアプローチでは，言語は第一義的に抽象的な知識の体系であると考えられ，力点は構造に置かれている．コミュニケーションが言語の第一の機能であるという仮定は認知文法のような意味論志向的な認知アプローチにも共通するものである．

「形式」という用語で今日言及されるものは，ほとんどの場合，変形生成文法であるということは強調しておかねばならない．この理論的枠組みと機能的／認知的アプローチとの間の最も重要な相違は統語論の自律性に関する想定にある．機能的なアプローチは，コミュニケーションに基礎を置き，認知的なアプローチは意味論に基礎を置いているが，これらのほとんどは，統語論を自律的な体系と見なさない．同時に，これらのアプローチは，言語習得に関して，変形生成文法に共通する見方とは全く異なる見方を取っている．しかしながら，Croft (1995) のように統語論の自律性に賛同する機能主義者もいる．

機能的なアプローチには様々あり，それぞれの提唱者は必ずしも互いに意見を交換しているわけでもない．このように分離していることの理由は，一部，研究の対象領域の選択の違いに起因している．例えば，選択体系機能文法は関連領域として統語的記述ではなく，談話分析にもっぱら関心がある．

様々な機能的アプローチ間のもう1つの相違は統語分析の基本単位としての文に焦点をあてるか，談話に焦点をあてるかという点にある．ディックの機能文法は，もともと文構造に関する理論として出発したという点で，他の機能主義的枠組みとことなっている．

機能的アプローチの中にはある程度の形式化を用いるものもある．この点は，役割指示文法 (Role and Reference Grammar) において

特に顕著であり，それほどではないがディックの機能文法にも当てはまる．明らかに，形式化を用いることは特定の機能的理論の伝播を利する要因ではない．事実，現在最も急速に勢力を伸ばしている機能主義的アプローチは西海岸機能主義 (West Coast Functionalism) と呼ばれるものであるが，これは統一的な理論ではなく，部分的に類似するアプローチの集合体である．このレッテルで括られる言語学者は類型論志向が強く（ただし，類型論志向は機能主義的アプローチ一般に見られる特徴でもある），機能主義を標榜する立場に加えて，意味をあらゆる現象の説明の基礎と捉える認知言語学の基本的想定を受け入れてもいる．そのような想定はそれ自体として機能主義的なすべてのアプローチに共通するものではない．例えばディックの機能文法では文法形式は有意味なものとして捉えられてはいないが，それはディックの機能文法の源となっている古典的ヨーロッパ構造主義に即した立場である．

認知文法は生成意味論から直接生まれたものであり，生成意味論は上で指摘した通り，変形生成意味論の枠組みに源を発するものであって，実際，自律性仮説への反動であった．言語の性質についての認知文法の仮定は変形生成文法の仮定と対立するものである．つまり，認知言語学は言語を人間の認知諸能力の一部と見なし，独立したモジュールとは見なさないのである．このアプローチでは，文法を抽象的な原理の集合としては捉えず，文法は演繹的な仮説によって研究されるべきものではなく，むしろ，実際の言語資料から始めて帰納的に研究されるべきものであると考えられている．加えて，精神，そして言語を含むすべての心的プロセスは統合体，すなわち，脳と身体の生理機能から生じるものと捉えられているのである．したがって，認知言語学は古代より西洋思想の中に深く根ざしている精神と身体の二元論と対立するものである．

機能主義と認知主義のどちらとも相容れるもう1つの重要な研究の流派は，例えば Croft (2003) の用語では，機能類型的アプローチとして知られるものがある．事実，ディクソン (R. M. W. Dixon)，コムリー (Bernard Comrie)，プランク (Frank Plank) その他多くの

類型論研究者は，地理的な意味で西海岸機能主義者とは呼べないが，認知／機能主義の枠組みで研究している．

　機能的なアプローチと言語使用を重要視する点が，認知文法，西海岸機能主義，類型機能的アプローチの共通の土俵となっている．例えば認知文法と機能主義を組み合わせたものが，現在，一貫した網羅的な理論的な枠組みを構成し，今日の変形生成文法への最も包括的な代案であると言える．

Key Theories
主要理論

Autolexical Grammar（自律語彙文法）

自律語彙文法（Autolexical Grammar（AG），以前は自律語彙統語論 Autolexical Syntax と言った）とは，ジェロルド M. セイドック（Jerrold M. Sadock 1991 参照）によって 1980 年代の後半から 1990 年代の前半にかけて展開された理論である．この理論は，文法に対して変形を用いず（nontransformational），単層的で（monostratal），複数モジュールを持つ（multimodular）アプローチを取る．

　自律語彙文法は，変形生成文法で普通仮定されているような深層構造と表層構造ではなく，単一レベルの構造のみを仮定する．したがって，変形規則の必要がない．自律語彙文法では，音韻論や形態論，統語論，そして意味論などのような別々の部門群（モジュール群）が異なった規則を持ち，異なった表示のレベルで解釈される．このような自律的表示群はモジュール文法（modular grammar）によって作られるものだが，それらは辞書（lexicon）と一群のインターフェイス原理（interface principle）によって結び付けられる．別々の文法部門を立てることによって，自律語彙文法は，移動規則や削除規則の必要性を除去している．例えば，接語化（つまり，接語の位置を決める一組の規則）は音韻部門と統語部門が別建てであることの帰結として説明されるのである．

Case Grammar(格文法)

格文法(Case Grammar)は,1960年代後半に出てきた変形生成文法(Transformational Generative Grammar)に対する数多くの反応の1つであり,広い意味での生成意味論(Generative Semantics)の一種と捉えられることもある.1968年に,アメリカの言語学者チャールズ・フィルモア(Charles Fillmore)は 'The Case for Case'(格文法の原理)という後世に大きな影響を与えた論文を発表したが,その論文において「深層格(deep case)」の理論を詳細に述べた.深層格は大まかには現在の用語での意味役割(semantic role)に相当するが,文の深層構造(deep structure)の一部を成すと考えられ,構成素(constituent)の統語機能(syntactic function)の決定に関与していると考えられた.より具体的に言えば,表層の主語の選択は深層格の階層(動作主格(Agent)<道具格(Instrumental)<対象格(Objective))に基づいているとフィルモアは主張した.深層格は(述語(predicate)の意味的結合価(semantic valency)に対応する)個々の動詞の格フレームによって決定される.

Fillmore (1968) が導入した深層格は動作主格(Agentive),道具格,与格(Dative),作為格(Factitive),場所格(Locative),対象格であり,その後の著作ではさらなる深層格が追加された.フィルモアの考えでは,構成素の意味は深層格を決定するのに極めて重要である.例えば,以下の文において,名詞句 the key は深層構造において道具格という深層格を付与されるが,(1)では付加部として,(2)では主語として,そして(3)では直接目的語として表層に現れる.

(1) Mary opened the door with the key.
(2) The key opened the door.
(3) Mary used the key to open the door.

同様に,地名は(4)の Chicago のように通常場所格という深層格を持つと言われている.

(4) Chicago is windy.

rain, be windy といった天候述語 (weather predicate) のフレーム (もしくは意味的結合価) は +[_LOC] である.すなわち,それらは場所格の深層格を伴った名詞句を要求する.(4) の深層構造は以下 (=(5)) である.

(5) It is windy in Chicago.

(4) の表層構造 (surface structure) は前置詞を除去する (cancel) 変形によって (5) から派生する.

フィルモアの理論は後にフレーム意味論 (Frame Semantics) へと発展し,認知文法 (Cognitive Grammar) をもたらした理論の1つである.

格文法の影響は意味論に基づく他のアプローチにとどまらず,変形生成文法にまで及び,θ理論 (θ-theory) として統率・束縛理論 (Government and Binding Theory) に組み込まれた(このアプローチでは深層格は主題役割 (theta role) に相当する).

Classical Transformational Generative Theory
(古典的変形生成理論)

Syntactic Structures (『文法の構造』『統辞構造論』) (1957) で,チョムスキー (Chomsky) は文の分類学的な類別,すなわち,アメリカ構造主義言語学 (American structural linguistics) で知られた直接構成素分析 (Immediate Constituent Analysis) を超えた文法の科学的なモデルを提案した.この最初の変形文法モデルでは,文法は**句構造規則 (phrase structure rule)** と**変形規則 (transformational rule)** という2つの種類の規則によってその言語のすべての文法的な文,そしてそれのみを生成することのできる言語理論であるべきとする.句構造規則すなわち PS 規則は,句標識 (phrase marker) を作る X→Y の形式の書き換え規則である.句標識は記号列のすべての部分の由来

を表すものである．音韻規則と義務的な変形だけを適用することによって句構造の終端記号列から派生される文は核文（kernal sentence）と呼ばれる．これらの核文構造に接辞移動や受動化のような単一変形（singular transformation）が適用されて，そして，その結果として生じる派生核文が，複合変形（generalized transformation）によって結合される．

変形規則は，義務的（obligatory）なものと随意的（optional）なものと2種類ある．そして，それぞれの規則はそのうちのどちらなのか区別されていなければならない．規則の最初の部分は，その規則が適用される記号列の種類を指定する構造記述（structural description, SD）である．規則の2番目の部分は，構造記述で指定された部分を指示している下付きの数字の付いている変項記号を使って構造変化（structural change, SC）を指定する．例えば，次のものは *Syntactic Structures* でチョムスキーが示している受動化の随意的な変形規則である．

受動化，随意的
SD： NP—Aux—V—NP
SC： $X_1 - X_2 - X_3 - X_4 \rightarrow X_4 - X_2 + be + en - X_3 - by + X_1$

この規則は，名詞句 NP(X_1) に助動詞（auxiliary）(X_2) が後続し，それに動詞（verb）(X_3) が後続し，それに2つ目の名詞句 (X_4) が後続するものは，名詞句 (X_1 と X_4) を交換し，動詞に be+en をつけ，最後の名詞句の前に by を置くことによって受動化できることを述べている．したがって，句標識の終端記号列の

(1) John + Present + love + Mary すなわち John loves Mary.

は以下の受動の記号列へと変形できる．

(2) Mary + Present + be + en + love + by + John すなわち（en が love の後ろに移動して，love-en が loved になると）Mary is loved by John. になる

Classical Transformational Generative Theory

この枠組みの中では，同時に2つの記号列に作用して，それらを等位接続（conjoin）させるか，または一方を他方に埋め込む（embed）随意的な変形がいくつかある．そのような規則は**複合変形（generalized transformation）** または**二記号列変形（two string transformation）** と呼ばれる．さらに，これらの規則は繰り返し（recursion）を生み出し，繰り返しは言語になくてはならないものである．例えば次のような文主語（sentential subject）複合変形，すなわち名詞化変形（nominalizing transformation）がある．

(3) To prove the theorem is difficult.

これはチョムスキーが *Syntactic Structures* の中で複合変形として例示しているものである．

S_1 の SD： NP—VP
S_2 の SD： X—NP—Y （X か Y のどちらかは空でもよい）
SC： $(X_1 - X_2; X_3 - X_4 - X_5) \rightarrow X_3 - \text{to} + X_2 - X_5$

この複合変形は S_1 の主語名詞句を削除して，その前に語彙項目 to を置いて，その結果出てきたものを別な節の名詞句（主語）の位置に挿入する．そこで，核文 S_1 と S_2 が与えられると，この複合変形は以下に示すように文 S_3 を生み出す．

S_1： John—prove the theorem
S_2： 0 it—is difficult
S_3： —to prove the theorem—is difficult

Chomsky (1986: 5) によると，1950年代中頃からのこの研究プログラムは，「精神／脳（mind/brain）のある側面は，表示（representation）を形成・修正し，解釈と行動で使われる規則の計算システム（computational system）というモデルによって捉えるのが有用であるとする信念を他のアプローチと共有する現代的な意味での認知科学（cognitive science）の発展へと繋がった」のである．この枠組みで提案された規則の形式は伝統的な記述文法と歴史的文法から取り入れら

れて，繰り返しやアルゴリズム理論のような計算理論の中で発展した概念に翻案されたのである．図1は古典的モデルでの文の派生における操作の順番を示している．

句構造規則（PS rules）
↓
終端記号列（terminal string）を含む句標識（P-Marker）
　↓単一変形（または他の変形）
前段文（Pre-Sentence）
　↓形態音素論（Morphophonemics）
文（Sentence）

図1　古典的モデル

Cognitive Grammar（認知文法）

認知文法は統語理論ではない．むしろ，これは，生成意味論（Generative Semantics）やフィルモア（Fillmore）の格文法（のちのフレーム意味論（Frame Semantics））研究から発展した，意味に基盤を置いた言語理論である．認知文法の初期の形は空間文法（Space Grammar）（Langacker 1982）である．認知文法は，統語論は1つの独立した言語の部門であるという考えを排除する．さらに，認知文法は，人間の精神（mind）はモジュールに分かれているのではない構造（nonmodular structure）をしている，と仮定する．結果として，認知文法は，言語とは，人間精神の一般的認知能力に統合されているものであるとみなし，そして言語とはそのような形で構造化されているものであるとする．

　認知文法によると，言語は表象単位（symbolic units）（形式と意味の規範的組み合わせ）から成り立っている．特に重要なのは，言語のすべての単位は，拘束形態素（bound morpheme）などの文法的形式も含めて，等しく有意味であることである．

　変形文法のような形式的アプローチのみならず，他の多くの構造重

視のアプローチとは異なり，認知文法に見られるもう 1 つの特徴としては，範疇構造についてプロトタイプ (prototype) 的な見方を想定していることである．この想定のもとでは，範疇に属する成員はすべて同じ平面に乗っているというわけではない．むしろ，成員たちは，その範疇の最も中心的な成員とどのくらいの数の特徴 (feature) を共有しているかによって，より中心的 (central)，または，より周辺的であり得ることになる．加えて，範疇の境界は明確に線引きがしてあるのではなく，むしろ，異なった範疇間で連続的に変化するように構造化されているのである．

認知文法は，時々，一種の構文文法 (construction grammar) であるとも見なされる．

Construction Grammar / Radical Construction Grammar
(構文文法／根源的構文文法)

構文文法 (CxG) は認知文法 (Cognitive Grammar) と関連している理論であり，1980 年代後半から 1990 年代に発展したが，そのルーツはフィルモア (Fillmore) の格文法 (Case Grammar) とフレーム意味論 (Frame Semantics) についての開拓的な研究にある．構文文法の基本的な仮定は，あらゆる構文が意味を有しているということである．構文の意味は部分的にはその構造によって決定される．これが決定的に重要な仮定である．なぜなら，それは構造の異なる構文は意味もまた異なっていることを含意するからである．構文の構造がその意味に寄与しているという仮定のさらなる帰結は，構文の意味が非合成的 (noncompositional) であるということ，すなわち，構文の意味は部分の意味の合計から成ってはいないということである．CxG は単層の (monostratal) アプローチであり，構造の様々なレベルを仮定せず，統語論と辞書を厳密に別個の部門とはみなさず，**統語論-辞書連続体 (syntax-lexicon continuum)** を仮定する．さらに，意味論が基本であるとの仮定によって，CxG は語用論と意味論が異なるものと見なされるという考えを拒絶するに至るのである．

CxG の仮定に基づく初期の研究は Lakoff (1987) の補遺として現れ，there 構文と関係していた．もう1つの部分的に異なる CxG の概説書は Fillmore, Kay, and O'Connor (1988) である．特に CxG はアデル・ゴールドバーグ (Adele Goldberg) によって発展し，Goldberg (1995) で包括的な記述を得た．

Goldberg (1995) はいわゆる与格移動の分析を例にとって，構文が意味を有するということがどういうことであるかを説明している．

(1) Paul gave Mary a present.
(2) Paul gave a present to Mary.

(1) と (2) の文はしばしば同じ意味を有していると言われる．しかし，CxG アプローチではこれは真ではあり得ない．すなわち，ゴールドバーグは話題性 (topicality) によってこの違いを捉える．(1) では受領者 (Mary) が話題 (topical) であり，目的語 (a present) が焦点 (focal) であるが，一方，(2) では反対のことが当てはまる．すなわち，受領者が焦点であり，目的語が話題である．このことは，ある種の環境ではどうして (3a) のように与格移動構文のみが起こり，(3b) が非文法的であるのかを説明する．

(3) a. Paul gave Mary a push.
　　b. *Paul gave a push to Mary.

Goldberg (1995) によると，(3b) の非文法性の理由は，この種の動詞で焦点が与えられるのは受領者ではなく常に目的語であるという事実にあるということである．

類型論的に分類された構文群ネットワークが当該言語の文法を構成している．構文は認知文法においてカテゴリーが典型的に有している基本的特性を共有している (例：プロトタイプ性)．一般的に言って，構文文法は言語構造が言語使用から出現するとみなす使用依拠モデル (usage-based model) のアプローチ，すなわち，文法理論は音韻論的に具現化されていない基底構造を仮定してはならないという仮定に従った立場を主張している．言語の使用依拠モデルにおいては，言語

構造は言語の実際の使用例（使用事象）に基づいたものである．

　CxG の一変種は Croft（2001）により発展した根源的構文文法である．彼はこのアプローチの目標を「個別言語の個々の話者の知識モデルとして妥当である方法で人間言語の普遍性を示すことである」と述べている．根源的構文文法は特に類型論的な目的のために設計されているので，様々な言語を横断するある種の範疇（例：受動態）の様々な具現形（exponent）を比較するため，類型論者によって用いられる道具である意味写像モデル（semantic maps model）を採用している．意味写像モデルにおいては，個別言語的範疇の分布的なパターンが普遍的なものとして理解される概念スペースに写像される．クロフトは，部分が構文全体の意味からその意味を受け取るということを指摘することによって，構文の意味が部分の意味の総和ではないとする CxG の共通の仮定を強調する．これは 20 世紀前半にドイツで発展した，全体構成論的原理に従って心（mind）が作用すると仮定した心の理論，ゲシュタルト理論の基本的な仮定と一致する．

推奨リンク：http://www.constructiongrammar.org/

Dependency Grammar（依存文法）

依存文法という名称は，フランス語 grammaire de la dependance からの翻訳である．この理論は，テニエール（Tesnièr）の死後出版された著作，*Eléments de syntaxe structural*（1959）（『構造統語論要説』）において形作られ，その後，理論としていくつかの形で具体化した．依存文法という名称はテニエールによって作られたものではない．テニエールは，その著書のタイトルにあるように，常に構造という言葉を用いて自身の理論を定義した．しかしながら，構造という言葉には，テニエールの研究において特別な意味がある．それはその言葉が，文の線的順序の根底にある文の構造のことを述べているからである．この仮定は，テニエールの考える構造という概念を，アメリカ構造主義言語学者たち，とりわけブルームフィールド（Bloomfield）のそれと決定的に異なるものとしている．

テニエールによるところの構造統語論とは，文と文の間の依存関係に焦点をあて，文の階層構造を研究するものをいう．テニエールは，結合 (connexion)，転換 (translation)，そして接合 (jonction) という，3つのタイプの関係を規定した．結合は，伝統的文法記述での，従属 (subordination) に対応する．結合関係は，依存関係とも呼ばれるが，**支配項 (regissant)** と**従属項 (dependant)** との間に成り立つもののことで，支配項は従属項を支配する (régit) と言われる．（通常，régir（支配する）は govern と英訳されるが，テニエールの考える rection（支配）は現在の統率 (government) の考えとは根本的に異なることに注意されたい．）

テニエール以前に行われていた文法記述とは異なり，テニエールは主語を，直接目的語やその他の補部と同様に，動詞の従属項の1つであると見なしている．これまでは，主語は動詞（あるいは述語）と特別な関係を有し，動詞と補部との間の関係とは異なると常に考えられていた．こうした見解の変更は，(1) の文を表した図2の2つの図式により捉えることができる．

(1) Alfred hits Bernard.

統語的には主要素 (superordinate) が従要素 (subordinate) を支配する一方で，意味的には従属項が主要部を決定したり，補完 (complete) したりする．とりわけ限定用法の (attributive) 形容詞は，主要部名詞によって支配されるのと同時にその主要部名詞を決定するが，他方で動詞に依存する名詞は動詞を補完する（その名詞は動詞の補部である）．支配項とその従属項すべてによって作られる全体のまとまりは「構造節点」(noeud structural) を形成する．また支配項が持つ機能は，節点機能 (fonction nodale) と呼ばれる．

図2 文構造の2つのモデル (Schwischay ms. より改作)

テニエールは従要素の機能を3つに区別した．行為項 (actant)，形容項 (épithète)，そして状況項 (cicumstant) である．行為項は動詞の結合価を満たす項である．1番目の行為項は主語であり，2番目は直接目的語，3番目は間接目的語である．形容項は名詞の修飾要素で，状況項は副詞やその他の付加要素と同じく，義務的ではない構成素である．ついでながら，テニエールは品詞を，充実語 (mots pleins) と空疎語 (mots vides) とに分類している．前者はオープン・クラス（動詞，名詞，形容詞，副詞）に対応する．他方で，後者には冠詞，前置詞，代名詞，接続詞，そして主に文法機能を担うその他の品詞が含まれる．充実語のうち，動詞は常に支配項である．動詞を除くその他3つのオープン・クラスに関して，テニエールは文法機能との1対1対応を確立しようとし，名詞は行為項として，形容詞は形容項として，副詞は状況項として機能するとした．

前置詞句は状況項として機能することがよくある．これは転換 (translation) という第2のタイプの関係のために起こる．転換により，空疎語または拘束形態素は，あるカテゴリークラスに属する語彙項目を別のカテゴリークラスのものへと変更する．前置詞句の場合，前置詞は名詞を副詞のクラスへと変更する．

最後のタイプの関係である接合は，伝統的な用語でいうところの等位接続 (conjunction) のことである．

先に述べた通り，動詞が文中で最も上位の地位を占める要素と見なされている．動詞はその結合価に基づいて必要な数の従属項とその文法機能を定める．これは化学から借用してきた考え方で，要素が持つ結合能力を表している（この理由により，依存文法はときに結合価文法と呼ばれる）．よって，run といった一価動詞の結合能力は1であり，push のような二価動詞のそれは2というふうになる．結合価関

係は義務的である．言い換えると，もしある語彙項目が結合価を持つならば，その結合価は満たされなければならないのである．

依存関係のすべてが結合価によって決まるわけではない．とりわけ，従属項が支配項を定義する関係（限定的 (attributive) 関係）は非義務的である．

テニエールのこの影響力の大きい著作の出版後，結合価という概念は，テニエール自身に直接に由来する形で，あるいは（語彙機能文法におけるように）再発見される形で，着実に多くの理論に取り入れられるようになってきている．依存に基づく文法モデルの数は多く，またモデルによって用いる用語が異なることが多い．例えば，Bartsch and Vennemann (1972) は，統語論と意味論の相互作用を依存関係に基づき説明する包括的なモデルを提供しているが，そのモデルの中で彼らは，主要部を指して被演算子 (operand) という用語を，従属項を指して演算子 (operator) という用語を，使用している．

Emergent Grammar（創発文法）

創発文法は言語研究への使用依拠アプローチ (usage-based approach) であり，言語構造がコミュニケーションにおける言語の使用から創発 (emerge) するものであると見なす．創発文法という名称はポール・ホッパー (Paul Hopper) の 1987 年の論文で初めて使われたものであるが，彼は「創発」という用語を人類学から借用した．ホッパーによると，文法とは「理解とコミュニケーションの源ではなく，その副産物である．言い換えると文法は随伴現象的 (epiphenomenal) である (1998: 156)」．この仮定は明らかに変形生成文法において共通に主張されている見解とは対立する心理言語学的見解に依拠しているもので，話者が一連の媒介変数 (parameter) を持っているとする生得的普遍文法の仮定を採用していない．むしろ，言語使用者がコミュニケーションの過程において文法を構築すると考えるのである．

創発文法は西海岸機能主義 (West Coast Functionalism) の名で知られる機能的なアプローチを使って認知言語学 (Cognitive Linguistics) と構文文法 (Construction Grammar) を統合するものであり, ギヴォン (Givón) たちの研究に代表されるもので, 1960年代にジョゼフ・グリーンバーグ (Joseph Greenberg) が始めた機能的な類型論の流れを汲むものである. 使用依拠であるため, 文字言語ではなく音声言語を, そして, 単一の文ではなく, 談話を観察対象とする.

Tomasello (2002: 3-4) が指摘するように, 自然発生の話し言葉に目を向けるや否や, 典型的な発話であると通常考えられている John bought a motorcycle. のように, 文が主語と動詞と直接目的語からなる基本単位であるということは怪しくなる. そのような文は実際の談話では全くと言ってよいくらいに生じず, むしろ文法記述というメタ言語的文脈で生成されるものである. 実際の使用における頻度が創発文法では鍵となる概念である. 頻度は**トークン頻度 (token frequency)** (すなわち個々の項目の頻度) と**タイプ頻度 (type frequency)** (すなわちパターンの頻度) の2つのタイプに分かれる. トークン頻度もタイプ頻度も項目と構文の**固定化 (entrenchment)** に影響を与え, コミュニケーションの事象の中で進行する文法の構築に貢献する.

創発文法は統語論と辞書との間, そして統語論と形態論の間に明確な区別を立てない. 事実, 創発文法は頻度の高いコロケーションからの文法化と形態論の創発に関する研究を大いに援用する. Bybee (2007: 313-335) によると, 頻度が統語論に対して構成素を決定するという効果をもつ. このアプローチに従えば, 構成素性は構文の基底の階層的構造から派生するものではなく, 談話において連続的に創発するものと見なされている.

Extended Standard Transformational Generative Theory
(拡大標準変形生成理論)

Chomsky (1965) で展開されたチョムスキー理論 (すなわち標準理論) に続き, 競合する理論がいくつか発展したが, その1つに生成意味論 (Generative Semantics) があった. 生成意味論とは, 意味表示

(semantic representation) と統語部門の深層構造 (deep structure) が同一であるとする理論である．このモデルでは，統語論が意味論によって強力に条件付けられることとなった．しかしながらチョムスキーは，生成意味論が唱える諸原理に真っ向から反対した．そして，拡大標準理論 (EST) と彼が言うところの枠組みを前提に，解釈モデルまたは語彙論的文法モデル (Lexicalist Grammatical Model) と呼ばれる対案モデルを発展させた．この標準理論の改訂版では，語彙論仮説 (lexicalist hypothesis) (Chomsky 1970) の結果，形容詞あるいは動詞を名詞に変換したり，またはその逆の変換をすることは可能でなくなったことから，深層構造はさらに表層構造に近いものとなった．

例を挙げると，名詞は名詞として辞書に導入されるべきであって，関連する動詞や形容詞が変形を受けた結果，名詞が派生されるのではないことが主張された．拡大標準理論では，深層構造は統語部門により生成されるのであって，意味部門は深層構造の生成に関与しない．意味解釈規則 (interpretive semantic rule) は，統語部門とは独立していて，統語構造を入力に取る意味部門に含まれている．さらに意味解釈規則は，図3に示すように，深層構造だけでなく表層構造にも適用された．例えば拡大標準理論では，代名詞は深層構造に現れる語彙要素であるので，代名詞化は変形によって扱われなくなった．この帰結として，代名詞とそれが対応する名詞句の間の同一指示性 (coreferentiality) を，表層構造で付与する解釈規則が存在することになった．図3に拡大標準理論の主な特徴を示しておく (Newmeyer 1986: 140に基づき作成).

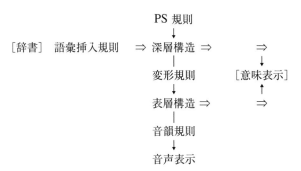

図3 拡大標準理論モデル

Functional Grammar（機能文法）

S. C. ディック（S. C. Dik）の機能文法（FG）は，依存文法（Dependency Grammar）から発展した多様な研究のうちの1つである．機能文法は言語が言葉による交流の道具として考えられるという点で機能的（functional）であり，文法は言語使用の枠組みの中でできる限り理解され説明されなければならないと想定されている．FG を最初に包括的に記述したのは Dik (1978) であり，その理論をその後に精巧に仕上げたものは Dik (1997) に組み入れられていて，それは著者の死後に出版されたものである．

FG は3つの妥当性の基準に従おうと努める．

a) 語用論的妥当性（pragmatic adequacy）： 言語の理論は，言葉の伝達の語用論理論という，より広い枠組みで解釈することができる言語の記述を仮定しなければならない．

b) 心理言語学的妥当性（psycholinguistic adequacy）： FG は言語獲得（language acquisition）と言語処理（language processing）と言語産出（language production）についての現在の心理言語学の研究の結果に一致して理論を展開しようと努める．

c) 類型論的妥当性（typological adequacy）： FG の理論は言語の類型論的な特徴にかかわりなく，すべての言語に当てはまらなければならない．

FG の構成は 27 ページの図 4 に載せてある．

FG では文が統語論の基本的な領域である．文は層になった構造を持っていると考えられ，その構造は中核部（core）と周辺部（periphery）を含んでいて，文の構成素は，意味論的，統語論的，語用論的レベルという 3 つの異なる関係のあるレベルで機能しているとみなされている．したがって，それぞれの構成素はそれぞれの与えられた文の中で意味論的，統語論的，語用論的機能を割り当てられる．

実際的な応用を重視して，FG は変形生成文法のような形式的なアプローチに典型的な抽象的な概念を使用することを控えている．特に，FG は構造を変える操作（変形）を使用するのを避ける．もし要素が顕在的に実現されていないのであれば，空の要素が基底構造の何らかのレベルで存在すると仮定することもない．フィルターの装置もないし，抽象的な語彙分解も適用されない．

Functional Grammar

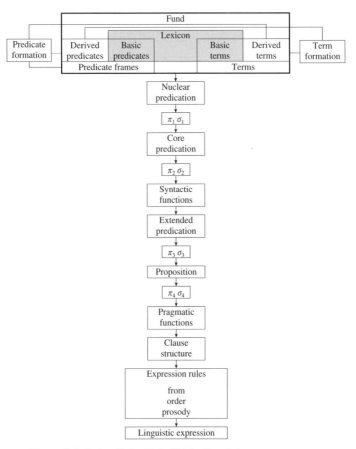

図4　機能文法の構成（Dik 1997: 60 より）

Fund（蓄積），Lexicon（語彙目録），Predicate formation（述語形成），Derived predicates（派生述語），Basic predicates（基本述語），Basic terms（基本項），Derived terms（派生項），Term formation（項形成），Predicate frames（述語枠），Terms（項），Nuclear predication（中核叙述），Core predication（中核部叙述），Syntactic functions（統語論的機能），Extended predication（拡大叙述），Proposition（命題），Pragmatic functions（語用論的機能），Clause structure（節構造），Expression rules（表現規則），form（形式），order（順序），prosody（韻律），Linguistic expression（言語表現）

FG は述語 (predicate) と項 (term) から成る抽象的な基底叙述 (underlying predication) によって言語構造を記述する．述語と項は生産的な規則によって形成できない限りは，特定言語の語彙目録を構成している．それぞれの述語は述語枠 (predicate frame) を持ち，述語枠はその意味特性と統語特性を指定する．基底叙述の形式的な構造は言語全域にわたって非常に均一 (uniform) である．違いが現れるのは特に具体的な述語のレベルと基底叙述の終端の形式を指定する規則（表現規則）のレベルである．

Dik (1978) による説明が出てきたあと，機能文法は多くの支持者を特にオランダとベルギーとスペインで獲得した．機能文法における最近の進展は機能談話文法 (Functional Discourse Grammar) であり，それは文ではなく談話の行動を分析の基本単位として見なすものである (Hengeveld and Mackenzie 2005 参照)．

Functional Sentence Perspective（機能的構文論）

機能的構文論 (FSP) は，厳密な意味での統語論の理論ではなく，談話の理論である．それは 1910 年代に始まり，プラーグ学派 (Prague School) に関係のある様々な学者によって発展され，その中にはヴィレーム・マテジウス (Vilém Mathesius)，そして後にヤン・フィルバス (Jan Firbas) やフランティセク・ダネシュ (František Daneš) がいた．FSP では，文は情報構造 (information structure) に基づいて，すなわち，主題 (theme)—題述 (rheme) の関係によって分析される（マテジウスは 1911 年にこれらの用語を導入したことに功績がある）．プラーグ学派によると，言語は伝達で用いられる要素の体系である．したがって，言語項目の伝達機能 (communicative function) に重点が置かれる．FSP は形式 (form) ではなく機能 (function) を出発点と考えるという意味で機能的である．マテジウスによると，「伝統的な」研究法は形式を基本と考えて，その機能を決定しようとしたが，マテジウスの研究法では機能が基本と考えられていて，形式は特定の機能を果たす限りにおいてのみ考慮される．

FSP は特に語順の研究と関係がある．なぜなら，FSP は文の特定の位置が構成素の異なる程度の伝達情報量と結び付けられると仮定するからである．構成素構造や照応のプロセスや空の照応も FSP の観点で有益に研究することが可能な領域である．

Generalized Phrase Structure Grammar（一般化句構造文法）

一般化句構造文法（GPSG）は 1980 年代の前半にジェラルド・ギャズダー（Gerald Gazdar）とジェフリー K. プラム（Geoffrey K. Pullum）によって，変形生成文法の代案として開発された（Gazdar, Pullum and Sag 1985 を参照）．

GPSG は 1 つの階層しか想定しない．すなわち，1 つのレベルの統語記述しか仮定しない．したがって，変形は仮定しない．GPSG は，語彙機能文法（Lexical Functional Grammar）と同様に，言語を文脈自由の句構造規則によって記述する．個々の句構造規則は，それが作り出す構成素の意味を決める意味規則と一対一で対応している．構造の意味はその構成素の意味の関数として捉えられている．意味規則の記述には，モンタギュー文法（Montague Grammar）で定式化される内包論理学を用いている．この点で，GPSG は，句構造に基づく統語論に作用するモンタギュー文法であるとみなすことができる．

自然言語の文法は少なくともある程度は文脈依存（context sensitive）であることの証拠から，後に主要部駆動句構造文法（Head Driven Phrase Structure Grammar）が発展した．

Generative Semantics（生成意味論）

生成意味論は 1960 年代に変形生成文法への反応として出てきた．生成意味論の中心的な提唱者のほとんどはノーム・チョムスキー（Noam Chomsky）のかつての学生であり，賛同者であり，MIT で教育を受けた．生成意味論の発展に貢献した著名な言語学者はジョン R. ロス（John R. Ross），ポール・ポスタル（Paul Postal），ジェイムズ・

マコーレー (James McCawley), ジョージ・レイコフ (George Lakoff) である．MIT で教育を受けず，したがってチョムスキー派として出発していない言語学者も何人か重要な役割を果たしたが，最も特筆すべきはチャールズ・フィルモア (Charles Fillmore) である．チョムスキーと生成意味論との衝突は熾烈なもので，「言語学戦争」と呼ばれたほどであった (Harris 1993 参照).

生成意味論の「生成 (generative)」という用語は「解釈 (interpretive)」と対立するものである．変形統語論においては，統語規則により生成された適格文は別個の意味部門 (semantic component) で解釈を与えられるという意味で，意味論は解釈的 (interpretive) であると考えられていた．決定的に重要なことは深層構造は意味部門により生成されるのではなく，統語部門 (syntactic component) だけで生成されるということであった．その結果，統語論は意味論との関係では自律したものと見なされていた．生成意味論では，意味解釈は深層構造のレベルで直接生成されるものであり，このことは，意味論が強力に統語論を統制するということを意味する．実際に意味構造が深層構造に対応していた．

初期の生成意味論では，深層構造のレベルが文の意味解釈を説明するものと想定されていた．このアプローチのもとでは，深層構造は前にもましてますます複雑なものになり，ついには言語の多層的な捉え方は広く放棄されて，単一層のアプローチにより取って代わられることとなった．この頃には生成意味論の誕生に当初貢献した研究者たちは，変形生成文法とは異なる別個の，そして時に相互に異なる理論を発展させるようになっていた．

Government and Binding and Principles and Parameters Theory (統率・束縛理論と原理・媒介変数理論)

統率・束縛 (GB) 理論そして原理・媒介変数 (P&P) 理論の目標は，統語論のモジュール化および比較統語論と普遍文法 (UG) の定式化である．GB 理論の鍵となる研究は，チョムスキー (Chomsky) によ

る 'On binding'(束縛について)(1980) を精緻化した *Lectures on Government and Binding*(『統率・束縛理論』)(1981) と *Some Concepts and Consequences of the Theory of Government and Binding*(『統率・束縛理論の意義と展開』)(1982) である．このモデルでは，統語論はそれ自身の独立した原理を持ついくつかの下位理論すなわちモジュールに細分化されるというモジュール理論として定式化される．そのモジュールとは以下のような下位理論である．

a. 境界理論 (Bounding theory)：移動規則の領域に制限を設定する原理
b. 統率理論 (Government theory)：句の主要部とそれに依存する範疇間の関係を定義する原理
c. θ理論 (Theta theory)：θ役割を付与する原理
d. 格理論 (Case theory)：抽象格を付与する原理
e. コントロール理論 (Control theory)：PRO の指示を決定する原理
f. X バー理論 (X-bar theory)：文法の基底部門を制限する原理
g. 痕跡理論 (Trace theory)：痕跡の特性を設定する原理
h. 束縛理論 (Binding theory)：照応表現 (anaphor)，代名詞 (pronoun)，指示表現 (referential expression) の解釈を規制する原理

この枠組みの中では，言語の多様性は，それぞれの言語がこれらの下位理論の1つまたはそれ以上の原理に異なった**媒介変数 (parameter)**，すなわち値を設定することによって生じる．したがって，子供たちが母語を獲得するとき，人類という種に共通する原理の体系すなわち UG を生得的に与えられたことに加えて，自分たちがさらされた単一の言語または複数の言語の媒介変数を子供たちは設定しなければならない．類型論的観点から言うと，ある特性のどの部分がある言語を他の言語から切り離しているかを決定することが重要である．例えば，イタリア語とスペイン語は以下 a. 〜 e. の点で英語やフランス

語とは異なる形で代名詞脱落 (pro-drop) または空主語 (null subject) に関する媒介変数に従う.

a. スペイン語は定形動詞に空主語 (EC) を許す.
   EC comemos manzanas.
   we eat   apples
   'We eat apples.'

b. 当該言語は主語の右側への倒置を許す.
   Come manzanas **Juan**.
   eats apples   John
   'John eats apples.'

c. 当該言語は (疑問の) wh 従属節からの主語の取出しを許す.
   la mujer **que**$_j$ no se cuándo **t**$_j$ haya
   the woman **who**$_j$ I not know when **t**$_j$ (she) has
   telefoneado
   called
   'the woman **who**$_j$ I don't know when **t**$_i$ has called.'

d. 当該言語は that 痕跡違反を許容する.
   ¿Quién   crees que vendrá?
   who$_i$ (you) think that t$_i$ will-come?
   'Who do you think **that** will come?'

e. 当該言語は空の再述代名詞 (EC) を許す.
   el muchacho que$_j$ no se quien haya dicho que EC$_j$
   the boy who$_j$ not know who has said that (**he**$_j$)
   ha llegado
   has arrived
   'the boy who I don't know who said he has arrived'

この枠組みでは,以前の理論の句構造規則とすべての基底部門の規則は廃止され,X バー理論による句構造が文構築に採用されている.さらに,GB 理論は空の名詞句の理解を進め,その分布を束縛理論と統率理論によって説明している.例えば,名詞句は照応表現,代名

詞，または指示表現の可能性があり，そして空範疇原理（Empty Category Principle, ECP）によれば，痕跡は適正統率（proper government）されなければならない．GB 理論の期間の間，束縛理論と空範疇原理が適用されるべきレベルが D 構造（D-Structure）であるか，S 構造（S-Structure）であるか論理形式（Logical Form, LF）であるかについて多くの議論がなされた．統率の定義もいくつかあり，小さな定義の違いも，空範疇原理や束縛理論に大きな結果をもたらすことがあった．統率の定義は **c 統御**（**c-command**）という基本的概念に基づいていた．語彙論的仮説（lexicalist hypothesis）の継続として，Chomsky (1981) は構造保持制約（structure preserving constraint）として**投射原理**（**Projection Principle**）と θ 基準（Theta Criterion）を導入した．これらの条件は派生のどの段階でも満たされなければならない条件である．投射原理は，語彙項目の下位範疇化特性（subcategorization property）は D 構造，S 構造，論理形式部門で保持されなければならないと述べている．この原理は文の句構造配列は派生を通して不変であることを保証しているという意味で構造保持的である．**拡大投射原理**（**Extended Projection Principle**）はすべての文は1つの主語を持たなければならないということを要求するという意味で，投射原理への重要な追加である．なぜならばこの原理によって音形として実現されている主語を持たない可能性がある言語における pro の必要性を説明できるからである．θ 基準はそれぞれの項が1つのそして1つのみの θ 役割を担い，そしてそれぞれの θ 役割は1つのそして1つのみの項のみに付与されなければならないことを要求する．格理論もまた文中での名詞句の分布を決定する．実際この文法理論においては，名詞句はすべて格フィルター（Case Filter）に従うために，抽象的な格を持たなければならない．格を付与する範疇にはいろいろある．一致要素（Agreement）が主格（Nominative Case）を，動詞が対格（Accusative Case）を，前置詞が対格または斜格（Oblique Case）を付与する．属格（Genitive Case）を除いては，格は統率のもとで与えられる．格の重要な機能は移動を強制するということである．例えば，受動態では目的語の名詞句は主格を

得るために主語位置へ移動する．

'On binding'（1980）の出版以来，複数存在していた個々の移動変形は，1つの移動規則である **α 移動**（**Move α**）によって取って代わられた．ここでの α は統語範疇である．この非常に単純な規則によって「文中であらゆる要素をあらゆる位置へ移動すること」が可能になった．独立した原理を持つ下位理論またはモジュールが過剰生成を制御し，α 移動という操作を制限し，混沌状態は避けられる．このシステムによって初期の生成理論の一部であった受動化（Passive），繰り上げ（Raising），関係節化（Relativization），疑問文形成（Question Formation）といったような独立した規則は必要なくなった．それでもなお2つのタイプの移動が存在する．すなわち NP 移動と Wh 移動である．前者の移動は A 位置すなわち項が生じうる位置への移動で，その位置で名詞句は格を付与される．後者の移動は A バー位置すなわち項が生じえない位置への移動で，この位置で格を付与されることはないが，変項を束縛する wh 演算子（wh-operator）の生起を許すような位置である．この枠組みでは，文には α 移動を通して達成される4つの表示のレベルが存在する．その4つの表示のレベルとは D 構造（深層構造），S 構造（表層構造），LF（論理形式）そして PF（音声形式）である．文の LF 表示は S 構造と完全な意味表示の間の中間のレベルである．この LF 表示は wh 句や数量詞といったようなスコープ（scope）をとる要素の解釈を表示する．PF はたいていが文の発音に対応しながら，文の表層特性をコード化する表示のレベルである．PF は S 構造から派生され調音知覚体系とのインターフェースと考えられている．PF と LF はそのすべての要素が適切な解釈を与えられ，統語構造に課せられる適格性条件を満たさなければならないという完全解釈の原理（Principle of Full Interpretation）に従う．4つのレベルは図5に描かれた T モデルの中に表示されている．

図5　Tモデル

Head Driven Phrase Structure Grammar (主要部駆動文法)

主要部駆動文法（HPSG）は1980年代の後半にポラード（Pollard）とサグ（Sag）によって開発された，一般化句構造文法の後継理論であり，変形生成文法の代案である（Pollard and Sag 1994を参照）．HPSGはGPSGと異なり，統率・束縛理論の特徴を一部取り入れている．

HPSGは，「非派生的な，制約に基づく，表層指向の文法である」（Kim 2000: 7）．言い換えると，変形を仮定せず，様々な表示を一個の大きな構造の下位部分と見なし，それらの表示は制約によって関係付けられている．変形生成文法において通常変形規則によって派生される構造が，HPSGでは語彙規則によって生成される場合がある．例えば，受動動詞は，図6で示すように，他動詞から受動語彙規則によって作られる．

このやり方では，受動文は能動文から変形によって派生されるのではなく，受動と能動の交替は辞書の中で処理される．この点でHPSGは語彙機能文法（Lexical Functional Grammar）に似ている．

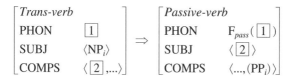

図6　HPSGにおける受動語彙規則（Kim 2000: 16より転載）

さらにHPSGは，GB理論の大PRO，すなわち制御された不定詞

の主語のような音形を持たない要素を仮定せず，代わりに，下位範疇化のような語彙指定を明示的に表示している．(1) で示すような制御された不定詞の制御子の違いを説明するのは制御動詞 (control verb) の語彙指定である．

(1) a. I persuade him to leave.
    b. I try to leave.

言語の基本的要素は記号 (sign) である．記号は語と句という2つの下位タイプに分かれる．それらは素性の束であり，音韻制約 (PHON) と統語・意味制約 (SYNSEM) を決定する．記号の素性構造は属性・値行列表記 (attribute value matrice (AVM)) として表示される．

例えば，動詞 put の語彙記載は図7のようになる．

左上の角にあるラベルは，この記号が句ではなく語であることを指定している．PHON はこの語の音韻表示である．SYNSEM は，範疇特性（これが特定の結合価 (valency) を持った動詞であること）と意味内容特性（この動詞の結合価を飽和させる NP の意味役割）を指定する制約である．

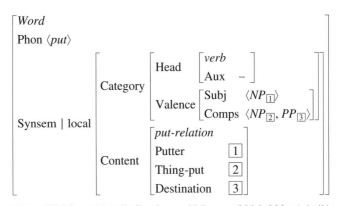

図7 HPSGの語彙記載 (Levine and Meurers 2006: 238より転載)

HPSG は直接支配原理 (Immediate Dominance Principle (IDP))

という名の，X バー理論の一種を取り入れている．
推奨リンク：http://www.ling.ohio-state.edu/research/hpsg

Lexical Functional Grammar（語彙機能文法）

語彙機能文法（LFG）はジョウン・ブレズナン（Joan Bresnan）によって1970年代後半に築かれたのだが，ブレズナンはそれ以前にマサチューセッツ工科大学で変形生成文法を学んでいた（Bresnan 2001参照）．語彙機能文法は生成文法の主流に対する批判から生じた様々な理論の1つである．

LFG の名称に語彙とつけられているのは，非常に構造化された語彙目録（lexicon）を仮定し，語彙目録で言語における一般化を語彙関係（lexical relation）により捉え，句構造樹（phrase structure tree）に対する変形やその他の操作を必要としない（すなわち，LFG は単層からなる（monostratal））からである．LFG と変形生成文法（の標準理論（Standard Theory））の決定的な違いは下位範疇化（subcategorization）の性質にある．変形生成文法では下位範疇化される項目は統語範疇によって指定されるが，LFG では下位範疇化は文法機能（grammatical function）を指定する（LFG 以外の大半においては，文法機能は文法関係（grammatical relation）と呼ばれている）．したがって，see といった動詞は次のように指定される．

(1) see V Pred = 'SEE <SUBJ, OBJ>'

主語（subject）や目的語（object）といった特定の文法機能は原始要素（primitive）と考えられており，したがって文法機能が（関係文法（Relational Grammar）とほぼ同様に）句構造上の配列（phrase structure configuration）や意味役割によってそれ以上定義されないという意味で語彙機能文法は機能的である．とはいえ，現代の LFG の研究の1つとして，文法機能と意味役割（semantic role）（もしくは主題役割（thematic role））の対応（pairing）が探究されている．

LFG における「機能(的)（functional）」という語は S. C. ディッ

ク (Dik) の機能文法 (Functional Grammar) における「機能(的)」という語の意味や，一般的に「機能的アプローチ」といわれるときとは異なった意味で用いられていることに注意する必要がある．つまり，上記に示した通り，ここでの「機能(的)」という語は LFG の原始要素としての文法機能に言及しているのであって，言語コミュニケーションにおいて言語の機能を中心的なものと考える特別な見方に言及しているのではない．(実際，LFG における「機能(的)」という語は関係文法における「関係」という語に相当する．)

LFG には構成素構造 (c 構造)(constituent structure (c-structure)) と機能構造 (f 構造) (functional structure (f-structure)) という，統語表示 (syntactic representation) の基本的なレベルが 2 つある．

- c 構造は文脈自由 (context-free) の句構造樹 (phrase structure tree) の形式をしており，X バー理論 (X-bar theory) に従っていて，文 (sentence) を除くすべての構造は内部に主要部を持っている，すなわち内心的であると仮定しており，語順と句構成素性 (phrase constituenthood) を表示している．したがって，具体的な語順や機能に応じて c 構造は言語により異なるかもしれない（英語では主語名詞句の位置が主語という機能を決定するが，ロシア語ではそうではない）．
- f 構造は，主語や目的語といった抽象的な文法機能および時制 (tense)，格 (case)，人称 (person)，性 (gender)，数 (number) といった素性を表示する．

LFG の元となったチョムスキーの流れを汲む伝統とは対照的に，文法機能を句構造のレベルではなく語彙目録もしくは f 構造で表示されるものとして捉えることにより多くの現象がより自然に分析できると LFG では考えられている．その一例が能動態 (active) と受動態 (passive) の交替である．この交替は変形の 1 つとして扱われるのではなく，語彙目録で扱われる (Bresnan 1982 参照)．文法機能は句構造の配列から派生するのではなく，平行する f 構造レベルで表示される．

Lexical Functional Grammar

以下のような文において，Mary は主語であり the steak は目的語である．

(2) Mary ate the steak.

この情報は属性値構造である f 構造によって表示される．図 8 に示されるように，f 構造において SUBJ（主語）素性の値は主語に関する f 構造であり，OBJ（目的語）素性の値は目的語に関する f 構造である．

文法機能は普遍的に利用できる原始要素の閉じた集合であり，以下のものが含まれる（Dalrymple 2006: 85 より）．

$$\begin{bmatrix} \text{PRED} & \text{'EAT <SUBJ, OBJ>'} \\ \text{SUBJ} & [\text{PRED} \quad \text{'MARY'}] \\ \text{OBJ} & \begin{bmatrix} \text{SPEC} & \text{THE} \\ \text{PRED} & \text{'STEAK'} \end{bmatrix} \end{bmatrix}$$

図 8　LFG における f 構造の一例

- SUBJ： 主語．
- OBJ： 目的語．
- COMP： 不定詞補文（sentential infinitival complement）もしくは閉鎖（非叙述的）不定詞補部（closed (nonpredicative) infinitival complement）．
- XCOMP： 開放（叙述的）補部．しばしば不定詞節であり，その主語機能（SUBJ function）は外部から制御（control）される．
- OBJ_θ： 特定の，言語ごとに異なる（language-specific）主題役割の集合と結びついた二次的な目的語機能（OBJ function）の一群．英語では OBJ_THEME のみが認められているが，主題的に制限された二次的な目的語が 2 つ以上認められている言語もある．
- OBL_θ： OBL_GOAL や OBL_AGENT といった，主題的に制限された斜格関数（oblique function）の一群であり，しばしば c

構造における接置詞句 (adpositional phrase) に対応している.

これらの機能のうちのどれがある言語に関わっているのかは言語によって異なるが, 英語を含む多くの言語においてはこれらすべてが用いられている. (関数 PRED は文法的情報ではなく意味的情報を伝達するすべての語彙項目に適用することに注意せよ.)

LFG は項同士の関係や項の機能を表示するのに, θ 構造 (θ-structure) (主題構造 (thematic structure)), a 構造 (a-structure) (項構造 (argument structure)) および f 構造 (機能構造) という異なる三層の構造を用いるが, 文法関係を表すのは f 構造である. 項構造は通常「動詞の結合価 (verbal valency)」(S. C. ディックの機能文法における「述語フレーム (predicate frame)」) と呼ばれるものに相当する.

推奨リンク：http://www.essex.ac.uk/linguistics/LFG/ (ただし現在アクセス不能)

Minimalist Program
(極小主義プログラム, ミニマリスト・プログラム)

チョムスキーの *Minimalist Program* (1995) では, 経済性についての見解をさらに展開し普遍的原理とパラメーターを探ろうとする試験的な研究プログラムが提案されている. このモデルが用いるのは, 主として,「実質的な概念的必然性」(virtual conceptual necessity) からみて必須となる諸概念である. 例えば, 統率・束縛理論 (Government and Binding Theory) がいくつかの表示レベル (D 構造, S 構造, PF (音声形式), LF (論理形式)) を必要としたのに対して, ミニマリスト・プログラムでは, 文を, 音 (sound) (π すなわち PF) と意味 (meaning) (λ すなわち LF) からなる対 (pair) であるとする. 対 (π, λ) は, 完全解釈 (Full Interpretation (FI)) の条件を満たす. すなわち, ミニマリスト・プログラムでは, 対を構成する素性は, すべて, 外部システムとの2つのインターフェースにおいて解

釈可能でなければならないとする．極小主義の言い方をすれば，文は，調音・知覚（A-P, Articulatory-Perceptual）特性と概念・志向性（C-I, Conceptual-Intentional）特性とからなるインターフェースとしてつなぐ境界面の構成体である．したがって，ミニマリスト・プログラムでは，D 構造と S 構造とが破棄され，PF と LF は継承される．ミニマリスト・プログラムでは，言語機能はインターフェース条件の最適具現をもたらす．もっと言うなら，個々の現象は，言語諸原理により過剰に規定されることはない．さらに，Chomsky (1995) が強調しているのは，移動に際しての，**最小労力**（Least Effort）や**最短移動**（Shortest Move）や**最後の手段としての移動**（Last Resort Movement）といった，経済性にかかわる概念の妥当性である．句構造についての極小主義の見方を採ることで，X バー式型を排除する試みがなされている．派生の経済性原理（principle of economy of derivation）により，移動が生じるのは，**解釈可能素性**（interpretable feature）と**解釈不能素性**（uninterpretable feature）とを照合（check）させる場合のみである．

　現今のミニマリスト・プログラムでの派生は，段階的に，下位から上位に行われるものと解釈されている．この点は，語彙項目の選択特性と下位範疇化特性が，同時的に，上位から下位に D 構造に投射されるとした，統率・束縛理論における X バー式型とは異なる．さらに，統率・束縛理論では，一致（Agreement）や時制（Tense）やそれらの屈折形態素といった機能要素は，それが関係付けられる語彙要素とは別個に基底生成（base-generate）されていた．その語彙要素（動詞や NP の語幹（stem））は，機能要素に繰り上げられ屈折形態素に付加するとされていた．これに対し，ミニマリスト・プログラムでは，語彙項目は完全に屈折したものとして，格（Case）や一致（agreement）やΦ素性（Φ feature, すなわち，人称（Person），性（Gender），数（Number））を伴って，**列挙**（Numeration, N）の時点で導入されているので，接辞化の概念が破棄されている．こういった形式素性（formal feature）は，それと関連する機能範疇の形式素性に照合させることで，すなわち，機能範疇主要部の指定部に繰り上が

ることで,認可 (license) される.極小主義では,統率の概念は,局所性を持つ指定部・主要部の一致 (Spec(ifier)-Head Agreement) に取って代わられている.特に例を挙げるなら,格付与 (Case-assignment) は格素性照合 (Case-feature checking) に置き換えられている.解釈不能素性 (例えば,格素性) が照合されないまま残ると,その派生は破綻 (crash) する.Chomsky (2000, 2001, 2004) において輪郭を示された枠組みでは,派生は位相 (Phase) 単位で進んでいく.すなわち,統語構造は,下位から上位に,一度に1位相ずつ構築される.位相を構成する範疇には,チョムスキーによると,CP と (他動詞の場合の) *v*P といった命題にあたる範疇が含まれ,旧モデルで循環の概念が果たしていたような,演算の局所的領域を定義しているものと見なされる.位相を構築していくのは,併合 (Merge) と移動 (Move) という2つの構造構築操作の連続適用による.可視移動 (overt movement) は抽象的一致の存在を前提とするものとされ,可視移動を引き起こすのは,拡大投射原理素性 (Extended Projection Principle Feature (EPP feature)) をもった主要部のみである.一致の,したがって移動の,引き金となるのは,牽引する主要部 (**探査子 (Probe)**) と被牽引要素 (**目標子 (Goal)**) の双方に含まれている解釈不能素性が削除されなければならないという要請である.

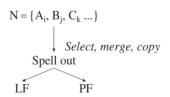

図9 ミニマリスト・プログラムの演算システムモデル

ミニマリスト・プログラムでは,以前の提案についての重要な改訂がなされている.例えば,D 構造を破棄することで,文法のもつ回帰性 (recursive feature) は一般化変形 (generalized transformation) の効力として据えられることになる.極小主義は,それがどのような究極的な成功を収めるにしても,チョムスキーの初期の研究により明

確に示された，記述的妥当性と説明的妥当性の達成という一般的な目標の探求の継続である．極小主義の言語モデルを，(Boeckx 2006 に沿って) 図9のように示すなら，D構造もS構造も存在せず，含むのは，列挙N，要素を選択 (Select) し併合 (Merge) しコピー (Copy) を残す移動規則である．PF表示とLF表示は，演算システム内にある．[1]

推奨リンク：http://minimalism.linguistics.arizona.edu/AMSA/archives.html

Montague Grammar (モンタギュー文法)

モンタギュー文法の名前はアメリカ人論理学者リチャード・モンタギュー (Richard Montague) に由来する．彼の主な目的は，形式言語だけでなく自然言語も説明できる普遍的な文法の論理モデルを作ることだった．

モンタギューの最も影響力のある著作は1970年代初めに始まり，特に形式意味論に重点的に取り組んでいる．それらが出版されたとき，モンタギューの意味理論は解釈意味論と生成意味論の間にある「第3のアプローチ」として登場した．そして，一般句構造文法のような，変形生成文法の代替理論に組み込まれていった．モンタギュー文法の根本的な主張の1つは構成性の原理 (Principle of Compositionality) であり，それによると，全体の意味は部分の意味とそれを組み合わせる規則の関数である．

自然言語を取り扱う際には言語資料に圧倒される危険があるため，モンタギューは「断片」という手法を生み出した．したがって，モンタギューの論文は自然言語の文法の限られた一部 (断片) を記述する．計算意味論はいまだにこの手法に従っているのだが，それがおそらくモンタギュー文法が最も関連する貢献をした分野である (Partee and Hendricks 1997 を参照).

---

[1] 語彙項目は現在では派生の途中で屈折形が導入されると考えられている．

モンタギュー文法のような文法モデルは**範疇文法（Categorial Grammar）**と呼ばれる．範疇文法は言語に対して論理学を基盤としたアプローチをとり，古典論理学の述語や方式を採用して言語を記述する．

Optimality Theory（最適性理論）

最適性理論（OT）は1990年代に主に音韻論の分野で言語の多様性を説明するために制約（constraint）を用いる変形生成文法の支流として誕生した．OTは派生を廃止し，SPE（Sound Patterns of English）など他の生成モデルを単純化した点で，規則と制約をともに用いたそれ以前のモデルとは大きく異なる．この理論は統語論や言語習得などの他の分野にも応用することが可能である．OTにおいて，制約（CON）は生得的普遍文法（UG）の一部であるとされている．しかし，制約の間には対立が存在し，ゆえに各言語が普遍的制約のすべてを守ることは不可能である．各言語の文法は，普遍的制約をランクづけすることによって制約間の衝突を調整し，最適の出力を選ぶ．ランクづけは言語間で異なり，これが言語の多様性の源となる．上位にランクされた制約の違反は下位にランクされた制約の違反よりもコストが高い．上位にランクされた制約の違反が最も少ない候補が最適の出力となる．下位にランクされた制約は破っていてもかまわない．**忠実性の制約（Faithfulness constraint）**と**有標性の制約（Markedness constraint）**という2つの基本的な制約がある．**忠実性の制約**は出力が入力と合致すること，すなわち，両者の同一性を要求する．**有標性の制約**は出力の構造的適格性を要求する．各言語の文法によって制約のランキングは異なるので，それによってあらゆるタイプの言語が生まれ得る．すなわち，可能な人間の言語の集合が規定される．しかしすべての制約のすべての可能なランキングが立証できるわけではない．実際の言語の類型に偶然の欠落があったり，あるいは，ランキングが違っても最適の出力が同じになるという場合もあるからである．

OTの入力（input）は，統語論では，語彙主要部の項構造によって

定義される．例えば (1) の文を考えてみよう．

(1) What did John eat?

入力のレベルで，語彙主要部の eat は2つの項を取り，それらは2つの語彙主要部 (John と what) に割り当てられる．生成 (GEN) のレベルで，(2) のすべての可能な候補が，ある理論――この場合は X バー理論――の普遍的構造条件のもとで作られる．

(2) a. John ate what?
 b. What John ate?
 c. What ate John?
 d. What did John eat?

(2) のどの候補も言語によっては文法的な文になる．例えば，中国語では (a) が，チェコ語とポーランド語では (b) が，オランダ語とスペイン語とイタリア語では (c) が，英語では (d) がそれぞれ文法的な文となる．候補は '評価' (EVAL) を受ける．(2) のどの候補も1つか2つ以上の制約を破るが，特定の言語の制約のランキングで評価されると最適の候補になれる．(2) の候補は，Grimshaw (1997) で提案された (3) の普遍的適格性の制約 (universal well-formedness constraint) によって評価される．

(3) 語彙的主要部移動の不存在 (No lexical head movement (No-Lex-Mvt))
　　語彙的主要部は動けない．
指定部演算子 (Operator in specifier (Op-spec))
　　統語的演算子は指定部になくてはならない．
義務的主要部 (Obligatory heads (Ob-hd))
　　投射には主要部がある．
移動の経済性 (Economy of movement (Stay))
　　痕跡があってはならない．
完全解釈 (Full interpretation (Full-Int))

解析されるのは語彙概念構造である．

評価（EVAL）の過程において，すべての候補は普遍的制約のランキングのもとで比較される．上位にランクされた制約の違反が最も少ないのはどの候補であるかを見る．(3) の制約は完全解釈（Full Int）以外は自明である．完全解釈は，英語の do 挿入のような意味を持たない助動詞の使用を禁止する制約である．

{say (x,y), x = Mary, y = what, tense = past}	No-Lex-Mvt	Op-Spec	Ob-Hd	Full-Int	Stay
→ What **did** Mary e say t				*	* *
What e Mary said t			* !		*
What e Mary **did** say t			* !	*	*
What e Mary e said t			* !		*
What said Mary e t	* !				* *

図 10　制約表（constraint tableau）

この違反は最小であるので，意味のない動詞の使用は必要なときだけに限られる．候補の評価は，図 10 のように表される．違反は星印で，致命的な違反は星印と感嘆符で，最適の表示は矢印でそれぞれ示される．

図 10 において，最適の表示である英語の What did Mary say? が破っている制約は，下位にランクされた完全解釈と移動の経済性（Stay）だけである．しかし，言語が変わればランキングも変わるので，別の違反や出力が現れる．
推奨リンク：http://roa.rutgers.edu/index.php3

Relational Grammar（関係文法）

関係文法（RG）は 1970 年代にポール・ポスタル（Paul Postal）とデイビッド・パールムッター（David Perlmutter）により開発された多層理論（multistratal theory）である．RG では主語（Subject），直接

Relational Grammar

目的語（Direct Object），間接目的語（Indirect Object）と斜格語（Oblique）が，他のものにより定義できない，言語的原始要素（linguistic primitives）と見なされている．RG はすべての言語に有効なモデルとして考え出されたものである．つまり，文法関係が原始要素であるという想定は変形生成文法で用いられている句構造規則（phrase structure rule）に基づく表示は受動化のようなどの言語にも見られる現象を，すべての言語について有効な形で記述できないという事実の結果である．（この想定は語彙機能文法（Lexical Functional Grammar）の基本想定のいくつかに類似していることは着目に値する．）

RG では，文は主語（関係 1），直接目的語（関係 2），間接目的語（関係 3）のような基本的文法関係により構成されるネット（net）として捉えられる．そして文は述語によって指定される（文法）関係のネットワーク上に弧（arc）として表示される，異なる統語レベルを持っている．個々の構成素は各々のレベルにおいて基本的な（文法）関係の 1 つを担っている．

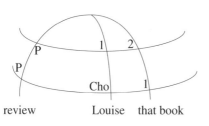

図 11　RG における受動文の表示

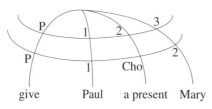

図 12　RG における与格移動

図11に示すように，受動文は述語の非他動詞化 (detransitivization) を受け，そのため主語と目的語（関係1と2）をもはや必要とせず，主語だけを必要とする．このため，主語は降格 (demote) され，目的語が主語に昇格 (promote) される．降格された主語はもはや基本（文法）関係をもたず，失業者 (chômeur) となる．

(1) That book was reviewed by Louise.

与格移動構文もまた図12に示すように（2から1への）昇格と，失業者への降格を含む．

(2) Paul gave Mary a present.

最終レベルの構造は関係1（主語関係）はすべてのレベルにおいて適用されていなければならないという最終1法則 (Final 1 Law) の制約のもとにある．このことは，次のような顕在的主語を含まない文では，非顕在的に実現される替え玉 (dummy) の存在を仮定することになる．

(3) È tardi.
    is late
    ［インド・ヨーロッパ語族，ロマンス語派，イタリア語］

RGは変形生成文法を，構成素関係が英語とは異なる役割を果たす英語以外の言語の記述に用いようとするときに生じる諸問題に対する解決法として発生したものであり，すべての言語に適用可能であることを目指すものであったので，数多くの類型論的に異なる言語に適用され，それまで十分な記述がなかったものも含めて数多くの言語の関係文法（記述）が特に1980年代初期に現れた．RGのより洗練されたものが対弧文法 (Arc Pair Grammar) (Johnson and Postal 1980) である．

Revised Extended Standard (Transformational Generative) Theory（修正拡大標準（変形生成）理論）

チョムスキー（Chomsky）によるパラダイム転換につながる論文 'Conditions on transformations'（変形に課される条件）(1973) は当時の文法の生成概念と言語の理解を変えた．この論文の中で，チョムスキーは変形の望ましい自由な適応の効果を探求している．このプログラムによってチョムスキーは**指定主語条件**（**Specified Subject Condition**），**下接の条件**（**Subjacency Condition**），そして**時制文条件**（**Tensed S Condition**）といった変形に課せられる重要な制約の発見に至った．これらの制約はすべてある変形が適用されるのを禁じたり，移動を1つの循環領域に制限したりする．例えば，時制文条件は，(1a) のような時制文の中の統語要素を，(1b) のように文の外の位置に動かすことを妨げる．

(1) a. The students <u>each expected</u> that the other would pass the class.
 b. *The students **expected** that <u>each</u> other would pass the class.

さらに，チョムスキーと彼の理論を支持する研究者たちは名詞句または wh 要素が移動するときはいつでも，(2) のように移動した名詞句または wh 要素と同一指標を与えられた痕跡 (t) を残すことを発見した．

(2) **Who$_j$** did she say John hit **t$_j$**?

この発見は痕跡によって異なる特性をもつという**痕跡理論**（**trace theory**）の誕生へとつながった．例えば，名詞句が残した痕跡は，移動した名詞句によって束縛される照応形として振る舞う一方で，(2) における t のような wh 痕跡は（論理数量詞として振る舞う）移動した wh 句によって束縛される変項（variable）として振る舞う．最も重要なことは，複数の名詞句移動変形は**名詞句移動**（**Move NP**）と

いう1つの移動規則によって取って代わられたことである．加えて，1977年にチョムスキーは 'On wh-movement' (wh 移動について）という論文の中で，関係節，疑問文，そして中には比較を含む文や話題化文などの顕在的な wh 語を含まないようないくつかの構文が持つ特性を **Wh 移動 (Wh-movement)** という1つの規則によって引き出した．これらの顕在的な wh 語を含まないような構文では，生起しない wh 句を取り除くために削除規則が用いられ，そしてフィルターが非文法的な文の生成を回避するために用いられた．統率・束縛理論では，名詞句移動と Wh 移動は，より一般的な統語移動である **α 移動** (Move α) に包摂されることになる．

表層構造は移動の痕跡を含んでいるので，以前の文法のモデルのように，深層構造で適用する意味規則の必要性はなくなった．したがって，チョムスキーは意味規則 (semantic rule) 1 (SR-1) と意味規則 2 (SR-2) を提案した．意味規則 1 は表層構造を論理形式 (LF) に写像する意味規則の集合である．意味規則 2 は推論や生成された文の適切な使用条件といったような他の意味関係を決定するために，入力として LF を利用する他の意味規則の集合である．修正拡大標準理論 (REST) の主な特徴は図 13 (Newmeyer 1986: 163 に基づいている) に描写されている．

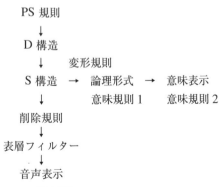

```
            PS 規則
              ↓
            D 構造
              ↓      変形規則
            S 構造  →  論理形式  →  意味表示
              ↓       意味規則 1   意味規則 2
            削除規則
              ↓
           表層フィルター
              ↓
            音声表示
```

図13 修正拡大標準 (REST) モデル

Role and Reference Grammar（役割指示文法）

役割指示文法（RRG）は，他の言語学者，特にウイリアム・フォウリー（William Foley）と共同して，主にロバート・ヴァン・ヴェイリン（Robert Van Valin Jr.）が1980年代に開発した機能的文法モデルである．S. C. ディック（Dik）の機能文法と同様に，RRG は言語は第一義的には音声的コミュニケーションの道具であると主張する．したがって，文はまずはその意味的（semantic），伝達的（communicative）機能によって記述される．言語類型論者によって開発されたので，他の多くの理論に典型的であるように，文法構造に対して英語に偏った視点をとることを避けることがその主な動機付けとなっている．

RRG は単層の理論である．文の統語表示は実際の語順と形態論を含む，その実際の構造である．文は談話語用論原理（discourse pragmatic principles）によって意味表示へと結びつけられる．図14 がこの理論の構造を例示している．

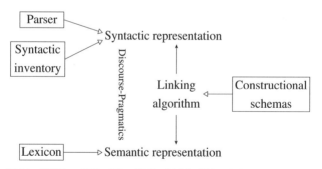

図14 RRG の構造（Van Valin 2006: 641 より）

Parser（解析装置），Syntactic representation（統語表示），Discourse-Pragmatics（談話語用論），Linking algorithm（連結アルゴリズム），Constructional schemas（構文スキーマ），Lexicon（辞書），Semantic representation（意味表示）

ディックの機能文法と同じく，RRG においては節は層構造を持っ

ていると考えられており,それは核心部(nucleus)(すなわち述語(predicate)),中核部(core)(すなわち述語と項(argument)),そして節(すなわち核心と周辺部(periphery)つまり他の可能な構成素)を含む.図15は(1)の例のRRGにおける多層的節構造を示していて,図16はRRGにおける句の多層的構造を示している.

(1) The man saw the woman in the mountains.

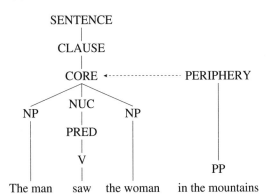

図15 RRGにおける節の多層構造(Van Valin and LaPolla 1997: 33 から)

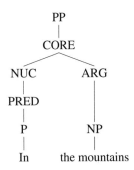

図16 RRGにおける句の多層構造

構成素もまた多層構造を持っている.in the mountains という PP

の構造は図 16 のごとくである.
推奨リンク：http://linguistics.buffalo.edu/research/rrg.html

Standard Transformational Generative Theory
(標準変形生成理論)

一般化変形 (generalized transformation) の適用や句構造規則に含まれるべき情報といった，変形文法の古典的モデルが孕んでいた諸問題は，Chomsky (1965) の著書 *Aspects of the Theory of Syntax* (『文法理論の諸相』) において大幅なモデルの修正を受けることとなった．このモデルを標準（変形生成）理論という．他の生成文法と同様，標準モデルもまた「言語獲得モデルの出力 (output) でなければならない」(Chomsky 1965: 75). *Syntactic Structures* (『文法の構造』『統辞構造論』) という古典モデルでは，一般化変形の適用順序，および回帰性の実行方法は説明されないままだったが (Fillmore 1963 参照)，この問題は *Aspects* のモデルで修正された．つまり，回帰性は語彙的に指定された句標識 (phrase marker (つまり**深層構造樹形図 (deep structure tree**)) を生成する句構造規則により取り扱われ，生成された深層構造は変形規則の入力としての役割を果たす．*Aspects* モデルでの深層構造という表示のレベルは，句構造規則，下位範疇化規則，そして語彙挿入規則の適用によって定義される．その結果産出される句標識つまり樹形図 (tree) には，S（文），NP（名詞句），N（名詞），VP（動詞句），V（動詞）といった範疇表示付きの節点が含まれる．**主語 (subject)**，**述語 (predicate)**，**直接目的語 (direct object)** といった普遍的な文法関係は意味部門に属し，統語論は句範疇（例えば名詞句，前置詞句，あるいは動詞句）のみに対して作用することになった．これにより，(1) の文およびその構造である (2) に示すように，主語は S に直接支配される名詞句として，また直接目的語は VP に直接支配される NP として，形式的に定義される．

(1) Mary loves the boy.

(2)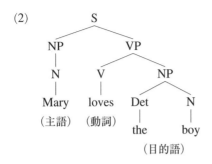

標準理論には，文脈自由規則，文脈依存規則，そして選択規則という3種類の下位範疇化規則がある．1つ目のタイプの規則は(3)に示す形式を取る．

(3) N → [+N, ± Human, ± Common]

2つ目のタイプの規則は，語彙範疇が現れる統語フレームを表す．よって，名詞句に先行する動詞は+[__ NP]という素性を持つことになる．最後に，3つ目のタイプの規則は，動詞がそれが共起する範疇が持つ素性に基づき，その動詞を下位範疇化する．ゆえに，+[+Human __]という素性であったら，それは人を表す主語に後続して現れる動詞に付与されていた．変形規則は深層構造のレベルで下位範疇化規則と語彙挿入規則の出力に順番に適用された．標準理論では，句構造規則は回帰的に (recursively) 適用され，変形規則は最も深く埋め込まれた文から最も上位にある文へと循環的に適用された．広域的な (=一般化された)(埋め込み)変形は破棄されたが，受動化などの単一変形規則 (singulary transformation) は，*Syntactic Structures* モデルと同様，保持されていた．

まとめると，標準理論は，深層構造を導入したこと，および文派生の基底部に回帰性を移動したことにより特徴付けられる．これにより，より制限された文法理論が可能となった．制限された理論は常に望ましい．なぜなら，言語獲得はいかにして可能となるのかを説明するという中心的な目標に，さらに近づけてくれるからである．図17

に標準理論の構成を示す.

```
              PS 規則
                ↓
            下位範疇化規則
                ↓
語彙挿入規則⇒ 深層構造⇒ 投射規則⇒ ［意味表示］
              ↓   変形規則
            表層構造
                ↓  音韻規則
            音声表示
```

図17　標準モデル

Stratificational Grammar (成層文法)

成層文法は，1960年代にアメリカの言語学者シドニー・ラム (Sydney Lamb) によって開発された理論である．この理論では，言語は複数のレベル，あるいは層 (stratum) を持つものとして分析される．Lamb (1966) によると，基本的な層としては音韻論 (phonology)，文法 (grammar)，意義素論 (semology) があり，これらはそれぞれさらに2つの層に下位区分される．特に，文法は形態層 (morphemic stratum) と辞層 (lexeme stratum) に分けられる．文法とは統語分析 (syntactic analysis) のレベルであり，統語論 (syntax) とは辞素 (lexeme) の配列に関わるものと言われている．各表示レベルにおける言語構造は，線と（複数の線の交点である）節点から成る言語学的図式によって表される．分析には2種類あり，この分析もまたそれぞれのレベルで作用する．1つの分析は配列的 (tactic) で，これは要素の分布パターンに関わる．他の分析は具現的 (realizational) で，これは（水平的）単位の結合と（垂直的）選択関係の構造に関わる．成層文法は，言語体系というものを，異なる層の間に成り立つ関係の網目として捉えている．成層文法は，のちに神経認知言語学 (Neurocognitive Linguistics) に発展していった．後者の主な関心は

言語と脳の関係を追究することである.
推奨リンク:http://www.ruf.rice.edu/~lngbrain/

Systemic Functional Grammar (選択体系機能文法)

選択体系機能文法(SFG)は英国の言語学者マイケル・ハリデー(Michael Alexander Kirkwood Halliday)が,その師であり,1920年代から1950年代に活躍したジョン・ルパート・ファース(John Rupert Firth)の成果を発展させて開発した,言語への機能的な接近法である.SFGの「機能的」という用語は言語の伝達機能を指し,言語的相互作用の社会的側面を特に強調するものである.Matthiessen and Halliday (近刊)[2] によると,文法は「言葉による意味の創造の資源」である.

SFGでは統語論には特別な地位は与えられていない.むしろ,(統語論(syntax),辞書(lexicon),形態論(morphology)の組み合わせである)語彙文法(lexico-grammar)の,言語構造を説明する一部分である.ハリデーによると,(統語論を含む)文法と意味論との間には明確な区分は存在しないのである.SFGでは意味論もまたたいていの他の接近法では語用論(pragmatics)と考えられているものも取り込んでいる.

社会的相互作用が言語分析にとって中心的に関連しているという想定に従って,SFGは文構造(sentence structure)ではなく,談話構造(discourse structure)に焦点をあてる.したがって,言語分析の基本単位は文ではなくテキストである.

SFGの「体系的」という用語は,種々の体系が同時に存在するということを言っていて,その3つの基本的なものは,他動性(transitivity),ムード(mood),主題(theme)である.これらの文法体系と3つのメタ機能が結びついている.

---

[2] 原著には「近刊」(forthcoming)とあるが,出版された形跡はない.

- 観念構成 (ideational) 機能は言語をメッセージ,すなわち観念を表す何かとして分析する.このメタ機能は他動性の体系をその主たる文法的体系としていて,これが我々の経験を構造的な構成 (structural configuration) すなわち過程 (process) として構造化する働きをする.
- 対人 (interpersonal) 機能は,人々が互いに相互作用することを許す何かとして,言語を分析する.その主たる文法体系はムード (mood) であり,それは社会的相互作用の文法化として理解することができる.
- 談話構成 (textual) 機能は,言語をテキストとして分析する.つまり,言語は「観念的 (ideational),対人的 (interpersonal) 意味を,共有できる情報として提示することを可能にするもので」(Matthiessen and Halliday (近刊),それは,「談話という形のそれ自身の平行宇宙 (parallel universe) を創造することによって行われる」(Halliday 2006: 445) のである.実際には,例えば,文のような談話の単位において (主題 vs 題述の) 情報構造を与えるものである.

各々の体系は図 18 に示すように一群の選択からなっている.

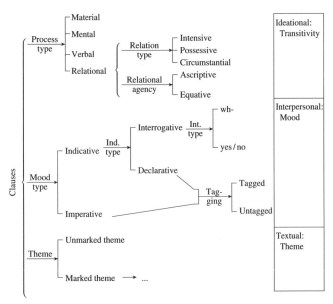

図18 英語の節の体系ネットワークに現れるメタ体系
(Matthiessen and Haliday (近刊) より)

Process type (動詞型), Material (物質的), Mental (心的), Verbal (言語的), Relational (関係的), Relation type (関係型), Intensive (内包的), Possessive (所有的), Circumstantial (状況的), Relational agency (関係的動作性), Ascriptive (帰属的), Equative (同等的), Clauses (節), Mood type (ムード型), Indicative (直説的), Ind. type (直説型), Interrogative (疑問), Int. type (疑問型), Declarative (平叙的), Tagging (付加), Tagged (付加), Untagged (非付加), Imperative (命令的), Theme (主題), Unmarked theme (無標主題), Marked theme (有標主題), Ideational (観念構成機能), Transitivity (他動性), Interpersonal (対人機能), Mood (ムード), Textual (談話構成機能), Theme (主題)

推奨リンク:http://www.isfla.org/Systemic/index.html

Tagmemics（文法素論）

文法素論は，アメリカの言語学者であり人類学者であるケネス・リー・パイク（Kenneth Lee Pike）が1950年代および1960年代に発展させた．文法素論は言語を人間の行動の一部と考えており，それゆえ厳密な心理主義を退けている．言語理論の基本公理は言語行動のみに適用されるものではなく，人間の行動全般に対して適用されるものであると主張している．

文法素論は人間の行動に関して4つの基本的な前提を想定している（Jones 1980参照）．第一に，言語などの目的的行動（purposive behavior）は弁別素性（distinctive feature）によって認識できる離散的な単位（discrete unit）で分析することができ，その際，弁別素性により単位が互いに対比される．第二に，文法素論ではコンテクスト（context）の持つ役割が強調される．つまり，分析対象となる単位は単独では生じないので，適切なコンテクストの中で研究されるべきである．（したがって，文は単独ではなく，談話（discourse）の中で研究されるべきである．）第三に，単位は階層の一部を形成する．言語に関わる階層は音韻論（phonological）階層，文法（grammatical）階層，指示（referential）階層である．これらの3つの階層のうち，文法階層こそが統語論を含めた構造を説明する（統語論と形態論は切り離されていないと考えられている）．最後に，言語記述（linguistic description）は観察者（observer）の見方によって静的にも，動的にも，関係的にもなり得るとして，文法素論では観察者も重視される．

文法的な単位は文法素（tagmeme）と呼ばれ，スロット（ある単位が同じ構成レベルにある別の単位に対して持つ関係）およびクラス（単位のタイプ）という2つの要素からなる．文法素は統合素（syntagmeme）や構文（construction）を形成する．したがって，例えば(1)の文はそもそも文法素である（独立した単位である）．

(1) The girl sings.

また，(1)の文は構文なので，the girl（スロット：主語，クラス：

名詞句) および sings (スロット: 述語, クラス: 動詞) という2つの文法素からなる1つの統合素である. この2つの文法素自身, それぞれ統合素であり, さらに分析することができる. とりわけ, 先に述べたように文法論論では統語論と形態論は分析レベルとしては区別されていないので, sings という形式は2つの文法素——うち1つは屈折語尾の -s である——を含む1つの構文と考えられる.

辞書 (lexicon) は文法素論に存在し, 3つの階層 (音韻論, 文法, および指示) のインターフェイスとして機能している. 統語分析は変形を想定していない (すなわち, この理論は単層的 (monostratal) である). 文法素論の規則は逐次的選択 (successive choice) の集合からなる式 (formula) であり, 特定の式が含意する, その言語の特定の単位をすべて, そしてそれのみを生成する (Jones 1980: 90).

推奨リンク: http://personal.bgsu.edu/~edwards/tags.html

Transformational Generative Grammar (変形生成文法)

変形生成文法は形式化された言語理論の構築を目指す. その枠組みは, 人間言語, 主に統語論に関係する一連の現象を説明するために, 1つの言語構造を他の構造へ修正, つまり変形する規則 (rule) すなわち装置 (device) の存在を仮定する. ノーム・チョムスキー (Noam Chomsky) が博士論文の *The Logical Structure of Linguistic Theory* (言語理論の論理構造) を書いた 1955 年に生成変形文法が始まって以来, いくつかの改訂版, すなわちモデル (model) が存在する. Chomsky (1957) の *Syntactic Structures* (『文法の構造』『統辞構造論』) が, この理論を世に問うた最初のものであった. 改訂版のほとんどはチョムスキー自身がいくつかの重要な著作物の中で導入した変化に対応するものであった.

・古典的変形生成理論 (Classical Transformational Generative Theory) (1950-1957)
・標準変形生成理論 (Standard Transformational Generative

Theory)（1965）
・拡大標準変形生成理論（Extended Standard Transformational Theory）（1970）
・改訂拡大標準変形生成理論（Revised Extended Standard Transformational Theory）（1973-1977）
・統率・束縛理論／原理媒介変数理論（Government and Binding/Principles and Parameters Theory）（1980-1993）
・ミニマリスト・プログラム（Minimalist Program）（1995）

Harris（1951, 1957）のように，変形的な文法を構築するための近代的な試みは以前にもあったが，ノーム・チョムスキーの *Syntactic Structures*（1957）の出版は現代言語学を変えた大変革であった．

Word Grammar（語文法）

語文法は 1980 年代にリチャード・ハドソン（Richard Hudson）により開発された理論である．それは部分的には選択体系機能文法（Systemic Functional Grammar）に源を発するものでもある．それは単層的（monostratal）で，変形を想定しない．

　語文法は言語への認知的接近法を標榜する．認知文法（Cognitive Grammar）同様，語文法は言語を，独立のモジュールとしてではなく，人間の認知の一部と捉える．文法はネットワークによって連結された一群の単位として捉えられている．語は意味，音韻表示，形態論的特性と連結されている（ネットワークが異なるレベルで作用しているという考えは成層文法（Stratificational Grammar）に由来するものである）．

　語文法における最も重要な関係は付随関係（concomitance relation）であり，依存関係（dependency）はその一種である．ハドソンは依存関係が構成素関係（constituency）に取って代われると主張する（1980a, b）．付随関係は文法により明示的に与えられた共起（cooccurrence）の関係である．（1）を例にとって説明すると，

(1) Elizabeth likes plain yogurt.

文法は Elizabeth と likes が共起できることを指定しなければならないが，Elizabeth と yogurt の共起関係に言及する規則はないのである．同様に，plain と yogurt の間の共起関係を指定するが，plain と Elizabeth との間の共起関係は指定しない．関係は特定の方向性がある．それらは核心部 (nucleus) すなわち主要部 (head) から依存要素 (dependent) へと向かう．それゆえ，(1) の文は図 19 のように表すことができる．

图 19 語文法における文の樹形図表示

しかし，この種の樹形図による表示は実際の語順を捉えることができない．この問題はもう1つの種類の表示により避けることができる．

(2)

文構造のこの捉え方において決定的に重要であるのが，主要部 (head) の概念である．特に構文の主要部を同定することが中心的な重要性を担っている．この問題はこの枠組みで研究する学者の間でしばしば議論になる話題である．

語文法の初期のものは，姉妹依存文法 (Daughter-Dependency Grammar) と呼ばれていた．

推奨リンク：http://www.phon.ucl.ac.uk/home/dick/wg.htm

Key Terms
キーターム

A-position (A 位置)

A 位置は項（argument）が生じる位置を意味する．この位置は句構造標識（樹形図）中で項（主語または目的語）が占める位置である．θ 役割 (theta role) は A 位置で付与される．(1) を考えてみよう．

(1) [IP [VP Silvia [V loves linguistics]]]

(1) の文の中では，Silvia と linguistics は A 位置にある．
参照：D-structure, Theta-role

A-bar position (A バー位置)

A バー位置は非 A 位置を意味する．A バー位置とは (1) の what のような演算子（operator）によって占められる位置である．

(1) **What** did you buy?

典型的には CP（補文標識句（Complementizer Phrase））の指定部は A バー位置である．
参照：Operator

Absolutive(絶対格)

参照:Case

Accessibility hierarchy(接近可能性階層)

参照:Relative Clause

Actant(行為項)

述部の結合価(valency)を満たす項目,つまり項(argument)のことである.文レベルでは,行為項は義務的な参与者(participant)を指す表現で,義務的ではない状況体(circumstant)に対立するものである.この術語はTesnière(1959)にさかのぼる.一般的には行為項は項に対応し,状況体は付加部(adjunct)に対応する.

行為者が指示的なものではなく述部の統語的結合価だけを満たすのであるのならば,行為者は意味的なものではなく統語的なものである.例えば,(1)では,ダミーの主語ilは指示的なものではなく,統語的な行為項であり,意味的な行為項ではない.

(1) Il pluit.
    it rains
    'It is raining.'
    [インド・ヨーロッパ語族,ロマンス語派,フランス語]

(2)では,主語のilが指示表現であり,統語的にも意味的にも行為項である.

(2) Il est tombe sur le trottorie.
    he is fallen on the pavement
    'He fell on the pavement.'
    [インド・ヨーロッパ語族,ロマンス語派,フランス語]

Active 65

参照: Adjunct, Argument, Valency

Active (能動態)

参照: Voice

Active Language (活格言語)

参照: Alignment

Actor (行為者，動作主)

参照: Semantic macro-role, Semantic role

Actualization (具現)

参照: Extension

Adjunct (付加部)

(1) の at nine o'clock のような動詞の結合価によって要求されない副詞的構成素のことをいう．

(1) The children had breakfast **at nine o'clock**.

このタイプの付加部は動詞が描写する出来事の設定または状況に関して情報を提供する．そのため，それらは時に状況表現 (circumstantial) と呼ばれる．機能的アプローチでの文の階層構造では，付加部はあまり重要ではない構成素である．

「付加部」という用語は項ではない要素を広く含む用語として使われる一方で，付加部は時折 (1) のような本来の付加部と離接副詞と連結副詞に分けられる．

離接副詞は (2) のように文全体を修飾する副詞的要素と副詞である．

(2) **According to my mother**, all my boyfriends were silly.

連結副詞は，文の命題内容に関係のない情報を伝えるが，談話の残りとその関係の理解を促してくれる．

(3) I started cooking late. **In addition**, I wasted a lot of time looking for a pan.

選択体系的機能文法 (Systemic Functional Grammar) では，上記3つのタイプの付加部は「経験的付加部 (experiential)」(「本来の」付加部),「対人的副詞」(離接副詞),「談話構成的副詞」(連結副詞) と呼ばれる．

参照: Advervial, Argument, Circumstantial, Valency

Adoposition (接置詞)

参照: Part of speech

Adverb (副詞)

参照: Part of speech

Adverbial (副詞的語句)

(a) 項ではないあらゆる構成素のことを言う．副詞的語句は述部の中核部 (core) または核心部 (nucleus) に属さないので，それらは，述部の周辺 (periphery) に位置すると言われている．S. C. ディック (Dik) の機能文法では，副詞的語句は**周辺部** (**satellite**) と呼ばれている．

(b) 副詞と同じ分布を示す構成素のことを言う．この定義によ

ると，(1) の例の on the table のような統語的に項として機能するいくつかの前置詞句は副詞的語句と呼ばれる．

(1) I put the book **on the table**./I put the book **there**.

(c) 副詞的従属節

参照：Adverbial clause, Adjunct, Argument, Valency

Adverbial clause (副詞節)

副詞節は，項として機能せず，主要部名詞の修飾部ではなく，主節の述部の状況に関する情報を加える従属節である．この理由で，副詞節は状況節とも呼ばれる．(1) では，when his dad left は副詞節である．

(1) The child cried **when his dad left**.

(1) の副詞節は時間的状況を示し，時間節と呼ばれる．ほかに以下のタイプの副詞節がある．

(2) The child cried **because his dad left**. ［原因］
(3) **If it rains**, I'll go to the movies. ［仮定］
(4) Mary went to the store **to buy milk**. ［目的節］
(5) The children had so much ice cream **that they couldn't finish their meal**. ［結果］

英語では，従属節が (1), (2), (3), (5) のように定形動詞を含んだ定形従属節である場合もあれば，(4) や (6) のように非定形の動詞を含んだ非定形従属節であることもある．

(6) **Going home,** I met your cousin.

参照：Clause, Converb, Sentence, Subordination

Afterthought（補足部）

補足部構成素は，文の境界の外側の右側に転移された構成素であり，(1) の名詞句 your little brother のようにそのほかの点では統語的に完全な文に追加の情報を加える構成素である．

(1) I haven't met him yet, **your little brother**.

補足部構成素は OV 言語では特に問題となる．なぜならばそのような言語では，補足部構成素が定形動詞の後に生じるという事実によって示されるからである．

補足部構成素は，例えば S. C. ディック（Dik）の機能文法では，時折**末尾要素**（**tail**）と呼ばれる．
参照：Dislocation

Agreement（一致）

制御子（controller）が標的子（target）にある素性の発現を決定する現象のことを言う．

(1) **Paul is** reading **his** book.
(2) w-attomer ha-'išša
    and-say:IMP.3SG.F the-woman
    'the woman said'
    [アフロ・アジア語族，セム語派，聖書ヘブライ語]

(1) では his は男性で単数である．なぜならばその制御子の名詞句 Paul は男性で単数だからである．加えて動詞の is は 3 人称単数である．なぜならば主語の Paul は 3 人称単数を要求するからである．(2) では，定形動詞 tomer は人称数（3 人称単数）のみではなく，性（この場合女性）においても主語と一致している．(3 人称男性だとすれ

Agreement

ば, yomer となる.)[1]

例によって示されたように, 一致は非常に広範囲に見られる. 一致の強制の度合いは, 同じ言語の中でさえも変化する. **性の一致 (gender agreement)** は名詞句の中では (人称や数より) 強い.

(3) ein schönes Mädchen
    a:N pretty:N girl:N
    'a pretty girl'
    ［インド・ヨーロッパ語族, ゲルマン語派, ドイツ語］

(4) Ich habe ein Mädchen gesehen, das / die   sehr
    I   have a:N girl:N   seen   who:N / who:F very
    schön aussieht.
    pretty looks
    'I saw a girl who looks very pretty.'
    ［インド・ヨーロッパ語族, ゲルマン語派, ドイツ語］

(3) では形容詞の schönes 'pretty' は主要部名詞の Mädchen 'girl' (両方ともが中性) と一致している. (4) では, 関係代名詞が das または die が可能である. 前者は中性で, 制御子である名詞の Mädchen と性 (中性) と数において一致している. 後者は女性で, 制御子である名詞の Mädchen と数においてのみ一致をし, 異なった性を示している. この文法素性の一致の欠如の理由は Mädchen の文法上の性とその指示対象の特性の不一致にある. つまり Mädchen という語の文法上の性は中性である, しかし Mädchen その語が指す可能な指示対象は女性である, そして女性という性はドイツ語ではたいてい人間の女性と関連付けられる. Mädchen のような中性名詞が標的子と女性一致を引き起こす現象は**意味上の一致 (semantic agreement)** として知られている. 意味上の一致は性のみに限られない. 数においても起こる.

---

[1] ただし, 制御子, 標的子という用語を一致に用いるのは生成文法の用語ではない.

(5)　Vi　　　　　gente　　que comía / comían
　　　see:PRET.1SG people:SG that eat:IMPF.3SG / 3PL
　　　peras.
　　　pear:PL
　　　'I saw people eating pears.'
　　　［インド・ヨーロッパ語族，ロマンス語派，スペイン語］

(5) では，名詞句 gente 'people' は単数であるが，集合名詞なので，それは複数の存在物を指している．この理由で，この名詞は単数形の動詞とも複数形の動詞とも生起できる．前者は文法上の一致であり，後者は意味上の一致である．

特異なタイプの一致に二重格表示 (double case)，または**接尾辞転写** (**suffix copying**) と知られる (6) のようなものがある．

(6)　Wagal-**ni-ngu** gudaga-**ngu** mujam　　　bajal.
　　　wife-GEN-ERG　dog-ERG　　mother:ABS bite
　　　'(My) wife's dog is biting (my) mother.'

(Dixon 1980: 300)

［パマニュンガン語族，オーストラリア語派，イディン語］

(6) において，能格を示す格接尾辞 -ngu は主要部名詞 gudaba 'dog' の機能を示すが，それはまた修飾語である wagal 'wife' にも表れている．そしてその名詞 wagal は属格接尾辞 -ni によって修飾要素として表示されている．二重格はオーストラリアのいくつかの言語，古グルジア語，そしてコーカサスのいくつかの古代の言語で知られている．

一致の機能にはいくつかの項目がまとまっていることを示すことがある．例えば，名詞句内部での一致はどのような項目がその名詞句に属しているかを示している．一致の典型的な標的子 (target) は，限定用法の形容詞，冠詞，関係詞，照応代名詞である．主語と動詞の一致は印欧語ではよく見られるが，主語は決して動詞の一致を引き起こすことができる唯一の項目ではない．イタリア語では他動詞の複合動

詞形は直接目的語が接辞代名詞のときそれと一致する．

(7) Io non **le** ho   ancora **viste**.
    1SG NEG 3PL.F have:1SG yet   seen:PL.F
    'I haven't seen them yet.'
    ［インド・ヨーロッパ語族，ロマンス語派，イタリア語］

(7) では助動詞と動詞の過去分詞で形成されている動詞の形 viste は直接目的語の接辞 le と，性（女性）そして数（複数）において一致している．目的語が接辞ではなくアクセントがある構成素のとき，動詞の形は，常に，直接目的語の性と数とは独立して，男性単数の形 (ho visto) に屈折する．

多くの非印欧語では，動詞と主語以外の項との一致が (8) の例に示されるように広範囲に見られる．

(8) Guk   zu   liburu   hau eman d-i-zu-gu.
    We:ERG you:DAT book:ABS this give 3SG-have-2SG-1PL
    'We have given you this book.'   ［独立言語，バスク語］

(8) では dizugu という動詞の形は，主語，直接目的語，そして間接目的語との一致表示を担っている．すなわち，その動詞は，3人称単数絶対格の d，動詞の語根 i，丁寧な2人称与格 -zu，そして1人称複数能格の -gu を含んでいる．

参照：Subject

Alignment（格システム）

「格システム」という術語は，「統語・意味原始要素 (primitive)」である自動詞主語，他動詞主語，他動詞目的語の表示の仕方を指す (Dixon 1994: 6)．格システムのタイプは，**主格−対格型 (nominative-accusative)**（対格とも呼ばれる），**能格型 (ergative)**，そして**活格型 (active)** または活格−状態格型 (active-stative) である．英語のような主格−対格言語では他動詞の主語，自動詞の主語は（主格と

呼ばれる）同じ格で表示され，（対格と呼ばれる）異なった格で表示される他動詞の直接目的語と対比をなす．

(1) He went home.
(2) He saw her.

能格 (ergarive) 言語では，その代わりに，自動詞の主語は（絶対格で）他動詞の被動者と同じ格で表示される．その一方で他動詞の動作主は（能格と呼ばれる）特別な格によって表示される．このことは例えば (3) と (4) のバスク語に見られる．

(3) Umea   kalean   erori   da.
    child.the:ABS street.in fall   3SG:be
    'The child fell in the street.' ［孤立言語，バスク語］
(4) Emakumeak   gizona   ikusi du.
    woman.the:ERG man.the:ABS 3SG:see 3SG:have
    'The woman saw the man.' ［孤立言語，バスク語］

(3) では，自動詞の主語は絶対格の umea 'child' で，(4) では他動詞の主語は能格の emakumeak 'woman' である，一方，直接目的語は gizona で，絶対格である．

多くの言語はいわゆる**分裂能格性**（**split-ergativity**）を示す．つまり，グルジア語やヒンディー・ウルドゥー語のように，与えられた動詞の時制や相，または有生性階層で低いランクにある名詞に，制限された能格型格システムを示す．

格システムの3番目のタイプは活格型，または活格-状態格型である．活格型言語はいくつかの自動詞の主語が，他動詞の動作主として表示され，その一方で，自発性あるいは制御可能性の度合いに応じて，他の自動詞の主語が他動詞の被動者として表示されるような言語である．活格型格システムに基づく現象は，Van Valin (1990) では**分裂自動詞型**（**split-intransitivity**）として，または Dixon (1994) では，**分裂 S 型**（**split-S**）と呼ばれる．例えば (5) に示すように，「ブラジルで話されているアラワク語（Arawak）の1つであるワウ

リャ語 (Waurá) では，他動詞文の基本的な構成素の語順である AVO (A は活格主語) を示し，動詞は活格主語名詞句を相互参照する代名詞の接頭辞を持っている」(Dixon 1994: 77).

(5) yanumaka inuka　p-itsupalu
jaguar　3SG:kill 2SG.POSS-daughter
'The jaguar killed your daughter.'
[赤道トゥカノ語族, アラワク語派, ワウリャ語]

ワウリャ語には2種類の自動詞がある．1種類では，主語は活格主語として振る舞う．つまり，(6) に示されるように，主語は動詞に先行し，動詞は主語を指す代名詞接尾辞を持っている．

(6) wekɨhɨ katumala-pai
owner　3SG:work-ST
'The owner worked.'
[赤道トゥカノ語族, アラワク語派, ワウリャ語]

もう1種類の自動詞では，主語は動詞に後続し，動詞には主語を相互参照するような接頭辞はつかない（他動詞の目的語のように振る舞う）．(7) に例がある．

(7) usitya　ikísii
catch.fire thatch
'The thatch caught fire.'
[赤道トゥカノ語族, アラワク語派, ワウリャ語]

参照：Animacy, Transitivity, Voice

Anaphora（照応関係）

照応関係とは，(1) に見られるように，しばしば代名詞である**照応形**（**anaphor**）と呼ばれる項目が，談話の中ですでに導入された何らかの者／物に再度言及する関係である．そしてその者／物は文中に存在

していてもいなくてもよい.

(1) I have met **your brother**$_i$ before, but I wouldn't be able to recognize **him**$_i$.

(1) では,him が照応代名詞 (anaphoric pronoun) である.すなわちその照応代名詞は先行詞 (antecedent)(または制御子 (controller))と呼ばれる your brother を指示し,代名詞に,ある素性を持たせる(英語の3人称代名詞の場合,関連する素性は数と性である).照応要素が指すものを解釈する手助けになるものは,その先行詞である.

例えば等位接続された節では,文脈に依存しながら,⌀は照応形として機能することができる.

(2) Mary said goodbye and ⌀ left.

制御構文 (control construction) でも,同様である.

(3) Paul wants to ⌀ go home.

(2) や (3) ではそれぞれ⌀は Mary と Paul を指している.[2]

変形生成文法の統率・束縛理論の枠組みでは,照応形はその束縛領域 (binding domain) の中で先行詞によって束縛されなければならない.束縛領域はたいていが文である.例えば,(4) の文では,herself はその先行詞の Mary によって束縛されている.

(4) Mary loves herself.

名詞句移動の痕跡 (trace) はこの枠組みでは照応形である.照応代名詞は後方照応的にも使用することができる.すなわち,談話の後の段階で導入される者/物を指すことができる.「照応関係 (anaphora)」という術語は時々両方の過程を含むように用いられる.

照応関係は「繰り返す (carrying back)」を意味するギリシャ語の

---

[2] 生成文法では⌀を PRO と表記し,Mary と Paul が PRO を制御 (control) していると言う.

anaphorá に由来し,「繰り返し (repetition)」を意味する. いくつかのアプローチでは,「照応形 (anaphora)」という単語は,「代名詞 (pronoun)」の擬似同義語として用いられる.
参照： Cataphora, big PRO

Anaphor (照応形)

前方照応機能を持つ項目のことをいう.
参照： Anaphora, Logophor

Animacy (有生性)

名詞の意味素性で, しばしば形態統語的な反映を持つ.

有生名詞は単純に有生の指示対象をもつ名詞ではない. 形態統語論の観点から, 動物を指す名詞は, むしろ有生の名詞としてよりも, より頻繁に無生名詞として振る舞う. 有生性は意志性 (volitionality), 理性 (rationality), そして個別性 (individuality) に結びついている. つまり, ある存在物が, 個別化されればされるほど, そして自発性をもって合理的に振る舞うことができればできるほど, それは有生性の尺度においてより高く分類される. したがって, 個別化の低い程度にある群れ (crowd) といったような集合名詞は, 人 (persons) や人間 (men) といったような複数の可算名詞より低く分類される. Corbett (2000: 55) によれば, 有生性の尺度 (animacy scale) は次のようなものである.

(1) 話し手 (1人称代名詞) ＞ 聞き手 (2人称代名詞) ＞ 3人称 ＞ 親族 ＞ 人間 ＞ 有生物 ＞ 無生物

多くの言語では, さらなる区別がある. 有生の指示物 (あるいは人間の指示物) があっても, 有生性の尺度で低く分類される集合名詞のことを上で触れたが. 無生名詞の中でも, 地震, 風, 嵐などの自然の力 (すなわち, 動的実体) は他の無生名詞より高く分類される.

参照：Part of Speech, Semantic role

Antecedent（先行詞）

先行詞とは，典型的には代名詞のように，他の構成素に先行し，形態統語的素性のいくつかを示す（か），その指示物全体を特定するような構成素のことである．先行詞はある理論ではある種の制御子（controller）であり，制御される語は標的子（target）と呼ばれる．

(1) の関係代名詞の先行詞は man である．

(1) **The man whose** son I met yesterday is my teacher.

(2) では，先行詞の einen Sohn が関係代名詞に性と数の一致をもたらしている．

(2) Klaus hat einen   Sohn, den   ich noch nicht
    Klaus has a:ACC.M son   REL.ACC.M I   yet not
    kennegelernt habe.
    met   have
    'Klaus has a son that I haven't met yet.'
    [インド・ヨーロッパ語族，ゲルマン語派，ドイツ語]

先行詞という用語は文字通りに「先に来る」を意味するが，先行詞は必ずしもすべての言語で制御された要素に先行するとは限らない．
参照：Anaphora, Controller

Antipassive（逆受動態）

参照：Voice

Applicative（充当態）

充当態とは使役態（**causative**）に似た**結合価変化**（**valency-chang-**

ing) 操作であり，この操作によって，副詞的構成素が動詞の結合価の中に含まれるようになり，よってその副詞的構成素は項として扱われる．

(1) a. m-geni **igula** u-gimbi
   CL-guest buys CL-beer
   'The guest is buying beer.'
  b. m-geni **igulila** va-ndu u-gimbi
   CL-guest buys:APL CL-person CL-beer
   'The guest is buying beer for people.'
   (Ngonyani and Githinji 2006: 4)
  [ニジェール・コンゴ語族，バンツー語派，ンゴニ語]
(2) a. Ted **schmierte** Butter auf die Tischdecke.
   'Ted smeared butter onto the tablecloth.'
  b. Ted **beschmierte** die Tischdecke mit Butter.
   'Ted smeared the tablecloth with butter.'
   [インド・ヨーロッパ語族，ゲルマン語派，ドイツ語]

他のバンツー語（Bantu）と同様にンゴニ語（Ngoni）には，充当態の接辞 -il- がある．(1b) では，受益者格（beneficiary）vandu 'people' が動詞の結合価に含まれている．ドイツ語では，(2b) に示すように，接頭辞の be- が充当態として機能している．(2b) では，(2a) の場所表現 auf die Tischdecke 'on the tabelcloth' がその接頭辞 be- が付いた動詞の項になっている．

充当態はもう1つの結合価増加操作である使役態に似ているし，態とも似ている．ただし，充当態は一般的に派生的であるが，態は屈折的である．

参照：Causative, Valency, Voice

Apposition（同格関係）

同格関係とは，2つの構成素が並列に置かれ，その構成素が互いに統

語的階層関係がなく，2つの構成素の一方が残りの一方を指定するような構造のことである．

(1) my friend Paul

(1) では Paul は my friend と同格関係にあると言われる．(1) の NP は**制限的**（**restrictive**）同格関係の例である，なぜならば，Paul は my friend の範囲を狭めていて，その指示物を同定するのに必要不可欠な情報を伝えているからである．その一方で，次の (2) では，同格関係は非制限的である．なぜならば，(2) の同格関係は Paul が指すものの範囲を制限しているのではなく，単に重要ではない情報を加えているからである．

(2) Paul, a friend of mine

参照：Relative clause

Argument（項）

項とは述部の結合価を満たす項目のことである．すべての述部にはそれが要求する項の数が指定されている．動詞，名詞，形容詞，そして前置詞は個々の項目ごとに決まった**項構造**（**argument structure**）または**述部枠組み**（**predicate frame**）を持っている．

動詞について．結合価（valency）とも呼ばれる動詞の項構造は，義務的な文の要素を決定する．例えば (1) の文には，John と Mary という2つの項がある．

(1) John saw Mary.

両方の構成素は義務的である．

動詞の語彙表示は動詞が持つ項の数を指定することによって，より明確なものにすることができる．依存文法（Dependency Grammar）と変形生成文法では，この表記によって他動詞，自動詞，そして二重他動詞という術語が必要なくなった．依存文法は単価，2価，3価と

いう術語を導入した．変形生成文法では，(2) に示すように，下位範疇化 (subcategorization) の枠組みがしばしば動詞の語彙表記に取って代わる．

(2) see,　　verb,　1 [DP/NP], 2 [DP/NP]
　　smile,　 verb,　1 [DP/NP]
　　dance,　 verb,　1 [DP/NP]
　　give,　　verb,　1 [DP/NP], 2 [DP/NP], 3 [PP]

場合によって，(3a) と (3b) にあるように，文の意味変化をともなって，項が省略できる．

(3) a. John bought Mary a book.
　　b. John bought a book.

(3b) ではジョンが自分自身のために本を買ったと理解されるが，自分自身 (himself) は表現されなくてもよい．この場合，その表現は随意的要素と考えられる．随意的要素は (4) に示されるように，括弧の中に入れられる．

(4) buy,　verb,　1 [DP/NP], (2 [DP/NP]), 3 [DP/NP]

名詞について．動詞から派生される名詞，または動詞に関連する名詞は動詞と同じ項構造を持つ場合がある．しかし，名詞における項の存在はたいていが随意的である（すなわち名詞とその従属詞の間の関係は**修飾関係 (modification relation)** である．つまり義務的ではない）．言い換えれば，派生名詞の意味的結合価は，派生の基として働く動詞の結合価に対応している場合もあるが，その場合でも，統語的結合価では対応していないことがある．例えば (5) の destruction と destroy がそのよい例である．

(5) a. John destroyed the car.
　　b. The destruction of the car by John was impressive.
　　c. John's destruction of the car was impressive.

d. The destruction of the car was impressive.
e. The destruction was impressive.
f. *John destroyed.

この場合，名詞 destruction は (6) のように表記される．

(6) destruction, noun, 1 ([PP/DP/NP]), (2 [PP])

形容詞について． 形容詞の項は (7) に示されるように，しばしば随意的である．

(7) a. John is envious.
    b. John is envious of his sister.

この場合にも，動詞 envy の義務的な補部と比較すると，前置詞句は義務的ではない．

(8) a. John envies his sister.
    b. *John envies.

となると，形容詞 envious の項構造の表記は (9) のようになる．

(9) envious, adjective, 1 [DP/NP], (2 [PP])

前置詞について． 前置詞も項構造を持っている．(10) では between は，First Avenue と Madison という2つの義務的な項を持っている．

(10) the house between First Avenue and Madison

参照：Predicate, Valency

Argument Structure (項構造)

参照：Valency

Articulatory and Perceptual property (A-P system) (調音・知覚特性 (A-P システム))

ミニマリスト・プログラム (Minimalist Program) の中では，調音・知覚 (または A-P) 特性は PF (音声形式) 表示レベルに接する言語の形式のシステムを構成する．言語の A-P 特性は，音声言語と手話の両方を捉えるので，出力体系のモダリティとは独立している．しかしながら，たいていの場合このレベルは音声に関するものである．ミニマリスト・プログラムの枠組みの中では，前の枠組みの変形生成文法の中での PF と LF 以外のすべての表示のレベルは廃止された．
参照：Conceptual and Intentional property

Attribute (属性，限定語)

参照：Modifier

Attributive clause (限定節)

限定節とは名詞主要部の修飾要素 (属性) として機能する節である．関係節は限定節である．他のタイプの限定節には (1) と (2) にあるような非定形の動詞形を含むものがある．

(1) I saw an old man **walking towards me**.
(2) okul-da bulun-an kisi-ler arkadaš-lar-ım
 school-LOC be-PART person-PL friend-PL-POSS1SG
 degil-dir
 not be
 'The people who are in the school are not my friends.'
 [アルタイ語族，チュルク語派，トルコ語]

(1) では限定節の動詞は walking である．英語では代名詞と定形の動詞を伴う関係節も可能である．

(3) I saw an old man **who was walking towards me**.

トルコ語では，(2) の分詞の bulunan のように，限定節は非定形の動詞のみで作られる．

参照：Relative Clause, Subordination

Auxiliary（助動詞）

助動詞とは，文法情報を持つ項目で，典型的には動詞であり，語彙情報を持つ本動詞と呼ばれる他の動詞と複合動詞を形成する．**have** gone, **would** buy, **will** see, **does** not know, **am** eating のように英語には豊かな助動詞がある．これらの例はすべて複合動詞形で，屈折表示を持つ定形の助動詞が非定形の本動詞と共起している．本動詞が本動詞であるのは，語彙情報の観点から見てのことであることに注意．構造的観点からは，助動詞は複合動詞形の主要部なので，助動詞が句の中で主たる機能を持っているのである．

多くの助動詞は，単独で生起するとき，語彙動詞としての特定の語彙的意味と機能を持つ．実際助動詞は文法化（grammaticalization）の産物で，たとえもともとの意味がもはや見られないとしても，歴史的には語彙動詞から文法機能を発展させている．次例を比較しなさい．

(1) I **have** a book.
(2) I **have** been to Rome many times.

(1) では have は語彙的意味（「所有する」）を持つ動詞である．(2) では，同じ形式が，本動詞が指す出来事が過去のある時点で起こったことを示す助動詞である．

様々な動詞が助動詞へと発展することは系統的につながりのない多くの言語に見られる．しかしながら，意味的観点から見ると，潜在的な助動詞は相対的に小さな集合を構成すると言える．一般的に sleep や drink といったような動詞が助動詞へと発展することは期待できな

い．その一方で，そのような発展は，have, be, do, stand, become のような動詞や，様態動詞や運動動詞ではより予測可能である．これらは，句構造において他の動詞と関連付けられる傾向にある十分に総称的な意味を持つ（Heim 1993: 27-45 の術語では「基本的事象」(basic event) を指す）動詞であり，これらの動詞は他の動詞と句を形成する傾向があり，そこから，意味漂白（semantic bleaching）過程によって助動詞へと発展しうるのである．

典型的に，助動詞は（例えば固定された位置に生起するといったような）特別な統語制約に特徴づけられながら，どの言語においても，動詞の閉じた下位集合（closed subclass）を構成し，上記で示した英語の例のように，他の動詞と複合動詞形を形成する．対照的に全く異なった形態統語的特徴を示す連動詞（serial verb）は機能的に助動詞に似ているかもしれない．

参照：Grammaticalization, Reanalysis, Serial verb

Behaghel's Law (ベハーゲルの法則)

参照: Word order

Binding (束縛)

束縛とはc統御 (c-command) と同一指標 (coindexation) の条件が満たされることで構成素間で成立する統語関係である. より形式的には束縛は (1) のように定義される.

(1) α が β をc統御し β と同一指標を持つならば α は β を束縛する.

(2) の例を考えてみよう.

(2) John$_j$ loves himself$_j$.

(2) の文では, John$_j$ は himself$_j$ をc統御し, himself$_j$ と同一指標をもつ (つまり同一指示的である) ので, John$_j$ は himself$_j$ を束縛する.

A束縛 (A-binding) とAバー束縛 (A-bar binding) という2つのタイプの束縛がある. A束縛は (1) のように先行詞がA位置 (項位置) (A-position) にあるような関係である. Aバー束縛は先行詞がAバー位置 (A-bar position) (非項位置) にあるような関係である. 非項位置とは, (3) における who のように, wh 疑問文の what や who のような演算子 (operator) によって占められる位置である.

(3) **Who** does John love **t**?

(3) では who は変項 (variable) を表す痕跡 t を束縛する. 痕跡 t は疑問文が形成される前の John loves who で who が占めていた位

置にある変項である．
参照：C-command, A-position, A-bar position

Binding Theory（束縛理論）

統率・束縛理論（Government and Binding Theory）の枠組みの中では，束縛理論は名詞句 DP/NP の解釈を規制する文法のモジュールである．この観点から言えば，名詞句 DP/NP は，再帰代名詞（himself/herself）を含む照応形，代名詞（him/her），指示表現（John, the boy）の3種のいずれかである．これらの種類のそれぞれの指示特性は [+/−代名詞（pronominal）] と [+/−照応形（anaphor）] という素性を用いることによって定義することができる．

(1) a. 照応形（anaphor）（再帰代名詞（reflexive）と相互代名詞（reciprocal））
       [+照応形　−代名詞]
    b. 代名詞（pronominal）
       [−照応形　+代名詞]
    c. 指示表現（referential expression）
       [−照応形　−代名詞]

加えて，この枠組みでは，これらの3種の要素の解釈は，先行詞の位置を考慮しながら，局所性（locality）によって決定される．照応形は先行詞を局所位置に必要とし，代名詞は先行詞を持つかもしれないが，この先行詞は局所領域の外になければならない．指示表現は先行詞を持ってはならない．つまり自由でなければならない．これらの指示特性は（2）と（4）そして（6）に示される束縛原理（Binding Principle）A, B, C の3つの原理に要約される．

(2) 束縛原理 A： 照応形（再帰代名詞，相互代名詞）は (3a, b) に示すように，統率領域（governing domain）内で束縛されなければならない．

(3) a. Ann$_j$ loves herself$_j$.
    b. *Ann$_j$ thinks John loves herself$_j$.

(3a) は，照応形の herself がその統率領域（＝全文）の中で束縛されているので文法的である．(3b) は，照応形の herself がその統率領域（＝従属節）の中で束縛されず，その領域の外側から束縛されるので非文法的である．(3b) は原理 A を破っているのである．

(4) 束縛原理 B： 代名詞は (5a, b) で示すように，統率領域内で自由でなければならない．

(5) a. Ann$_i$ thinks John loves her$_i$.
    b. *Ann$_i$ loves her$_i$.

(5a) は，代名詞の her がその統率領域（＝従属節）の中で束縛されないので文法的であり，代名詞の her は統率領域の外側にある先行詞 (Ann) を指すことができる．(5b) は，代名詞の her が統率領域（＝全文）の中で束縛され，原理 B を破っているので，非文法的である．

(6) 束縛原理 C： (7a) と (7b) に示されるように，指示表現（R 表現）はどの領域においても自由でなければならない．

(7) a. *She$_j$ thinks John loves Ann$_j$.
    b. *She$_j$ thinks that Peter said that Mary claimed that John loves Ann$_j$.

(7a) は R 表現の Ann が代名詞の she に束縛されているので，非文法的である．R 表現が統率領域（＝従属節）の外から束縛されているが，(7a) の文は非文法的である．(7b) は，3 つの節境界が代名詞と R 表現の Ann の間に介在しているが，非文法的である．(7b) の R 表現は距離をおいてはいるが，束縛されているので原理 C を破っている．

ミニマリスト・プログラム (Minimalist Program) では，DS (D 構造) と SS (S 構造) の廃止に伴い，束縛理論は LF (論理形式) で

適応される．これによって，DS と SS を許していた理論がもたらしていた構造の過剰生成という問題が生じなくなった．その過剰生成の問題は (8) のような例で示される．

(8) Ann$_i$ wondered which portrait of herself$_{i/j}$ Mary$_j$ liked.

例 (8) は，herself は Mary または Ann を先行詞にすることができるので，多義的である．1つ目の多義性は S 構造または LF での Ann と herself の同一指示の照合で解決することができ，Mary が herself を指すという2つ目の多義性は，D 構造または派生の過程での照合によって解決することができる．しかしながら，この方法は多義性を解決する経済的または制限的な方法ではない．ミニマリストの見地では，この文の意味は LF のみで解釈されなければならない．したがって他の2つの表示のレベルは廃止されたのであるが，多義性の問題は残っている．

Branching (枝分かれ)

枝分かれという概念は，複雑な構成素が構築される現象を指す．依存要素をたいていの場合右側に加えることによって構成素が拡張されるならば，枝分かれは右側に起こり，依存要素を左側に加えることによって構成素が拡張されるならば，枝分かれは左側に起こる．SOV の語順を示す言語は，多くの場合左枝分かれで，その一方で VSO そして SVO の語順を示す言語は，たいてい右枝分かれである．英語はいくつかの観点で，例えば，動詞句の主要部である動詞は，その補部に先行するので右枝分かれであるが，他の句では，左枝分かれである（限定的形容詞は主要部名詞に先行する）．3つ以上の直接構成素を含む句を持つ統語構造は排除される．

Kayne (1994) 以降，変形生成文法では左枝分かれのみが許されるとされる．そうなると，左枝分かれと異なった語順は，移動を繰り返すことによって得られることになる．

参照：Word oder, X-bar theory

Case（格）

NPの文法関係や意味役割を同定するのに役立つ名詞の屈折範疇．抽象格（abstract case）や深層格（deep case）と区別して「形態格（morphological case）」と呼ばれることも多い．抽象格は，形式的アプローチ（以下を参照）において用いられる概念であり，深層格は，フィルモア（Fillmore）の格文法（Case Grammar）における意味役割に相当するものである．

名詞および関連する語彙範疇が格を担う過程を**格標示（case marking）**と呼ぶ．格標示がある言語では，格は通常，名詞，形容詞，代名詞に発現するが，格の発現がもっと限られる場合もある．例えば，英語の格標示は，主格（he, who），斜格（him, whom），属格（his, whose）の区別がある代名詞に限られる．印欧語，非印欧語を問わず，多くの言語が格表示を持つ．例えば，ロシア語の例は以下の通りである．

主格（nominative）	kniga 'book'
対格（accusative）	knigu
属格（genitive）	knigy
与格（dative）	knige
具格（instrumental）	knigoj
前置詞格（prepositional）	knige

［インド・ヨーロッパ語族，スラブ語派，ロシア語］

ロシア語のような言語では，中核的な文法関係は格標示によって区別される．**主格（nominative）**は主語の格，**対格（accusative）**は直接目的語の格，**与格（dative）**は間接目的語の格である．**属格（genitive）**は名詞同士の関係を示すことが最も多い．すなわち，ある名詞が他の名詞を修飾している場合，その修飾語である名詞を属格標示す

Case 89

る．(1) はその例である．

(1) timor　　　hostium
fear:NOM enemy:GEN.PL
'fear of the enemy'
［インド・ヨーロッパ語族，イタリック語派，ラテン語］

すでに挙げたもの以外の格は，意味の機能をより多く担い，意味役割を表す．例えば**具格**（**instrumental**）は，通常，道具と受動動詞の動作主を表す．

ロシア語の**前置詞格**（**prepositional**）と呼ばれる格は前置詞句の中にしか現れない．これは，他のスラブ語の一部に見られる位置を表す**位置格**（**locative**）に相当するものである．位置格は，**場所格**（**local**）あるいは**空間格**（**spatial**）とも呼ばれる．他のよく見られる場所格として，起源・出発点を表す**奪格**（**ablative**），方向を表す**向格**（**allative**），経路を表す**通格**（**perlative**）がある．印欧語族以外の言語，例えばハンガリー語には非常に複雑な位置格の体系がある．

内格 (inessive)	a ház-ban	'in the house'
上格 (superessive)	a ház-on	'on the house'
接格 (addessive)	a ház-nál	'near the house'
出格 (elative)	a ház-ból	'from inside the house'
離隔 (delative)	a ház-ról	'from the top of the house'
奪格 (ablative)	a ház-tól	'from near the house'
入格 (illative)	a ház-ba	'into the house'
着格 (sublative)	a ház-ra	'to the top of the house'
向格 (allative)	a ház-hoz	'to the house'

［ウラル語族，フィン・ウゴル語派，ハンガリー語］

能格言語は，**能格**（**ergative**）と**絶対格**（**absolutive**）という2つの特殊な格を持つ．能格は他動詞の動作主を示し，絶対格は自動詞の主語と他動詞の被動作者を示す．通常絶対格にはマーカーがない．（なお，絶対格は，能格言語の文法記述によっては，主格と呼ばれること

も多い．）

多くの言語に**呼格**（**vocative**）という格がある．呼格は呼びかけるときに用いる名詞（ほとんどが人の名前）に現れる（ラテン語の例：Paulus 'Paul' (nom.) / Paule (voc.); filius 'son' (nom.) / fili (voc.)). フィンランド語の**態格**（**essive**）（例えば，lapsi 'child'/ lapsena 'as a child' 'when one was a child'）のように，一時的な状態を表す述語動詞の述語名詞に現れる格を持つ言語もある．フィン・ウゴル語族の言語には随伴を表す**随格**（**comitative**）があり，多くのオーストラリア先住民言語には，恐怖を表す動詞の補部に現れる**嫌悪格**（**aversive**）がある．

フィン・ウゴル語族の一部とバスク語に見られる**部分格**（**partitive**）が本当の格であるかどうかは疑問の余地がある．部分格は，ある NP の指示物がある出来事に一部しか参加しない場合に用いられる．しかし，特定の意味役割を表すわけではないし，特定の文法関係とも結びついていない．例えば，フィンランド語では，部分格の目的語も，(2) のように部分格の主語も見られる．

(2) **sotilait-a** tuli illa-lla
 soldier-PRT.PL come:IMPF.3SG evening-ADESS
 'Some soldiers came in the evening.'
 ［ウラル語族，フィン・ウゴル語派，フィンランド語］
 (Sulkala and Karjalainen 1992: 211 より)

文法格（**grammatical case**）と**意味格**（**semantic case**）について．時に，文法格と意味格，あるいは具象格（concrete case）が区別される．前者は，中核を成す項を主に（あるいはそれのみを）表示し，文法関係を表す格であり，後者は，周辺的役割の構成素（副詞類）を主に（あるいはそれのみを）表示し，意味役割を表す格である．言い換えると，文法格は統率される（governed）構成素がとる格であり，それは動詞によって決定される．他方，**具象格**は動詞とは独立して，ある意味を表す．その意味は単独か，あるいは格表示される NP の語彙素性との関係で決まることが多い．この区別をさらに言い換える

と，文法格の場合，**格付与**（**case assignment**）は**文脈依存**（**contextual**）であるが，**具象格**（**concrete**）の場合は**内在的**（**inherent**）である．文法格と意味格は文献によっては，**関係格**（**relational**）と**副詞格**（**adverbial**），**中心格**（**core**）と**周辺格**（**peripheral**），**抽象格**（**abstract**）と**具象格**とも呼称される．しかし，Kuryłowicz (1949) が最初に発表したこの区別は必ずしも有効であるとは言えない．なぜなら，ほとんどの格が文法的機能と意味的機能の両者を多かれ少なかれ含む傾向があるからである．

文法格と意味格の区別に部分的に類似した区別として，**直接格**（**direct**）と**斜格**（**oblique**）の区別がある．直接格は主格と対格に，斜格は残りの格に相当する．主語の格と非主語の格しかない言語では，斜格という用語は非主語格と同じ意味で用いられることもある．

抽象格について．変形生成文法において抽象格は普遍文法の一部である．英語やアイルランド語のように名詞に形態的格表示がない言語を含むすべての言語が抽象格を持つとみなされている．抽象格には2つのタイプがある：構造格（＝主格と対格）と内在格（例えば英語とスペイン語の属格：house of John, casa de Juan）．

1. 構造格：　主格はIP（屈折要素句）のIによって主語のDP/NPに付与される．対格はVP（動詞句）のVかPP（前置詞句）のPによって目的語のDP/NPに付与される．格付与子（Case assigner）は被格付与子を統率していなければならない．構造格は主題関係とは繋がりがない．
2. 内在格（inherent Case）：　内在格はあるDP/NPに対して，それを統率しかつ主題役割を与える範疇によってのみ付与される．例えば，名詞と形容詞はDP/NPに内在格である属格を付与する．英語では，ofがこの内在属格の形態統語的マーカーである．

抽象格は統率・束縛理論における格理論の一部である．

参照：Case Filter, Case Theory, Semantic role

Case Filter（格フィルター）

変形生成文法の統率・束縛理論において，格フィルターはすべての顕在的 DP/NP が抽象格を付与されることを要求する．この要件は抽象格を付与されないすべての名詞句を排除するので，フィルターの役割を果たすと言える．しかし，格フィルターは，格がなぜ義務的なのかを説明してはいないので，可視条件（Visibility Condition）のような他の文法特性に結び付けられることになった．
参照：Case, Case Theory, Visibility Condition

Case Theory（格理論）

統率・束縛理論において，格理論は文法のモジュールの1つであり，顕在的 DP/NP の特性の一部を説明し，格という概念を変形生成文法の中に組み込むものである．抽象格（＝構造格と内在格），格フィルター，可視条件といった重要な概念を含んでいる．
参照：Case, Case Filter, Visibility Condition

Cataphora（後方照応）

談話の中に後で導入される構成素を（時間的な後にむかって）指す代名詞を指す．(1) はその例である．

(1) What determined the speech that startled **him** in the course of **their** encounter scarcely matters, being probably but some words spoken by **himself** quite without intention—spoken as **they** lingered and slowly moved together after **their** renewal of acquaintance. **He** had been conveyed by friends an hour or two before to the house at which **she** was staying; the party of visitors at the other house, of whom **he** was one, and thanks to whom it was

his theory, as always, that **he** was lost in the crowd, had been invited over to luncheon.

(Henry James, *The Beast in the Jungle*)

(1) の例は短編小説の最初の数行である．様々な形の三人称の代名詞（男性単数，女性単数，複数）が2人の人物を物語に登場させているが，2人が誰なのかはまだ分からない．それらの代名詞は後方照応的に用いられており，読者はまだ知らない後になって明かされる登場人物を指している．

cataphora はギリシャ語の kataphorá（=carrying forward）に由来する．後方照応は概ね前方照応の鏡像であるが，前者は後者と比べると使用頻度ははるかに低い．前方照応と後方照応の両者を包括する用語として anaphora が用いられる場合もある．

参照：Anaphora

Causative（使役）

使役構文（**causative construction**）は，ある参加者が別の参加者に何かをさせる表現である．(1) はその例である．

(1) Mary made John leave.

(1) は，Mary と John という2人の参加者がいて，Mary が John に leave という行為をさせたという意味である．John は**被使役者**（**causee**）あるいは二次動作主と呼ばれる．

一部の言語は形態的使役形，すなわち，**使役動詞**（**causative verb**）を持つ．(2) の例の動詞 sallanun（=I promoted）は，自動詞の sallai（=to grow）に使役接尾辞の -nu- が付加されてできた使役形である．

(2) **sallanun** = war = an kuit ammuk
promote:1SG.PRET PTC 3SG.ACC because 1SG.NOM
'because I promoted him' (Otten 1981: iv 11-15 より)

[インド・ヨーロッパ語族, アナトリア語派, ヒッタイト語]

使役化は，**結合価を変える操作**（**valency changing opearation**），すなわち，動詞の結合価を増やす操作である．自動詞の使役形は他動詞になる．例えば，(2) の sallai-（= to grow（自動詞））と sallanu-（= make greater, promote（他動詞））．他方，他動詞の使役形は，二重目的語をとる**二重他動詞**（**ditransitive**），あるいは，直接目的語と間接目的語をとる**三価動詞**（**trivalent**）になることが多い．

英語のような言語は，形態的使役形ではなく分析的使役形を持つ．英語の (1) のような文は，主節の Mary made と補文の John leave という 2 つの節を含んでいると分析される．また，イタリア語やフランス語のような言語では，分析的使役形は，助動詞と主動詞から成る一個の動詞的複合体を構成していると分析される．(3), (4) はイタリア語の例である．

(3) a. Gli ospiti **sono entrati**.
 the guests are   come.in
 'The guests came in.'

 b. Paolo **ha fatto entrare** gli ospiti / Paolo **li**   ha
  Paul has made come.in the guests / Paul them has
  fatti entrare.
  made come.in
  'Paul let the guests come in. / Paul let them come in.'

(4) a. Il direttore **ha scritto** la lettera.
  the chairman has written the letter
  'The chairman wrote the letter.'

 b. **Ho fatto scrivere** la lettera al direttore.
  I   have write   the letter to the chairman
  'I had the chairman write the letter.'

[インド・ヨーロッパ語族, ロマンス語派, イタリア語]

イタリア語の使役構文で用いられる動詞 fare（= make）は，2 番目

の動詞と切り離すことはできない．つまり，助動詞的な振る舞いをする．非使役文の (3a), (4a) の主語が，使役文の (3b), (4b) では被使役者になっているが，それは使役文の直接目的語であると分析される．（ただし，フランス語の faire (= make) を用いた使役文は，2つの節を含む構造の特徴を示す．Comrie 1976: 296-303 を参照．）(3b) の使役構文は他動詞文であり，被使役者は直接目的語になっている．(4b) の被使役者は前置詞の a (= to) が付いた間接目的語になっており，ゆえにこの使役構文は三価動詞文である．

　使役は結合価を変える操作であるという点で態に似ている．しかし，ふつうは使役を態とはみなさない．なぜなら，形態の使役形を持つ言語においてさえ，使役は通常派生形態素 (derivational morpheme) であり，一方，態は通常屈折形態素 (inflectional morpheme) だからである．

参照： Applicative, Valency, Voice

Chain (連鎖)

統率・束縛理論において，移動は出力として連鎖を形成する．移動された要素が連鎖の**先頭部** (**head**) となり，個々の痕跡が**連結** (**link**) を成す．最後部の連結は連鎖の**末端部** (**tail** または **foot**) である．連鎖の先頭部が A 位置にあるものを A 連鎖と言い，A バー位置にあるものを A バー連鎖と言う．連鎖は主題役割と格を担い，連鎖条件 (Chain Condition) に従わなくてはならない．

参照： Chain Condition

Chain Condition (連鎖条件)

連鎖条件は，適格な連鎖は θ 表示位置と格表示位置を含んでいなければならないことを規定する．A 連鎖は先頭部が格表示され，末端部が θ 表示される．A バー連鎖の末端部は変項であり，演算子 (= wh 語) に束縛され，かつ θ 表示されるか，あるいは θ 表示された要素に

A 束縛される場合もある．

参照：Traces, NP-movement, Wh-movement

Checking（照合）

統率・束縛理論の**付与**（**assignment**）が，ミニマリスト・プログラム（Minimalist Program）で**照合**（**checking**）に代わった．例えば，格付与（Case assignment）は格照合（Case checking）になった．この修正が格照合を論理形式（LF）まで先延ばしにすることを可能にした．この修正による経験的損失はなく，代わりに，S 構造を失くせるという利点があった．S 構造条件であった**格フィルター**（**Case Filter**）は，ミニマリスト・プログラムでは LF 条件となる．LF 条件としての格フィルターは，格の LF における適切な照合を求めることになる．さらに，ミニマリスト・プログラムでの素性照合は，統語計算から**解釈不能素性**（**uninterpretable feature**）を削除する必要性によって引き起こされるようになっている．解釈不能素性は照合が済むと削除可能になる．照合関係にある 2 つの要素が共有する素性も削除されなくてはならない．さもないと派生は破綻する．素性照合は，照合された要素の素性が，姉妹関係か，あるいは指定部主要部間の一致関係の下で合致することによって成立する．(1) を考えてみよう．

(1) Who did you talk to?

(1) では，wh 素性の照合が CP の指定部と C の素性 [+wh] との間で起きている．もし照合が起こらなければ，素性 [+wh] が照合されずに残ってしまい，派生は不適格となる．(2) はその例である．

(2) *[+wh] you talked to who?

参照：Feature strength, Uninterpretable feature

Chômeur（失業者）

関係文法（Relational Grammar）の用語で，格下げの結果，主語や直接目的語のような原始的な文法関係を失った構成素のこと．(1) はその例である．

(1) This book has been read **by everyone**.

by everyone は失業者である．元の主語関係から格下げされ，原始的文法関係（primitive grammatical relation）は担っていない．

chômeur はフランス語からとったもので，失業者という意味である．

参照：Demotion, Promotion

Circumstantial（状況的）

動詞の結合価には要求されない周辺的な構成素．例えば (1) の yesterday のように，叙述の付随的な状況を詳しく述べる．

(1) **Yesterday** I came home late from work.

参照：Adjunct, Adverbial

Clause（節）

単文には自立できるもの（主節）と自立できないもの（従属節）がある．従属節の機能は，主節の構成素修飾語（関係節），主節の述語の補部（補文），および副詞節である．

談話全体の情報構造において，主節はより中核を成し，通常前景となる情報を担う．一方，従属節は背景となる情報を担う．主節と従属節は発話内行為力についても異なる．主節は断定となり得る．ゆえに否定できる．(1) と (2) を考えてみよう．

(1)　I left.

(2)　I didn't leave.

(2) が偽のとき，かつその場合に限り，(1) は真である．

　一方，従属節は前提であり，それ自身の断定的発話内力は持っていない．(3) を考えてみよう．

(3)　Since I left, John came in.

(3) の従属節に否定を入れると (4) になるが，(4) は (3) が偽であることを意味しない．

(4)　Since I didn't leave, John came in.

むしろ，(5) のように，主節の述語を否定すると (3) は偽になる．

(5)　Since I left, John didn't come in.　　(Lambrecht 1994 を参照)

認知文法では，主節のプロファイルが従属節より優位に立つ．言い換えると，従属節は主張されていないのである．従属節は付加的な情報を伝え，主節は不可欠の情報を伝える．

参照：Grounding, Sentence, Subordination

Cleft sentence (分裂文)

分裂文は主節と関係節から成る．主節は連結詞文であり，その主語は空主語か虚辞（英語では it)，述語名詞は関係節の先行詞の NP である．

(1)　It is Claudia who wrote this book.

(1) の複文の意味は (2) の単文の意味と同じであるが，情報構造が異なる．

(2)　Claudia wrote this book.

(2) において，NP の Claudia は主題として機能していると考えられるが，(1) では焦点である．すなわち，分裂文は焦点を表す表現法である．空主語言語は主節の主語として虚辞を要求しない．

(3) È   Claudia che ha   scritto   questo
    be:PRS.3SG Claudia that have:PRS.3SG write:PART this
    libro.
    book
    'It is Claudia who wrote this book.'
    ［インド・ヨーロッパ語族，ロマンス語派，イタリア語］

擬似分裂文（**pseudo-cleft**）は分裂文の特殊な形である．関係節の先行詞が疑問代名詞になっている．(4) はその例である．

(4) What Claudia wrote is this book.

擬似分裂文では関係節が主節に先行しているが，これを逆にすると**倒置擬似分裂文**（**inverted pseudo-cleft**）になる．

(5) This book is what Claudia wrote.

参照：Focus

Clitic（接語）

強勢が置かれず，かつ，隣接する語と音声上のまとまりを作る語彙項目のこと．例えば (1) の 'll である．

(1) I'll never go there.

一般的に接語は形態的には語であるが，音形的には語ではないと言われる．接語を**句接辞**（**phrasal affix**）とみなす理論もある．接語が音形的に付着する語を**宿主**（**host**）と呼ぶ．接語にはその位置によって，いくつかの分類がある．

まず**後接語**（**proclitic**）と**前接語**（**enclitic**）の区別がある．後接語

は宿主に先行し，前接語は後続する．イタリア語の接語代名詞 mi (= me) は，(2a) では後接語，(2b) では前接語である．

(2) a. **Mi** stava guardando.
    me stay:3SG.IMPF look:GER
    'S/he was looking at me.'

  b. Guarda**mi**!
    look:2SG.IMPT + me
    'Look at me!'
    ［インド・ヨーロッパ語族，ロマンス語派，イタリア語］

mi の位置は音形によって決まる．強勢が置かれた形は異なる位置に現れる．

(3) Stava guardando **me**.
    stay:3SG.IMPF look:GER me
    'S/he was looking at me.'
    ［インド・ヨーロッパ語族，ロマンス語派，イタリア語］

(2a) と (2b) において，**後接 (proclisis)** か**前接 (enclisis)** かは動詞の法によって決まる．現代ロマンス諸語において，接語代名詞は付着する動詞の法によって，後接か前接かが決まる．古い時代のロマンス諸語では，接語の位置は今より自由であり，動詞の同じ形に対して後接も前接もどちらも可能であった．中世においては，動詞が文中にある場合は後接も前接も可能であったが，動詞が文頭にある場合は前接のみであった．この制限は**トブラー・ムッサフィアの法則 (Tobler-Mussafia Law)** として知られている (Wanner 1987 を参照)．

イタリア語の接語代名詞は動詞の項であり，VP の一員である．動詞に付着して構成素を成す．しかしすべての言語でそうであるわけではない．例えば **P2 接語 (P2 clitic)** の場合は，必ずしも統語的に属する構成素，あるいは，ある決まったタイプの構成素に付着するわけではなく，隣りの構成素とは無関係に，常に文中のある特定の位置を占める．**P2 接語**は最初にそれを記述した人物の名をとって，ワッ

カーナゲル接語（**Wackernagel clitic**）とも呼ばれる．(4) はヒッタイト語の例である．[3]

(4) piran = **ma** = **at** =　　mu　　　ᵐᴰXXX.ᴰU-as
　　 before CONN 3SG.N/A 1SG.OBL A:nom
　　 DUMU ᵐzida maniyahhiskit
　　 child　Z.　administrate:3SG.PRET.ITER
　　 'Before me Armadatta, the son of Zida, had administrated it.'　　　　　　　　　　　　　　(Otten 1981: i 28 より)
　　 ［インド・ヨーロッパ語族, アナトリア語派, ヒッタイト語］

(4) の文頭の単語は，副詞の piran (= before) が位置詞として用いられたものである．この単語は3つの前接語（反意接続詞の = ma と代名詞の = at (= it) と = mu (= me)）の宿主になっている．= at は文末の動詞の直接目的語であり，VP の一部である．= mu は piran の補部とみなすことができる（しかし，piran が = mu の宿主になるのは位置のためだけである）．

宿主について，音韻的宿主と統語的宿主を区別することが時に行われる (Klavans 1985)．**音韻的宿主**（**phonological host**）は，接語と音韻的単位をなす語あるいは構成素であり，**構造上の宿主**（**structural host**）は統語的単位をなすものである．(4) の = at の音韻的宿主は piran であるが，構造的宿主は，VP の主要部である動詞の maniyahhiskit である．イタリア語の接語代名詞は，音韻的宿主と構造的宿主が必ず一致していなければならない．しかしヒッタイト語の場合は一致する必要はなく，実際，一致していないことが多い．(4) の接続詞の = ma と代名詞の = at について見ると，両者の音韻的宿主は同じであるが（副詞の piran），構造的宿主は異なる．つまり代名詞 = at の宿主は動詞であるが，接続詞 = ma の宿主は文である．= ma にとってその文は構造的宿主であるばかりでなく，音韻的宿主でもある．なぜなら，= ma は文の境界に位置しているからである（前接語の前に

---

[3] XXX の部分は古文書において文字が欠落している部分であると思われる．

は必ず強勢のある語がなくてはならないので,前接語が生じ得る最も左寄りの位置は,文の2番目ということになる.Luraghi 1990を参照).

イタリア語とヒッタイト語には接語の位置に関して特殊な規則があるが,すべての言語でそうであるわけではない.英語の非強調の代名詞には強勢がなく,動詞がその宿主となる.(5)を考えてみよう.

(5) I saw **him**.

(5)の代名詞のhimは,特に強調されない限り独立した強勢が置かれることはなく,動詞のsawと音韻的まとまりを作る.このようなhimは接語とみなすことができる.この接語代名詞は,イタリア語とヒッタイト語の接語とは異なり,強勢が置かれた代名詞と分布が同じで,位置に関する特殊な規則がない.

ワッカーナーゲル接語だけでなく,イタリア語の接語代名詞およびロマンス諸語の接語一般は,対応する強勢のある形と異なる分布を持ち,また,上の例で見たように位置に関して特殊な規則がある.このため,それらの接語は**特殊接語**(**special clitic**)(Zwicky (1977) が最初に用いた用語)とも呼ばれる.

接語には音韻的自立性がなく,また,決まった場所にしか現れないので,接辞との区別が難しいことがある.例えば英語の属格の 's は接語とも句接辞とも見なすことができる.

参照: P2

C-command (c 統御)

c統御(constituent command)は,言語の構造的特性を表す樹形図(あるいは句構造標識)の節点間の二項関係である.c統御は構成素間の関係を説明するものとして,支配関係と先行関係よりも重要である.(1)はc統御の定義である.

(1) 節点Aが節点Bをc統御するのは以下のとき,かつその

ときに限る：
(i) AがBを支配せずかつBがAを支配せず，かつ
(ii) Aを支配する最初の枝分かれ節点がBも支配する．

c統御は統率（government）や再帰代名詞束縛（reflexive binding）のような統語構造の定義に用いられる．再帰代名詞束縛において，再帰代名詞は，それをc統御している表現と同一の指標を持っていなくてはならない．(2)はその例である．

(2) He_j loves himself_j.

(2)の再帰代名詞 himself は，同一の指標を持った主語の代名詞 he によって，(3)で示すように，c統御されている．

(3)

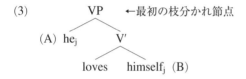

(3)において，代名詞の he (=A) は himself (=B) を支配していない．himself も he を支配していない．he を支配する最初の枝分かれ節点である VP が he と himself を支配している．ゆえに文法的である．しかし，(4)は非文法的である．

(4) *Himself_j loves he_j.

(4)において，he と himself が同一の指標を持っているにもかかわらず非文法的なのは，再帰代名詞の himself が同一の指標を持った he にc統御されていないからである．(5)で示すように，he を支配する最初の枝分かれ節点が himself を支配していない．(he を him に変えても同様である．)

(5)　　　　　　VP
　　　　　┌─────┴─────┐
(B) himself_j　　V'　　←最初の枝分かれ節点
　　　　　　　┌───┴───┐
　　　　　　loves　　he_j (A)

c 統御は Reinhart（1983）が詳しく論じているが，その前にクリマ (Klima)（1964年の否定に関する論文）とラネカー (Langacker)（1969年の代名詞に関する論文）の研究もある．それ以後 c 統御は変形生成文法において絶えず用いられている．

参照：Binding, Government

Comment（評言）

評言は発話の話題について語られるものである．プラーグ学派の機能的構文論 (Functional Sentence Perspective: FSP) の題述 (rheme)，および，S. C. ディック (Dik) の機能文法の焦点 (focus) に相当する．評言は典型的に新情報を伝え，話題は旧情報，すなわちすでに共有された情報を伝える．

(1) Ice cream, I like.

例えば (1) では，I like が評言であり，ice-cream が話題である．
参照：Focus, Topic

Complement（補部，補文）

a) 補文（＝補部の節 complement clause の意）
b) ある要素によって統率されている要素（例えば，前置詞の補部）
c) 主語，直接目的語，間接目的語以外の述語の項が担う文法関係．例えば，(1) の NP (patientia nostra) は補部である．この NP は動詞の結合価よって要求される要素ではあるが，

対格形に屈折せず,対格の直接目的語のように受動化することもできないので,直接目的語ではない.

(1) Quo   usque tandem Catilina   abutere
    REL.ABL until then   Catiline:VOC abuse:FUT.2SG
    patientia nostra?
    patience:ABL our:ABL
    'How long yet, Catiline, do you mean to abuse our patience?' （キケロ, カティリナ弾劾演説 1.1)
    [インド・ヨーロッパ語族, イタリック語派, ラテン語]

参照: Complement clause, Government, Grammatical relation, Valency

Complement clause (補文)

主節の述語の項となる従属節のこと.(1)と(2)はその例である.

(1) Mary thinks **(that) John's a fool**.
(2) **That John's a fool** is by no means certain.

補文の that John's a fool は,(1)では**目的語節**(**object clause**),(2)では**主語節**(**subject clause**)である.補文は that のような顕在的**補文標識**(**complementizer**)によって表示されたり,あるいは(1)のように,主節との位置関係によって表示され,その場合補文標識は省略できる.もう1つのタイプの補文は**間接疑問文**(**indirect questions**)である.

(3) I'm wondering **whether I should go to the movies**.

この種の節では,補文標識は一般に wh 語である.顕在的補文標識をとらない補文は不定詞によって表示される場合もある.

(4) Non mi   pare   una buona idea **andare al cinema**
    not to.me seems a   good idea go   to.the cinema
    questa sera.
    this   evening
    'I don't think it's a good idea for me to go to the movies tonight.'

(4) の andare al cinema questa sera は主語節で，動詞 pare（= seems）の主語である．

英語には，補文についてその**主語の目的語への繰り上げ**（**subject-to-object raising**）を許す動詞がある．

(5) I didn't expect **him to be such a fool**.

(5) において，補文の三人称主語は主節に繰り上げられ，そこで，主節動詞の直接目的語になっている．しかし，him は従属節に留まり，ECM の仕組みによって主動詞から格をもらうという別の分析もある．この分析では節全体が主節動詞の直接目的語になっているのである．

参照：Argument, Clause, ECM verb, Raising, Sentence, Subordination

Complementizer (補文標識)

例えば，英語の that のように，従属節を補文として表示する語彙項目のこと．X バー理論において，補文標識は，補文標識句（CP）の主要部である．

参照：Complement clause, Subordination, X-bar theory

Computational system (計算システム)

ミニマリスト・プログラム（Minimalist Program）において，計算シ

ステムは語彙項目を配置して，文などの統語的対象物を形成するメカニズムである．それらの語彙項目は音声形式（PF）と論理形式（LF）で収束，すなわち解釈されなくてはならない．統語構造を構築するにあたり，計算システムは，**列挙**（**numeration**）に入っている語彙項目にアクセスする．一度のアクセスで一個の語彙項目を選択し（=**選択操作**（**select**）），この時その語彙項目の指標を一個減らす．それから**併合**（**Merge**）と**移動**（**Move**）の操作が適用される．(vP フェイズおよび CP フェイズの）派生の間に，構成素は，収束すなわち適格性のために，照合されなければならない．もしそれらが収束する，すなわち解釈可能であれば派生は続くが，そうでなければ派生は破綻する．最後に**書き出し**（**Spell-Out**）操作が適用され，文は発話／解釈される．例えば，(1) の列挙の語彙項目と指標があれば，(2) の文を構築することができる．

(1)　N = {the$_2$, boy$_1$, ate$_1$, apples$_1$}
(2)　The boy ate the apples.

参照：Logical Form, Merge, Movement, Numeration, Phase, Phonetic Form, Spell-Out

Conceptual and Intentional property (*or* C-I system) (概念意図特性 (C-I 体系))

ミニマリスト・プログラム（Minimalist Program）において，概念意図特性は意味体系を構成し，かつ，論理形式表示（LF 表示）とインターフェイスを成すものである．ミニマリスト・プログラムでは，表示は音声形式（PF）と LF の2つしかない．それ以外の統率・束縛理論で仮定された D 構造と S 構造のような表示はすべて廃止された．

参照：Articulatory and Perceptual property

Configurational vs. nonconfigurational language
(階層言語対非階層言語)

この区別を立てる立場では,階層言語は,構成素構造,すなわち,**構成素性**(**constituency**)が有意に働く言語である.例えば英語において,ある構成素の中にそれに無関係の構成素が割り込むことは,容易には(あるいは全く)許されない.これに対して非階層言語の構成素性の役割ははるかに小さい.したがって,階層言語では**統率関係**(**government relation**)が一般的であるが,非階層言語では**修飾関係**(**modification relation**)が優位に立つ.非階層言語では,句と句の順序が自由であることが多く,また空の項の使用が広く見られると言われる.英語だけでなくそれ以外の現代ゲルマン系の言語も,またロマンス系言語も階層言語である.ワルピリ語(Warlpiri)(オーストラリア先住民言語の1つ)や日本語は非階層言語である.ベーダ語(Vedic Sanskrit),ホーマー時代のギリシャ語のような古い印欧語も非階層言語の特徴を示す.[4]

参照:Constituent, Government, Modification, P2

Conjunct (合接詞,被接続項)

(a) 付加部の一種
(b) 等位接続構造の構成員

参照:Adjunct, Coordination

Constituency (構成素性)

参照:Configurational vs. Nonconfigurational, Constituent

---

[4] かつてはそう考えられた.しかし現在では,すべての言語が階層言語であると考えられている.

Constituent（構成素）

構成素はより大きなまとまりの一部である語や構造のことである．「構成素」という語はある種の単位が全体の一部であることを示している．構成素は典型的にはある与えられた構造（例，文）内で単一の単位として機能する，語，句（すなわち，節レベル下位の構成素），あるいは何らかの機能を有する節（例，主語，直接目的語など）のことである．

構成素は統語構造である．節レベル下位の構成素は，**句**（**phrase**）とも呼ばれるが，その主要部（head）に依存して様々なタイプを有する．すなわち，red **hat**, **Mary**, my father's **car**, the **boy** who is running in the street のような**名詞句**（**NP/DP**），**eat** meal, **have gone**, **think** that he should leave のような**動詞句**（**VP**），very **good**, much **greater** のような**形容詞句**（**AP**），**slowly**, very **early**, over **there** のような**副詞句**（**AdvP**），**on** the table, **at** six o'clock のような**前置詞句**（**PP**）である．もちろん，最初の4種類は内心的であるが，一方，前置詞句は外心的であるとする立場もあるが，Xバー理論ではすべて内心的だと考えられている．（なお，「前置詞句」という専門用語は前置詞を有する言語にのみ当てはまることに注意が必要である．言語によっては後置詞（postposition）を有している，あるいは前置詞と後置詞の両方を有しているものも数多く存在するため，そしてまた前置詞と後置詞の両方を示す位置詞／接置詞（adposition）という用語もあるため，すべての言語について使用可能な専門用語は**位置詞／接置詞**（**adpositional phrase**）である．[5]

内部構造によって，構成素の複雑さは様々である．すなわち，the boy who's running in the street のような NP は the boy のような修

---

[5] X バー理論からすると，前置詞を主要部とする句という意味での前置詞句は，英語としては Preposition Phrase であって，Prepositional Phrase は前置詞的句を意味するものであるはずであるが，この区別は厳密にはなされていない．

飾語なしの NP やあるいは he のような代名詞で構成されている NP より複雑である．また構成素の内部の範疇の複雑性は**構成素の重さ**（**weight**）とも呼ばれる．すなわち，複雑度が低い構成素は**軽い**（**light**）と言われ，より複雑性が高い構成素は**重い**（**heavy**）と言われる．

一群の語が実際に構成素であることは**代入テスト**（**substitution test**）のような**構成素テスト**（**constituency test**）によって確かめられる．

(1) I don't know **the boy who's running in the street**.

という文において，the boy who's running in the street という NP は実際に統語的単位である．なぜなら，以下のように，それは代名詞 him と置き換え可能だからである．

(2) I don't know **him**.

2つ目の構成素テストは，英語のような言語では構成素はほとんどの場合，他の語や構成素によって分離不可能だという事実に基づいている．

(3) I saw a man with **a red hat** yesterday.

とは言えるが，

(4) *I saw a man with **a red** yesterday **hat**.

とは言えない．

ただし，これは決して構成素の普遍的な特性ではない．語順が自由ないくつかの言語では，他の構成素に属す語の生起によって分離されてもよい．例えば，ラテン語には (5) のような例が見られる．

Constituent

(5) Arma virumque cano, Troiae
weapon:N/A man:ACC+and sing:PRS.1SG Troy:GEN
qui primus ab oris Italiam …
REL.NOM first:NOM from shore:ABL.PL Italy:ACC
Laviniaque venit litora.
Lavinian:N/A.PL+and come:PRET.3SG coast:N/A.PL
'I sing the arms and the man who came first from the shores of Troy to Italy and to the Lavinian coast.'

(ヴェルギリウス『アエネーイス』1-3)
[インド・ヨーロッパ語族, イタリック語派, ラテン語]

(5) の例では, 2つの構成素 ab oris Troiae 'from the shore of Troy' と Lavinia litora '(to) the Lavinian coast' は他の語群によって分離されているが, このようなことは英語では全く不可能である. (5) の例は高度に人工的な言語変異からのものであるが, それにもかかわらず, 適格な環境下では構成素はラテン語では非連続的なものになり得るということを示しているのである. 非連続的な構成素を許す言語は非階層的言語 (nonconfigurational) と呼ばれ, 一方, 英語のような言語は階層的言語 (configurational) と呼ばれる (こともあった).

ある構造が2つの構成素に分割できるとき, それらは**直接構成素 (immediate constituent)** と呼ばれる. そのような構成素はしばしばさらなる構成素に分けられる. (6) の文では,

(6) The girl with the lollipop used to play in the garden next to my home.

the girl with the lollipop という NP と used to play in the garden next to my home という VP はそれぞれ直接構成素である. そして, それらはさらにより小さな構成素に分析され得る. 例えば, 上記の NP は NP である the girl と with the lollipop という PP に分けられる.

参照: Configurational vs. nonconfigurational language, Construction, Head, Parts of speech, Phrase, Weight, X-bar theory

Construction (*or* syntactic construction)（構文，統語構文）

文や句のように，一連の単位がより大きな単位を形成するもので，構文は内心的 (endocentric) である場合もあれば，外心的 (exocentric) である場合もある．

内心構文 (endocentric construction) はその主要部がその部分の1つと同じ形態類 (form-class) に属して (Bloomfield 1933: 195)，それがその構文全体を表すことができるものである．例えば，poor John は NP で，John と同じ形態類に属して，John はその NP の主要部であり，それ自体が1つの NP である．同様に，eat meal という VP では，その主要部 eat もまた1つの VP である，などなどである．一方，**外心構文 (excentric construction)** である on the table という PP においては，前置詞の on はそれ自体 PP ではなく，句全体の代わりになり得ない．前置詞の中には独立した副詞として機能し得るものがある．以下のように言うことが可能である．

(1) I am **in my office**.
(2) I am **in**.

しかしながら，in my office (PP) と in (AdvP) の間には範疇的な差異はない．すなわち，たとえ in が単独で生起可能でも，補部がなければ PP としてラベル付けすることはできないのである．

X バー理論内では，すべての構成素は前置詞句や文も含め内心的だと考えられていることに注意されたい．

統語構文は文法構文と対比され，後者は拘束形態素を含むことがあり，形態論と関連している．

構文文法では，統語構文と文法構文との間に違いは全くない．構文は「形態素またはそれより大きな表現との統合的な組み合わせを含む記号構造 (symbolic structure) である」(Langacker 1987: 489) と定義されている．Croft and Cruse (2004: 257) で指摘されているよう

に，構文は他の統語理論における辞書 (lexicon) と類似しており，少なくとも部分的には恣意的である．
参照：Constituent, X-bar theory

Contact clause (接触節)

参照：Relative clause

Control Theory (制御理論，コントロール理論)

Chomsky (1981) の統率・束縛理論の枠組み内では，制御理論は UG (普遍文法) の下位システムの1つである．すなわち，制御理論は抽象的な要素 PRO の指示の可能性を決定する理論である．「制御」という用語は，通常，不定詞や動名詞の主語である発音されない主語 (被制御要素／コントロールされる要素) と，発音される場合もあるし，されない場合もある他の構成素 (制御子／コントローラー) との間の指示的依存関係を指し，PRO の指示を決定している関係を指す．よって，被制御要素の指示的特性は制御子の特性によって決定される (Landau 2001 参照)．このことは (1) の文に示される．

   (1) Mary$_i$ went to the store PRO$_i$ to buy a book.

(1) の文においては，制御子である Mary が PRO の特性を決定し，PRO は Mary として解釈される．
参照：PRO

Controller (制御子)

   (a) 先行詞が (1) のように標的子 (target) である代名詞にある種の形態論的な素性が発現することを引き起こすとき，あるいは PRO のような照応形の指示を決定するときに，先行詞を制御子と言う．(1) の文においては Mary という

NP は代名詞 her を制御していると言う．

(1) **Mary**_i_ left and everybody missed **her**_i_.

制御子は先行詞でもある．この2つの用語は制御という現象の異なる側面を捉えている．[6]

(b) ある状態を制御を及ぼす参与者，すなわち，ある事態 (state of affairs) をもたらす能力を有している参与者のことであり，典型的には動作主あるいは自然の力である．この意味において，制御は意図性と混同されてはいけない．すなわち，たとえ自然の力が意志的に作用していないとしても，それは事象を制御するものとして理解されうるのである．

参照：Anaphor, Antecedent, Control theory, PRO, Semantic role, State of affairs

Converb（副動詞）

英語の分詞のような，動詞の副詞的な形態のことである．

(1) a. **Coming** home, I stopped to buy some milk.

副動詞はしばしば主節との特定の意味的関係を持たず，様々な種類の副詞節の代わりをするもので，その意味は文脈によって特定される．この場合，副動詞は**文脈的副動詞**（**contextual converb**）と呼ばれる．英語の分詞がその例で，(1a) のように時を表す節の機能を持ち，(1b) に対応している．

(1) b. **While I was coming home**, I stopped to buy some milk.

あるいは，(2) のように，理由節の機能も持ち得る．

---

[6] 生成文法では制御子，制御という用語は PRO の場合に限られる．

(2) a. I broke my leg **falling from the stairs**.
    b. I broke my leg **because I fell from the stairs**.

参照：Adverbial subordinate clause, Subordination

Convergence (Converge) (収束(する))

統率・束縛理論では，収束派生 (convergent derivation) は適格な派生あるいは文法的な派生のことである．ミニマリスト・プログラム (Minimalist Program) では，収束派生は音声形式 (PF) と論理形式 (LF) のインターフェイスにおいて条件を満たすものである．もし派生が収束しなければ，派生は破綻 (crash) する．

派生の各々の段階，すなわち位相 (phase) で，構成素は収束のため照合されねばならない．もし構成素が収束しなければ，それらは解釈不能 (uninterpretable) となり，派生は破綻する．

参照：Computational system

Coordinand (被等位項)

参照：Coordination

Coordination (等位接続)

等位構造とは何らかの接続詞で結び付けられた一連の項目 (**接続詞等位接続 (syndetic coordination)**)，あるいは，お互いに階層関係にない，単一の統語的地位を持った単一の単位を構成しているものと理解されなければならない単なる並列 (**非接続詞等位接続 (asyndetic coordination)**) のことである．

(1) John **and** Mary went to the party.

(1) では2つの等位接続された NP である John と Mary が文構造の観点から単一の単位を構成している．すなわち，John and Mary

という NP は動詞 went の主語であり，2 つの NP は等位接続詞の and によって接続詞等位接続されている．

接続詞の and は**連言的／合接的等位接続（conjunctive coordination）**の例である．また，他のタイプの等位接続としては**選言的／離接的接続（disjunctive）**（or）そして**逆説的等位接続（adversative）**（but）がある．

(2) John will go to the party **or** to the movies.

(3) John went to the party, **but** Mary remained home.

等位構造の成員は**被等位項（coordinand）**あるいは**等位項（conjunct）**と呼ばれる．(4) に示されるように，等位項の順序は逆にすることが可能だとしばしば言われている．

(4) Mary and John = John and Mary

しかしながら，これが必ずしも成り立つわけではない．すなわち，**等位（接続）構造縮約（coordination reduction）**に示されるように，等位節においては照応形と⌀（省略）は 2 番目の等位項のみで成り立つ．((例) John loves Mary$_i$ and wants to marry her$_i$. **Susan**$_i$ kissed the children and ⌀$_i$ left.)

(1) のような英語表現で見られる種類の等位構造はまた**対称的等位接続（symmetric coordination）**とも呼ばれるが，**非対称的等位接続（asymmetric coordination）**を有する言語も存在する．

(5) Ja **s Mišoj** pošli v kino.
    I with Misha:INSTR go:PAST.PL in cinema
    'I and Misha went to the movies.'
    [インド・ヨーロッパ語族，スラブ語派，ロシア語]

(5) では 2 番目の等位項 **s Mišoj**（文字通りには with Misha の意）は形態論的には随格を示している．さらにそれは，動詞が複数で屈折しているという事実によって示されるように，最初の等位項と単一の単位を形成している．

なお，S. C. ディック（Dik）の機能文法や変形生成文法では，（対称的）等位（接続）構造は構成素の意味（θ）役割のテストとして用いられる．なぜなら，同じ意味役割を伴った構成素のみが等位接続されると想定されているからである．
参照：Coordination reduction

Coordination reduction（等位（接続）構造縮約）

等位節においては先行要素と同一指示的な項目は繰り返されないことがある．これは等位（接続）構造縮約と呼ばれて，ほとんどの場合，主語に適用される．

(1) **Susan**$_i$ kissed the children and ⌀$_i$ left.

様々な語族に，トルコ語がそうであるように，直接目的語でもまた等位（接続）構造縮約を許す言語が多くある．

(2) raftan **kitabı**$_i$ alkyor ve ⌀$_i$ okuyorum
shelf:ABL book:ACC take and read:1SG.PRS
'I take **the book** from the shelf and read **it**.'
[アルタイ語族，トルコ語派，トルコ語]

このような等位（接続）構造縮約はまた**同一名詞削除**（**equi NP deletion**）とも呼ばれている．

等位（接続）構造縮約は空所化（gapping）と混同してはいけない．空所化はおおむね当該言語の語順に基づいて左方向と右方向の両方で起こりうるが，一方，等位構造縮約は右方向でしか働かず，他の語順特徴は無関係で，照応形処理過程の一般的特性と結び付いている．すなわち，以下のように言うことはできない．

(3) a. *⌀$_i$ kissed the children and **Susan**$_i$ left.

全く同じように以下のように言うこともできない．

(3) b. ***She**ᵢ kissed the children and **Susan**ᵢ left.

この文は She = Susan という解釈では非文法的である．
参照：Anaphora, Binding, Coordination, Gapping

Copula (繋辞, 連結詞)

繋辞は，英語の be 動詞のように，名詞的述部を動詞的範疇で表現するために用いられる装置のことで，しばしば存在動詞 (existential verb) である．

(1) The girls **were** beautiful.

(1) において述部は形容詞の beautiful であるが，それは動詞的範疇を欠いている．すなわち，動詞的範疇は動詞 were によって与えられるが，それはいかなる語彙的意味をも担っておらず，時制と一致を示しているのみである．名詞的述部が繋辞要素を伴って動詞的範疇を獲得するこの現象は**繋辞による支え**（**copula support**）と呼ばれている．

多くの言語で特に現在形においてゼロ繋辞 (zero copula) が存在する．ラテン語のように繋辞が随意的な言語もあるが，ロシア語やハンガリー語のように繋辞が決して生起しない言語も存在する．

(2) Devuškij - krassivyj.
    girl:NOM.PL beautiful:NOM.PL
    'The girls are beautiful.'
    ［インド・ヨーロッパ語族，スラブ語派，ロシア語］

(3) A lány szép.
    the girl beautiful
    'The girl is beautiful.'
    ［ウラル語族，フィン・ウラル語派，ハンガリー語］

スペイン語のように繋辞を2つ以上有している言語も存在する．

Copula

スペイン語では，ser と estar の両方が英語の be の機能を共有している．ser は存在動詞であり，通常，永続的状態を指し示す．

(4) Dolores **es** guapa.
    'Dolores is beautiful.'
    ［インド・ヨーロッパ語族，ロマンス語派，スペイン語］

一方，estar は，(5) に示されるように，繋辞として使用されない場合には，'stand' や 'be somewhere'（～にある，いる）という意味での be を意味する．

(5) El vaso **está** en la mesa.
    'The glass is on the table.'
    ［インド・ヨーロッパ語族，ロマンス語派，スペイン語］

estar は繋辞として使用される場合，(6) のように一時的な状態や，(7) のように状態の変化を指し示す．

(6) Dolores **está** guapa hoy.
    'Dolores is beautiful today.'
(7) El vaso **está** roto.
    'The glass is broken.'
    ［インド・ヨーロッパ語族，ロマンス語派，スペイン語］

タイ語には 2 つの繋辞がある．繋辞 /pen/ は（Paul is a teacher. のように）分類的に用いられ，/khɯɯ/ は（Paul is my brother's teacher. のように）同定的 (equational) に用いられる．

(8) cOOn1 **pen1** khruu1
    John COP teacher
    'John is a teacher.'
(9) khOn1 thii3 chan4 rak4 **khUU1** cOOn1
    person REL 1SG love COP John
    'The person that I love is John.'

(Takahashi and Shinzato 2003: 133 より)

［タイ・カダイ語族，タイ語派，タイ語］

繋辞は動詞である必要はない．すなわち，前方照応代名詞や指示代名詞は繋辞のもう1つの頻繁な起源である．例えば，中国語の繋辞 shì（是）はもともと指示詞であった．

参照：Predicate

Copular clause（繋辞節，連結詞節）

繋辞を含む節のこと．
参照：Copula

Copy（コピー）

ミニマリスト・プログラム（Minimalist Program）内では，コピーという用語は，統率・束縛理論における移動した要素の痕跡（trace）のことを言う．移動（Move）または内部併合（Internal Merge）という操作は文中で移動を生み出す．移動した要素はそれが何であれ，コピーである．移動後は，移動した要素のコピーはいくつあっても，構造（句標識すなわち樹形図）が線形化，すなわちその線形語順を獲得するために消えなければならない．統語構造は2次元構造である（それは幅と高さを持つ）が，その出力である文は線形語順を伴った1次元的な存在である．このことは，文が PF（音声形式）に到達する前，すなわち文が発音される前に，コピーが樹形図から消えることを要求する．(1) では，文が線形的に解釈されるためには低いほうの疑問代名詞が削除されなければならない．

(1) What did John eat ~~what~~?

統率・束縛理論では NP 痕跡（NP-trace）と Wh 痕跡（Wh-trace）が存在していた．NP 痕跡は照応形（anaphor）で，束縛理論の原理

A を遵守しなければならない．Wh 痕跡と指示表現は束縛理論の原理 C を遵守しなければならない．また，痕跡は空要素であるので空範疇原理（ECP）を遵守しなければならない．
参照：Binding Theory, Copy Theory, Merge, Movement

Copy Theory（コピー理論）

ミニマリスト・プログラム（Minimalist Program）では，移動のコピー理論は言語の移動特性を司る．この理論では，コピー／移動＋併合（copy / move plus Merge）の結果である移動はコピーを残すが，それは句標識から削除される．移動のコピー理論は統率・束縛理論の痕跡理論（Trace Theory）を包摂している．コピー理論は語彙列挙（numeration）に存在していない痕跡（trace）という新しい理論的要素を導入しないという点で，痕跡理論よりすぐれている．そして，コピー理論は包含性条件（Inclusiveness Condition）を遵守している．

Core（中核部）

周辺部（periphery）に対して，文の中心部のこと．以下に示されるように，中核部（core）は述語（predicate）とその項（argument）から成っている．

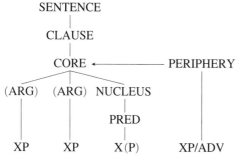

(Van Valin and LaPolla 1997: 31 より)

よって，(1) の例では，

(1) I had a snack in the afternoon.

NP の I と a snack は 2 つの項であり，動詞 had は述語である．すなわち，動詞 had は主述関係（PRED = predication）の核心部（nucleus）でもあり，2 つの項を伴ってともに中核部（core）を構築している．PP の in the afternoon は周辺部（periphery）を形成している．

文や節の中核部を構築する主述関係は時に**核心主述関係（nuclear predication）**と呼ばれ，中核部という語はある特定の専門用語で核心の同義語と考えられている．

参照：Nucleus, Sentence, Valency

Core Argument (中核項)

文の中核，すなわち中核主述関係に属している項のこと．
参照：Argument, Nucleus

Core Grammar (核文法)

変形生成文法において，核文法は UG（普遍文法）の普遍原理から派生する文法の一般原理のことを指す．核文法は個別言語文法の個別的（idiosyncratic）部分である周辺部（periphery）と対比をなすものである．
参照：Interpretable feature, Uninterpretable feature

Cosubordination (連位接続)

参照：Serial verb

Coverb (共通動詞)

英語の前置詞に機能的に対応する中国語の連動詞 (serial verb) の一種.

(1) wǒ **gěi** Wáng jì   xìn
    I   give Wang send letter
    'I send a letter to Wang.'
    [シナ・チベット語族, シナ語派, 中国語]

(1) の例では, 動詞 gěi 'give' の意味は前置詞 to として機能している.

参照: Serial verb

Covert movement (非顕在的移動)

統率・束縛理論の枠組みでは, **非顕在的移動** (**covert movement**) は S 構造から論理形式 (LF) に至る過程で起こる移動の一種であった. 非顕在的移動は意味論的移動である. 非顕在的移動の出力は音声的な反映を有さない. 非顕在的移動の例は元位置 (in situ) での wh, 虚辞置換 (expletive replacement), 照応繰り上げ (anaphor raising) を含む. (1) の文は中国語の元位置 wh の例である.

(1) Paul mǎi le   **shénme**?
    Paul buy ASP what
    'What did Paul buy?'
    [シナ・チベット語族, シナ語派, 中国語]

(1) では, wh 要素 **shénme** 'what' は LF で文頭に非顕在的に移動すると想定される.

ミニマリスト・プログラム (Minimalist Program) では, **非顕在的移動** (**covert movement**) は**先延ばし原理** (**Procrastinate**) によって**弱素性** (**weak feature**) を照合するために用いられる. 例えば, 英語

の動詞移動は Infl（屈折要素）の**弱い**（**weak**）V 素性を照合するために（LF で）非顕在的に起こらなければならない．このことは英語では（2a）の例のように，統語論では動詞の顕在的移動が存在しないことを説明する．それに対し，フランス語では Infl に強い V 素性があるので，統語論で**顕在的動詞移動**（**overt verb movement**）が存在する．このことは（2b）に示される．

(2) a. John often **eats** apples.
 b. Jean **mange** souvent des pommes.
   ［インド・ヨーロッパ語族，ロマンス語派，フランス語］

（2a）では動詞は移動しないので，副詞 often に後続している．（2b）では動詞が移動し，副詞 souvent に先行している．Pollock（1989）によるこの提案では，副詞句はすべての言語の樹形図において決まった位置に生じるとされる．
参照：Movement, Overt Movement

Covert syntax（非顕在的統語論）

非顕在的統語論は書き出し（Spell-Out）終了後の統語論の一部である．非顕在的統語論は言語の音声構造への影響が全くない．
参照：Covert movement, Spell-Out

Dative (与格)

参照: Case

Dative shift (与格移動)

参照: Indirect object

D-structure (Deep Structure) (D 構造 (深層構造))

極小主義までの変形生成文法において, D 構造 (それ以前は深層構造) は述部の項構造によって決定される文の基本的な主題関係を表すものであり, 変形部門への入力である. よって, (1) のような文はX バー理論に従い, (2) の D 構造を有している.

(1) John ate the apples.

(2)

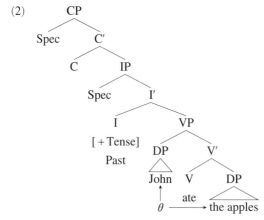

(2) では，動詞は内項すなわち目的語に主題の意味役割を付与し，外項すなわち主語に動作主の意味役割を付与する．語彙特性を反映するD構造表示に加えて，文はS構造あるいは表層構造と呼ばれる第2のレベルの表示と関連付けられる．移動操作（変形）はD構造をS構造に写像するものである．

ミニマリスト・プログラム（Minimalist Program）内では，言語の表示レベルは概念的必然性（conceptual necessity）によって要求される表示のみに制限されるが，それらはA-P（調音-知覚）インターフェイスとC-I（概念-意図）インターフェイスである．よって，D構造とS構造はこの枠組み内では除去されてしまったレベルである．

参照：Articulatory and Perceptual property, Movement, S-structure

Deletion (削除)

削除は構文内の要素の消去である．初期の変形生成文法においては復元可能な項目のみが削除できるという復元可能性原理（Principle of Recoverability of Deletion）に従って削除が許されていた．

参照：Coordination reduction

Demotion (降格)

関係文法（Relational Grammar）において，より深い構造層である特定の関係（relation）を担う構成素が，主語 > 直接目的語 > 間接目的語という階層（hierachy）に従って，低いレベルの別の関係へ，（例えば主語が直接目的語に）降格される現象．

参照：Chômeur, Promotion

Dependency relation (依存関係)

依存要素（dependent）と呼ばれるある項目が，主要部（head）と呼

Dependent　　　　　　　　　　　　　　　　　　　127

ばれるまた別の項目に依存する統語関係のこと．依存関係には2つの基本的なタイプがある．すなわち，統率（government）と修飾（modification）である．統率関係において，依存要素は (1) の noon のように義務的である．

(1) My brother came home at noon. / *My brother came home at.

代わりに，修飾関係においては，依存要素は (2) の slowly のように非義務的である．

(2) She drove home slowly. / She drove home.

参照：Dependent, Government, Head, Modification

Dependent（依存要素）

統率か修飾のどちらかの関係を通して，別の項目に依存している項目のこと．依存要素が依存している項目は主要部と呼ばれる．依存関係は依存要素，主要部，あるいはその両方に標示されうる．
参照：Dependency relation, Government, Head vs. Dependent marking

Determiner（決定詞）

参照：Part of speech

Direct object（直接目的語）

他動詞の結合価（valency）を満たす（単に「目的語」と呼ばれることが多い）構成要素で，例えば次の pasta のようなものである．

(1) Paul eats pasta.

主格-対格言語 (nominative-accusative language) では，直接目的語は典型的に対格で標示され，もし文が受動態になるなら主語になることができる．

(2) a. Everybody saw me.
    b. I was seen by everybody.

空主語を許す pro 脱落言語 (pro-drop language) の中には，頻繁ではないが，空の直接目的語も許す言語もある．これは等位接続詞を含む等位接続された節において最も頻繁に起こる（等位（接続）縮約 (coordinatination reduction)）が，しかし決してそれに限られてはいない．例えば，次に示されるようなものである．

(3) Hoi   mèn beltíous   poioûntes
    DEM.NOM.PL PTC better:ACC.PL make:PRS.PART.NOM.PL
    autoùs$_i$ pántes   ánthrōpoi   eînai,   heîs   dé
    3PL.ACC   all:NOM.PL   man:NOM.PL   be:PRS.INF one:NOM PTC
    tis   ho   diaphtheírōn   ∅$_i$?
    INDEF.NOM   DEM.NOM   injure:PRS.PART.NOM
    '(that) those who make **them** better are all mankind, while he who injures **them** (is) some one person?'
    （彼らをより良くしようとする人々は皆人類であるが，一方で彼らを害するのはだれか一人の人であるのか）

    (プラトン『弁明』25b)

[インド・ヨーロッパ語族，古典ギリシャ語]

いくつかの言語は**特異目的語標示 (differential object marking)**，すなわち，直接目的語が対格とは異なる格によって，最もよくあるのは，定性と有生，またはそのどちらかに標示される現象を示す．トルコ語では，不定の目的語はØによって標示されるが，定の目的語は語尾 -i（または -I）によって標示される．

(4) a. bir defer aldı
　　　a copybook buy:PAST.3SG
　　　'He bought a copybook.'
　　b. defter-i aldı
　　　copybook-ACC buy:PAST.3SG
　　　'He bought the copybook.'
　　　［アルタイ語族，チュルク語派，トルコ語］
(5) a. ekmek yedi
　　　bread eat:PAST.3SG
　　　'He ate (some) bread.'
　　b. kadın-ın ekmeg-ini yedi
　　　woman-GEN bread-POSS3SG.ACC eat:PAST.3SG
　　　'He ate the woman's bread.'
　　　［アルタイ語族，チュルク語派，トルコ語］

様々なロマンス諸語では，その中にはスペイン語とルーマニア語があるのだが，有生の（多くは人間の）直接目的語は前置詞（スペイン語では a，ルーマニア語では pe）によって標示されるが，無生の直接目的語は標示されない．

(6) a. Estoy buscando a mi amigo.
　　　'I am looking for my friend.'
　　b. Estoy buscando mi coche.
　　　'I am looking for my car.'
　　　［インド・ヨーロッパ語族，ロマンス諸語，スペイン語］

（もし，有生の目的語が非指示的または不定であるならば，前置詞なしで時に生じることがある．）

参照：Coordination reduction, Grammatical relation, Tansitivity, Valency

Disjunct (離接詞)

参照: Adjunct

Ditransitive (二重他動詞)

参照: Transitivity, Valency

Double Case (二重格)

参照: Agreement

DP (Determiner Phrase) (決定詞句)

1987年にアブニー (S. Abney) は,例えば補文標識句あるいはCPを投射する補文標識のような他の機能要素と同様に,決定詞主要部 (determiner head) が決定詞句 (DP) を投射するという考えを支持する論証を出した. DP仮説と呼ばれるこの提案は,統率・束縛理論の枠組みの中で名詞句の様々な側面を見直すことになった. アブニーが提案した構造はXバー理論 (X-bar theory) に従う. 例えば, the house という句は,予想される通り,(1)のような基本的表示を持つ.

(1)
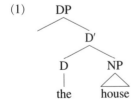

DP構造は名詞句と文との間の構造的類似性を確立した. 主要部Dは [+定] か [-定] である.

DPは (1) よりも大きい構造を持つかもしれない. 例えば, DP構

DP (Determiner Phrase)

造は,動名詞が VP を含んでいる名詞的範疇であるかもしれないという事実を,X バー理論の内心的な (endocentric) 要求を満たしながら,形式化することを可能にする.したがって,次のような文において,

(2) **John's writing poems** impressed his students.

John's writing poems という DP は,以下の (3) の構造で D の補部である.

(3)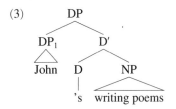

さらに,文の中と同様に,DP の中で内部移動がある.例えば (3) では,DP_1 の三角形はこの DP 内での John の移動を略している.実は,(4) に示されるように,DP_1 内で John は NP の主要部から DP_1 の主要部へと移動している.

(4)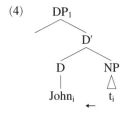

この移動は,英語や他の言語の固有名詞ではしばしば起こるが,普通名詞ではめったに起こらない.固有名詞は内在的に定の単数であるのかもしれない.したがって,固有名詞は定冠詞を持たず,DP の中で移動するのかもしれない.普通名詞は内在的に定性について指定されない.したがって,普通名詞は (1) のように音声的な冠詞を要求するのかもしれない.しかしながら,これに関しては言語間で変異が

ある.というのも,スペイン語やその他の言語には,(5)のような例があるからである.

(5) el Juan
the John
'John' [インド・ヨーロッパ語族, ロマンス語派, スペイン語]

DPは,スペイン語のcinco liblos 'five books'(5冊の本)のように,数詞句や数量詞句のような量化や一致要素を伴う,より複雑な機能的な構造を持つかもしれない.

要約すると,DP仮説は2つの重要な主張をしている.

a. DPの構造はXバー理論に完全に一致している.
b. 決定詞と名詞句との間の構造的関係は主要部・補部関係である.

参照:Constituent, Head, X-bar theory

Dislocation (転移)

構成素をその通常の場所ではない場所に,たいていは文の一方の境界に配置すること.(1)ではice creamという構成素が左方転移されているのに対して,(2)ではthat big ice creamという構成素が右方転移されている.

(1) **Ice cream**, I like.
(2) I don't know how you could eat **it** up, **that big ice cream**.

転移は(1)におけるような休止や(2)におけるような同一指示の代名詞のように,特別な特性によって示されることもある.(2)においては代名詞のitが右方転移された構成素と同一指示になっている.

転移は話題化(topicalization)のような語用論的な目的のために使われる.

参照:Afterthought, Topic, Topicalization, Word order

Ellipsis（省略）

省略は文の中で統語的に実現されるべき構成素を省くことである．省略は主語やその他の構成素に起こりうる．省略の特別な事例の1つは，(1) におけるような，**動詞句削除**（**VP ellipsis**）である．

(1) He always **tells lies**, and his sister **does** too.

(1) では2つの等位接続された節が tell lies という同じ述語を持っている．tell lies という VP は，1番目の節では顕在的に表現されているが，2番目の節では繰り返されないで，その代わりに助動詞 does が生起している．
参照：Coordination reduction, Gapping, Null argument

Embedding（埋め込み）

ある項目が別な項目の中に挿入される（埋め込まれる）操作．(1) において，

(1) the girl with the lollypop

前置詞句 with the lollypop は名詞句の一部であり，名詞句に埋め込まれていると言われる．従属節は主節に埋め込まれている．埋め込みは構成素の右または左に，あるいはその中央に，要素を追加することを許す．最後のものは，**中央埋め込み**（**center embedding**）として知られていて，特に研究者の関心を集めた．それは，中央埋め込みがある言語では，再帰性（recursivity）の程度が低いからである．これは文法的あるいは統語的制約の帰結ではなく，むしろ，人間の短期記憶（short-term memory）の限界の結果である．したがって，(2) のような何段階かの中央埋め込みを伴う文は，文法的（grammatical）

ではあるが容認不可能 (unacceptable) であると言われる.

(2) The boy that the teacher that the girl that the lady that the taxi driver picked up from home accompanied to school had never met before scolded came in late.

(2) では, The boy came in late. という主節が重層的に埋め込まれているたくさんの関係節を伴っている. それぞれの関係節はその主要部を含んでいる関係節の中へと埋め込まれている. つまり, that the teacher scolded は主節の従属節で, 名詞句 the boy をその主要部として持ち, that the girl had never met before は名詞句 the teacher をその主要部として持ち, that the lady accompanied to school は名詞句 the girl をその主要部として持ち, そして最後に, that the taxi driver picked up from home という節は名詞句 the lady が主要部になっている.

参照: Grammatical / Ungrammatical

Empty Category (空範疇)

統率・束縛理論 (Government and Binding Theory) では, 小 pro (little pro), 大 PRO (big PRO), NP 痕跡 (NP-trace), wh 痕跡 (wh-trace) のように, 空の範疇すなわち非顕在的に具現化される範疇が4つある. (1) の文には, 発音されない空の主語すなわち小 pro がある.

(1) **pro** nieva
    snow:3SG
  'It is snowing.'
  [インド・ヨーロッパ語族, ロマンス語派, スペイン語]

(2) では, 不定詞の動詞の非顕在的に具現化される空の主語, つまり大 PRO がある.

(2) Silvia$_j$ prefers **PRO**$_j$ to invite Claudia.

(3) では，John が NP 移動 (NP-movement) によって主語位置へと移動した結果である NP 痕跡がある．

(3) **John**$_j$ is loved **t**$_j$ by Mary.

(4) では，wh 移動によって wh 語 what が CP 指定部（補文標識句の指定部）へと移動された結果である wh 痕跡がある．

(4) **What**$_j$ did John eat **t**$_j$?

NP 痕跡と wh 痕跡の存在は移動と関係している．(3) では痕跡は NP 移動によって残されるのに対して，(4) では痕跡は wh 移動によって残される．空範疇は図 1 に示されるように音声のある対応物と同じ素性と振る舞いを持つ．

NP 痕跡は束縛理論 (Binding Theory) の原理 A に従い，小 pro は束縛理論の原理 B に従い，wh 痕跡は変項 (variable) であり，束縛理論の原理 C に従う．

非顕在的	顕在的	種類	
NP 痕跡	照応形	[+anaphor	−pronominal]
pro	代名詞	[−anaphor	+pronominal]
wh 痕跡	R 表現	[−anaphor	−pronominal]
PRO	——	[+anaphor	+pronominal]

図 1　空範疇の類型論

PRO は [+anaphor　+pronominal] なので，束縛理論のどの原理にも従わない．

参照：Binding Theory, Empty Category Principle, Variable

Empty Category Principle (ECP)（空範疇原理）

統率・束縛理論の枠組みでは，空範疇原理すなわち ECP は痕跡に適

用され,そして痕跡は常に θ 統率 (θ-govern) されるか (NP 痕跡 (NP-trace)),あるいは先行詞統率 (antecedent govern) されなければならない (wh 痕跡 (wh-trace)).形式的には,空範疇原理は次のように述べられている.

(1) 空範疇原理:ECP
痕跡は適正に統率 (properly govern) されていなければならない.
A が B を θ 統率するか,あるいは A が B を先行詞統率する場合かつその時のみ A は B を適正に統率する
A が B を統率し,かつ A が B を θ 標示する場合かつその時のみ A は B を θ 統率する
A は B を統率し,かつ A が B と同一指標を付与される場合かつその時のみ A は B を先行詞統率する

(Haegeman 1991: 404)

参照: Government

Enclitic (前接語)

参照: Clitic

Endocentric vs. exocentric construction (内心構造対外心構造)

Bloomfield (1933: 195) によると,内心構造は「終結句が,我々が主要部 (head) と呼んでいる構成素のうちの1つと同じ形式類に属している」構造である.したがって,内心構造の主要部は構造全体の代わりに置き換えることができる.内心構造の poor John においては,主要部 John が構造全体の代わりに置き換えることができる.名詞句 poor John はまた「従位的内心構造 (subordinate endocentric construction)」(ibid.) とも呼ばれる.内心構造は等位的であるときもある.それは「終結句が構成素のうち2つ以上と同じ形式類に属する」(ibid.) ときである.一例としては boys and girls がある.内心構造

は内部に主要部を持つと言われる．

例えば，前置詞句のような外心構造は，内部に主要部を持たない．外心構造では，「終結句がいかなる構成素の形式類とも異なる形式類に（属する）」(Bloomfield 1933: 194)．文は外心構造である．次の文には，

(1) John ran.

名詞句 John と動詞句 ran がある．終結句は名詞句でも動詞句でもなく，文なのであり，異なる機能を持ち，異なる分布をしている．
参照：Constituent, Construction, Phrase, X-bar theory

Equi NP deletion (同一名詞句削除)

参照：Coordination reduction

Ergative language (能格言語)

参照：Alignment

Exceptional Case Marking Verb (ECM Verb) (例外的格標示動詞 (ECM 動詞))

統率・束縛理論の枠組みでは，例外的格標示動詞（ECM 動詞）とは文 (1) に見られるように，不定詞の従属節の主語に対格を付与する動詞である．

(1) John believes **her** to be a genius.

文 (1) において，動詞 believe は内項 (internal argument) として不定詞節 her to be a genius を取る．to も不定詞も her のような音形のある DP に格を付与することができないので，動詞 believe が唯一の利用可能な格付与子 (Case assigner) である．(2) に示されるように，格を付与するために，従属節はこの特別な種類の文では従属節

の CP 句を投射しない．

(2)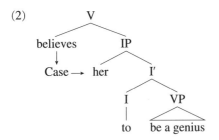

これらの構造が例外的なのは，下位の節が補文標識句（CP）を投射しない時のみ主節の動詞が格を付与するという事実と関係している．しかし，(3a) のように，CP が投射された時には，それが外からの格付与にとっての障壁となる．

(3) a. *He$_i$ doesn't know [$_{CP}$ whether [$_{IP}$ him$_i$ to go on vacation tomorrow]].

したがって，(3b) のように，PRO が CP 付きの文にとって唯一可能な主語である．

(3) b. He$_i$ doesn't know [$_{CP}$ whether [$_{IP}$ PRO$_i$ to go on vacation tomorrow]].

参照：Raising

Expletive（虚辞）

虚辞とは，例（1a）と例（1c）における英語の it や there のように，指示もしないし意味役割も持たない項目（典型的には代名詞か副詞）である．変形生成文法では，空主語言語（null subject language）における小 pro$_{expl}$ も虚辞と考えられており，虚辞は θ 役割（theta-role）を付与されないと言われている．

虚辞は次に示されるように何も指示しない．

(1) a. **It** rains.
    b. **pro**$_{expl}$ llueve
       'It is raining.'
       ［インド・ヨーロッパ語族，ロマンス語派，スペイン語］
    c. **There** is a man in the garden.

参照：Null argument, Valency

Extended Projection Principle (EPP) (拡大投射原理 (EPP))

変形生成文法，統率・束縛理論，ミニマリスト・プログラム (Minimalist Program) の中では，**拡大投射原理 (EPP)** はすべての節あるいは文が主語を含まなければならないと主張する．この原理は文の一般的な特性を反映し，そしてそれは (1a) や (1b) のような例で it や there のような虚辞 (expletive) を主語の位置へ挿入する構造的な要請を生み出す．

(1) a. **It** rains.
    b. **There** is a man in the garden.

この原理は (2a) や (2b) のように**非顕在的 (nonovert) 主語**あるいは**空主語 (null subject)** の小 pro と大 PRO へと適用範囲が拡張された．

(2) a. **pro**$_{expl}$ nieva
              snow:3SG
       'It is snowing.'
       ［インド・ヨーロッパ語族，ロマンス語派，スペイン語］
    b. Mary expects **John**$_i$ **PRO**$_i$ to leave.

ミニマリスト・プログラムの中では，EPP は IP（屈折句）の強い D 素性あるいは N 素性として形態論的に再解釈されている．したがって，IP の主要部 I は強い D 素性か強い N 素性を持つ．そして

別な構成素，たいていは D 素性か N 素性を持つ主語は，計算が書き出し (Spell-out) と音声形式 (Phonetic Form (PF)) に分かれる前に，I (IP の主要部) の強い素性 (strong feature) を照合するために IP の指定部に移動しなければならない．

参照：Feature strength

Extension (拡張)

拡張は統語的変化の基本的なメカニズムの1つである．拡張は「パターンの表面的な現れに結局なる」のだが「基底の構造の直接または本質的な変化を伴わない」(Harris and Campbell 1995: 51)．

拡張の一例にドイツ語の後置詞 (postposition) から前置詞 (preposition) への変化がある．例えば，Givón (1971: 401-402) に論じられているように wegen と statt のようなものがある．特に wegen の場合には，拡張に結びつく2つの変化を観察することができる．例 (1) を見てみよう．

(1) a. Des   schlechten Wetters   wegen   sind wir nicht
       the:GEN bad   weather:GEN because are we not
       hier geblieben.
       here remained
   b. Wegen   des   schlechten Wetters   sind wir nicht
       because the:GEN bad   weather:GEN are we not
       hier geblieben.
       here remained
   c. Wegen   dem   schlechten Wetter   sind wir nicht hier
       because the:DAT bad   weather are we not here
       geblieben.
       remained
       'Because the weather was bad, we didn't remain here.'
       [インド・ヨーロッパ語族，ゲルマン語派，ドイツ語]

(1a) では wegen は後置詞として用いられ，属格を取る．歴史的にはこれが最も古い構文である．これは今日でもまだ用いられるが，(1b) や (1c) のパターンに比べて頻繁には用いられず，高度な文体上の使用域に属するものである．(1b) のパターンは今日では標準と考えられ，参考書文法の中で記述される標準的なものである．(1b) のパターンは (1a) のパターンよりも後の時代に現れ始めた．これを取り入れた理由は，ドイツ語の位置詞／接置詞 (adoposition) の大部分が前置詞であるという事実にある．よく起こるパターンのほうを選んで，めったにないパターン（名詞―後置詞）は捨てられ，よく起こるパターンが拡張される．(1c) の例は，たとえそれがまだ非標準的であると考えられていて，したがって参考書の文法には一般的に含まれていないとしても，現在話し言葉ではより一般的なものである．(1c) は，(1a) と (1b) に見られる属格の代わりに，対格と wegen のある前置詞句を含んでいる．(1c) はもっと最近の変化の証明となり，その変化はまた拡張でもある．ドイツ語では，対格あるいはさらに頻繁には与格を取る前置詞の数と比較すると，属格を取る前置詞の数は比較的少ない．したがって，(1b) から (1c) への変化もまた，頻繁なパターンのほうを選んでめったにないパターンを捨てることを含んでいる．この種の拡張は，**実現化 (actualization)**，すなわち「再分析 (reanalysis) の結果から次第に写像すること」の例としても見ることができる (Timberlake 1977, さらには拡張と実現化との間の関係について Harris and Campbell 1995: 80-81 を参照せよ)．なぜならこの拡張が，主要部名詞によって後続されている属格の修飾語によって構成される名詞句を含むパターンの再分析によってそのように生み出されたもので，後置詞への標準的な前置詞のパターンの拡張を含んでいるからである (Givón 1971: 402)．

拡張はすでに存在していて頻繁に起こるパターンの拡張からなり，そうしたパターンはめったにないパターンに取って代わるので，拡張は類推的変化 (analogical change) の一種と考えられるかもしれない．

参照：Reanalysis

Feature strength (素性の強さ)

ミニマリスト・プログラム (Minimalist Program) の中では，言語間の違いは素性の強さによって説明される．例えば，フランス語やスペイン語の定形の屈折要素は強い V 素性を持つが，英語では定形の屈折要素は弱い V 素性を持つ．それゆえ，スペイン語の comemos における -mos は強いが，英語の we ate における∅は弱い．強い素性は移動によって顕在的に照合されなければならない．弱い素性はその代わりに非顕在的に照合されなければならない．

参照：Covert Movement, Extended Projection Principle, Overt Movement

Focus (焦点)

特に関連があるか，新しいか，または他の情報と対比している情報 (**対比の焦点 (focus of contrast)**)．文の中では焦点は wh 疑問文によって見極められる．(1) ではいくつかの構成素が焦点にされうる．

(1) a. The teacher told my mom about my bad grade.
   b. Who told my mom about my bad grade?
      ［焦点：the teacher］
   c. What did the teacher tell my mom about?
      ［焦点：my bad grade］
   d. Whom did the teacher tell about my bad grade?
      ［焦点：my mom］

焦点は，例えば分裂文 (cleft sentence) や，

(2) **It was the teacher** who told my mom about my bad grade.

焦点表示不変化詞のように,

(3) The teacher told **even my mom** about my bad grade.

特殊な構文によって示されることもある.

例 (3) は, 焦点 (focus) を評言 (comment) と同一視してはならないということを明らかにしている. それどころか, (3) におけるように, 焦点は特別に関連のある情報の一部分であり, 評言の一部であることが多い. (3) では話題 (topic) が the teacher で, 評言 (すなわち, 話題について述べられていること) は told even my mom about my bad grade であるが, 一方で, 情報の焦点になっている部分は even my mom である.

Lambrecht (1994: 202) は焦点を「語用論的に構成された命題で, それによって主張が前提と異なる命題の意味的部分」と定義した. 前提とされる情報は話し手と聞き手の間で共有される. すなわち, それは話題となっているか, もしくは古いものである. 焦点となっている情報は新しいものである. 評言は新しい情報と定義されるので, 焦点を評言と同一視したくなるかもしれない. そのような同一視は(談話に基づく研究方法にではなく)文に基づく研究方法において行われてきた. 例えば, S. C. ディック (S. C. Dik) の機能文法 (Functional Grammar) では, 焦点は文中における構成素の語用論的な機能のうちの1つであり, 大まかに言って評言あるいは題述 (rheme) に相当する. 文に基づく研究方法では, すべての文について話題と焦点が要求され, 文脈にはほとんど注意が払われない.

(3) の even my mom という表現は, **狭い焦点** (**narrow focus**) とも言われる. 評言全体に相当する焦点は**広い焦点** (**broad focus**) あるいは**述語焦点** (**predicate focus**) と言われる. 文全体もまた, 次のように, それが出来事を報告する場合には焦点になりうる (**文焦点** (**sentence focus**)).

(4) a. What happened?
    b. I got stuck in a traffic jam.

対比の焦点，すなわち対比焦点（contrastive focus）は2つの対比される構成素を含んでいる．

(5) The teacher told **my mom** about my bad grade (not my dad).

英語では，対比の焦点は強勢によってのみ示されることが多い．

単一の文にだけ分析を限定することは，話題と焦点の間の区別をすることを難しくさせてしまうかもしれない．(1a) の話題は普通 the teacher だと考えられるが，同じ構成素が wh 疑問文テストによって示されるように焦点にもなりうる（たとえ (1b) に対しての普通の答えが単に the teacher あるいは the teacher did であったとしてもである）．

Full Interpretation （完全解釈）

ミニマリスト・プログラム（Minimalist Program）の中では，**完全解釈**（**Full Interpretation**）は表示の経済性の原理であり，それは音声形式（PF）と論理形式（LF）のすべての素性が当該のインターフェイスで判読可能であることを要求する．意味インターフェイスと音声インターフェイスの規則が適用される統語構造は解釈可能素性（interpretable feature）のみから成り立っていなければならない．もし構造が**解釈不能**（**uninterpretable**）素性を含んでいるならば，その派生は破綻する．なぜなら，その構造の中で完全な解釈をその構成素に付与することができないからである．完全解釈から帰結することは，解釈不能素性は意味インターフェイスと音声インターフェイスの規則が適用される前に，統語論から削除されなければならないということである．解釈不能素性を削除することは統語的操作の仕事である．経済的な考慮から最適な方法で構築される派生を選択するのである．

参照：Interpretable feature, Uninterpretable feature

Gapping (空所化)

以下におけるように，2つ以上の等位接続された節の動詞を省略することを言う．

(1) John ate the potatoes and Mary the meat.

(1) では，動詞 ate は John と potatoes および Mary と the meat の両方に対して当てはまるが，前節にのみ現れている．

言語によって，空所化は英語のように右方に働くこともあれば，日本語のように左方に働くこともある．

(2) Kuniko wa hon o, Taroo wa sinbun o yomu.
    Kuniko TOP book OBJ Taroo TOP newspaper OBJ read
    'Kuniko reads a book, Taroo a newspaper.' ［日本語］

一般的には，右方空所化は VO 言語に典型的に見られ，左方空所化は OV 言語に典型的に見られると考えられている．しかし，トルコ語 (OV) においては，空所化は両方向に働きうる．

(3) a. Ali armut iyor Veli ise elma.
       A. pear eats V. instead apple
    b. Ali armut Veli ise elma iyor.
       A. pear V. instead apple eats
    'Ali eats a pear and Veli an apple.'
    ［アルタイ語族，チュルク語派，トルコ語］

参照：Coordination reduction, Word order

Goal（目標子，着点）

a) ミニマリスト・プログラム（Minimalist Program）（位相理論（Phase Theory））において，**目標子**（**goal**）とは一致（Agree）操作で**探査子**（**probe**）と一致する要素のことである．目標子は解釈可能素性（interpretable feature）を有しており，探査子は解釈不能素性（uninterpretable feature）を有している．ある項目のすべての解釈不能素性が照合（check）（すなわち削除（erase））されると，その項目は不活性（inactive）になる．

b) 意味役割（semantic role）の1つ．

Government（統率）

統率関係は，ある項目が他の項目の統語機能（syntactic function）を決定し，その形態素性（morphological feature）を選択するという一種の依存関係（dependency relation）である．

統率の定義に関してすべての学者が同意しているわけではなく，また実際にすべての統率の定義が，統率関係が関わっていると考えられるすべての事例に対して当てはまるわけでもない．Moravcsik（1995: 708）によれば，「構成素（constituent）Bの統語機能が構成素Aに依存していれば，AはBを統率する」．別の定義では，統率は，統率子（governor）が自身の結合価（valency）を満たすために統率される要素を義務的に要求する時にのみ成り立つという事実が強調されている．この場合，統率子は空きスロットを有しているとみなされる（Ch. Lehmann 1983, 1985）．Moravcsik（1995）の定義は，統率子が統率される項目の形態素性を義務的に選択するという事実には触れていないが，このことは他のほとんどの著者からは統率に関する基本的な条件であると考えられている．

前置詞とその補部（complement）との関係は典型的な統率関係と考えられる．(1) において，前置詞 at は NP（理論によっては DP）

の the train station を統率していると言われている．なぜなら，前置詞は補部なしでは存在できず，また，NP の機能を決定するのは前置詞だからである．

(1) a. The girl was waiting **at the train station**.

統率される構成素は，自身を統率する項目が主要部 (head) となる，より大きな構成素の一部である．したがって，統率される構成素は省くことができない．

(1) b. *The girl was waiting **at**.

以下のように，動詞はその補部を統率すると言われている．

(2) Pántes   ánthrōpoi   toû   eidénai
 all:NOM.PL man:NOM.PL ART.GEN know:INF.AOR
 orégontai   phúsēi.
 pursue:PRS.3PL nature:DAT
 'All humans naturally pursue knowledge.'
　　　　（アリストテレス (Aristotle),『形而上学 (Metaphysics)』980a）
　　　　［インド・ヨーロッパ語族，古典ギリシャ語］

(2) において，動詞 *orégontai* 'they pursue' は二価動詞であり，2つ目の項を必要とする．そして，動詞は義務的に属格 (genitive) を取るので，第2項である *toû eidénai* 'knowledge' には属格が標示される（ギリシャ語の二価動詞のほとんどは対格 (accusative) を取るが，これらの動詞は属格を統率すると言われている）．統率される構成素の統語機能は統率子によって決定され，統率子は統率される項目の形態（格標示）をも選択する．

だが，統率関係が統率される項目の形態を決定するということは必ずしもそれほど明白ではない．以下を見てみよう．

(3) a. Ich fahre in der   Stadt.
　　　I   drive in the:DAT town

'I drive inside the town.'

b. Ich fahre in die Stadt.
   I drive in the:ACC town
   'I drive into the town.'

c. *Ich fahre in.
   'I drive in.'

［インド・ヨーロッパ語族，ゲルマン語派，ドイツ語］

前置詞の補部は統率される項目だが，前置詞の中には異なる格 (case) の名詞を取ることができるものもある．この場合，(3c) に示されるように，統率される構成素は義務的であり，その統語機能は統率子によって決定されるが，形態素性の選択は他の何らかの方法で説明されねばならない．

さらに，統率される要素が義務的であることに対して一見例外に思われるものがあることに注意しなければならない．文 (4a) を考察しよう．

(4) a. John ate pasta.

(4a) のような文において，他動詞 eat はその直接目的語である pasta を統率していると言われている．だが，文 (4b) は決して非文法的ではない．

(4) b. John ate.

このことは，(eat, read, paint といった) いくつかの他動詞が，(4a) のように達成 (accomplishment)，すなわち状態変化 (change of state) を含意する事態 (state of affairs) を示すこともできるし，(4b) のように状態変化を含意しない活動 (activity) を示すこともできるという事実によっている．もし eat が達成を含意するならば，直接目的語は実際，義務的となる．

例 (5a, b) の対比は，一見例外に思われるもう 1 つの例となる．

(5) a. John is in his office.

b. John is in.

　前置詞の補部は義務的な項目であると上述したが，実際，(5a) と (5b) における前置詞 in の使われ方には違いがある．(5a) には in his office という PP が存在するが，(5b) において in はそれ自身 PP というよりもむしろ AdvP である．しかしながら，前置詞の中には at のように，単独で生起し独立した AdvP をなすことのできないものがあるということも事実である．このことは，統率関係においてさえも義務性の度合いは一様ではないということを意味しているのかもしれない．

　(主要部-補部間の義務的な関係という意味での) 統率関係は階層言語 (configurational language) に典型的である．対照的に，修飾 (modification) という義務的ではない関係が優位を占める非階層言語 (nonconfigurational language) では統率関係は典型的ではない．

　統率・束縛理論 (Government and Binding Theory) において，動詞句の**内項** (**internal argument**) (通常は目的語 (object)) の θ 役割 (theta-role) は動詞が決定する．それに対して，**外項** (**external argument**) (典型的には主語 (subject)) の θ 役割は動詞とその内項の組み合わせが決定する．この枠組みでは，θ 役割は**統率**のもとで付与されねばならない．統率は (6) のように **c 統御** (**c-command**) によって定義される．

(6)　以下の場合に限り A は B を統率する．
　　(i)　A が統率子である
　　(ii)　A が B を c 統御し，かつ，B が A を c 統御する

　この定義では，統率は (7) の構造で示されるように姉妹関係のもとで付与される．なお，(7) の構造において主語は VP 内に生成している．

(7)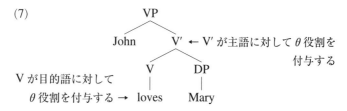

(7) の構造において，V と V′ はそれぞれと姉妹関係にある構成素の統率子である．しかしながら，動詞句内主語仮説 (VP-internal subject hypothesis) が一般化として提案される前は，主語は IP の指定部に生成されていた．この場合，主語の θ 役割付与に対する統率子は (8) で示すように VP 全体であり，屈折要素の節点 (Infl) を仲介して行われていた．

(8)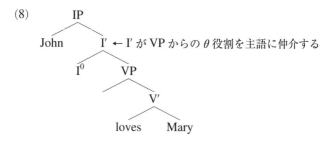

後に，同じ統率・束縛理論の枠組みにおいて，主語の θ 役割は (9) で示されるように I^0 と主語 John との指定部-主要部一致 (Spec-head agreement) により付与されるようになった．

(9)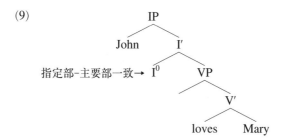

ミニマリスト・プログラム（Minimalist Program）では，θ関係は併合（Merge）と呼ばれる操作により，語彙挿入（lexical insertion）に基づいて確立される必要がある．加えて，現在この枠組みでは，文法の原始関係（primitive relation）から統率を完全に排除しようとしているところである．

参照：Argument, C-command, Configurational vs. non configurational language, Dependency relation, Merge, Modification, State of affairs, Theta-role

Governing Domain（統率領域）

変形生成文法において，照応形（anaphor），代名詞，および指示表現（referential expression）は特定の構造的配置のもとで先行詞（antecedent）と同じ対象を指示する．これらの構造的配置には同じ指示対象を持つ要素と統率子（governor）が含まれなければならない．より形式的な言い方をすれば，α が β（すなわち同じ指示対象を持つ要素）および β の統率子を含む最小の IP（すなわち文）である場合に限り，α は β に対する統率領域であると言える．例として（1）を見てみよう．

(1) **Ann$_j$ loves herself$_j$**.

（1）において，この文には同じ指示対象を持つ目的語の herself および統率子である動詞 loves が含まれている．したがって，この文全体が統率領域である（統率範疇（governing category）とも言う）．

Governor（統率子）

他の項目を統率する（govern）項目のこと．変形生成文法では，統率は統率子と統率される側の相互 c 統御（mutual c-command）のもとで，もしくは，屈折要素句（inflectional phrase / IP）の指定部（specifier / Spec）にある句と IP の主要部（head）との一致（agreement）に

より起こる．
参照：C-command, Government

Grammatical relation（文法関係）

ある構成素が，文の述語（predicate），別の構成素，もしくは文全体に対して持つ関係のこと．文法関係には中核的文法関係（core grammatical relation）とも呼ばれる**主語（subject）**および**直接目的語（direct object），間接目的語（indirect object），斜格（oblique），補部（complement），**それに**副詞類（adverbial）**もしくは**付加部（adjunct）**が含まれる（名称は異なるかもしれない）．中核的な関係とは，核心的な叙述（nuclear predication）に属し，関連した形態・統語的（morphosyntactic）特徴をより多く示し，動詞の結合価（valency）が要求する構成素に対して与えられる関係のことであり，その形態論的な表れは格システム（alignment）の類型に関係する．間接目的語は中核的関係に含まれる場合も含まれない場合もある．これは部分的には間接目的語がどのような形態で表れるかということにもよるが，形態論的な表れ方がその言語の格システムの類型を決定するのに関与しないことによるところもある．むしろ，特定の言語の格システムの類型は主語や目的語のコードのされ方によって決定されるものである．

　語彙機能文法（Lexical Functional Grammar）では，文法関係は**文法機能（grammatical function）**と呼ばれているが，S. C. ディック（Dik）の機能文法（Functional Grammar）では**統語機能（syntactic function）**という用語がほぼ同じように用いられている．関係文法（Relational Grammar）では，主語，直接目的語，間接目的語，および斜格の文法関係はそれ以上定義されない原始要素（primitive）と考えられており，同じことが語彙機能文法における文法機能についても言える．
参照：Adjunct, Adverbial, Alignment, Complement, Direct object, Indirect object, Oblique, Subject, Valency

Grammatical / ungrammatical (文法的／非文法的)

文法的な，もしくは適格な (well-formed) 文および構文とは，文法規則に従い，母語話者に受け入れられるもののことである．非文法的な (ungrammatical) 文や構文とは，文法規則に従わず，母語話者に受け入れられないものである．非文法的な文や構文の先頭にはアステリスク (*) が付される．文法的な文や構文は適格であるとも言われる．

適格な文の例としては (1) が挙げられる．

(1)　John eats apples.

文 (2) は，主語と動詞の間に一致が見られないため，統語的に非文法的である．

(2)　*John eat apples.

変形生成文法では，文は意味的な観点からも判断される．したがって，意味的に文法的な文もあれば，意味的に非文法的な文もありうる．文 (3) は意味的に非文法的である．

(3)　*The table eats stones.

eat のような動詞は the table といった無生物の主語項を（文字通りの意味では）選択しないので，文 (3) は意味的に非文法的である．しかしながら，この文は統語的には適格である．Chomsky (1957) により，意味的には非文法的であるが，統語的に文法的な文の例として，Colorless green ideas sleep furiously. (無色の緑色の考えが猛烈に眠る) という文が有名になった．

だが，統語的に非文法的な文と意味的に非文法的な文の間には根本的な違いがあることに注意しなければならない．実際，隠喩 (metaphor) や換喩 (metonymy) が関与すれば，(3) のような文には容認可能な解釈が与えられうる．例えば，ハロウィーンパーティーでテーブルの仮装をした人が石のようなキャンディーを食べている状況を想

像することができる．一方，(2) のような統語的に非文法的な文は，いかなる状況でも容認可能であるとは考えられない．このため，意味論的側面を重視する理論においては，統語的に非文法的な文だけが真の非文法性の例であると考えられている．
参照：Embedding

Grammaticalization（文法化）

(a) ある範疇 (category) や機能 (function) がある言語内で形態的に区別されている，すなわち，特定の形式によって示されているということをいう．定性 (definiteness) は，英語の NP に関しては文法化されている（英語は定冠詞と不定冠詞を持つ）が，日本語の NP に関しては文法化されていない（日本語は冠詞を持たない）．性 (gender) はロマンス諸語においては高度に文法化されており，すべての名詞が 2 つの性（男性と女性）のどちらかに属しており，性に関して，冠詞，形容詞，代名詞と一致を引き起こし，また，複合過去のような動詞形とは部分的に一致を引き起こすが，英語においては限られた範囲内でのみ文法化されている（性は人称代名詞および所有代名詞の単数形にのみ現れる）．

(b) 内容語から機能語へと変化する過程と定義される．例えば，英語の不定冠詞 a(n) は数詞の one から文法化の過程を経て派生した．この場合のように，文法化は新しい範疇を作り出すこともある（冠詞はゲルマン祖語 (Proto-Germanic) には存在していなかった）．典型的には，文法化が生じる前に，特定の項目が他の語と頻繁に組み合わさって生じるようになり，それが土台となって後に文法化されていく．このため，時に（ギヴォン (Givón) の言葉である）「今日の形態論は昨日の統語論である (today's morphology is yesterday's syntax)」と考えられている．

Grammaticalization

　しばしば，文法化を通じて自由形態素が接辞（affix）になることがある．例えば，英語の様態副詞につく接尾辞（suffix）-ly は，他のゲルマン諸語に（例えばドイツ語の -lich のような）同根要素（cognate）が見られるが，ゲルマン祖語の body, form という意味の名詞 *lika に由来する．屈折語尾（inflectional ending）の中には，自由語彙素に由来することを示せるものもあり，多くの学者は，「すべての拘束形態素は，かつては独立した語であった（Alle Afformativen waren ursprünglich selbständige Wörter 'all bound morphemems were once independent words'）」という，Gabelentz (1891) の言葉を支持するであろう．

　言語内で文法化が起こるという考えには長い伝統があり，ヴィルヘルム・フォン・フンボルト（Wilhelm von Humboldt）に遡る．また，この件に関する研究はフランツ・ボップ（Franz Bopp）の膠着理論に起源を発する．文法化という言葉は，影響力の大きい 1912 年の論文においてメイエ（Meillet）が初めて用いたものである．近年，文法化の過程の研究は再び大いに取り上げられており，インド・ヨーロッパ諸語以外の言語にも拡張されている．

　近年の研究において，文法化の概念は「ある言語的コンテクストにおいて語彙項目や構文が文法機能を果たすようになったり，あるいは，文法項目が新しい文法機能を持つようになったりする」(Hopper and Traugott 1993: xv, Traugott 1988) すべての事例にまで拡大されてきた．すなわち，形態・統語的な変化に限られなくなった．このアプローチに従い，文法化における意味的・語用論的な変化に注目すれば，文法化はしばしば次のように連続的に進んでいくと見られる．

　　命題的 ＞ テキスト的 ＞ 感情表出的

　この連続的変化は，語用論的に徐々に強さを増す 3 つの傾向として定式化され直しており，その中では感情表出性／主観性に向かう傾向が最も卓立している．この枠組みでは，形態化（morphologization），すなわち，形態素（morpheme）の縮約（reduction）や義務化（obligatorification）が文法化の際に生じる可能性はあるが，必ずし

もその必要性はない．連結詞（connective）や副詞の使用において，命題的変化から感情表出的変化へと拡張していく例が多く見つかる．例として英語の indeed を考えてみよう．indeed は（1）のように文副詞として機能しうる．

(1) It was clear from the beginning that he would indeed be late.

また，(2) のように感情表出の機能を持ちうる．

(2) I thought he was being extremely silly.
    Indeed!

方向性は文法化に関する別の問題を生じる．文法化の過程が実際に可逆的である，すなわち，**脱文法化**（**degrammaticalization**）の過程も生じるということは疑わしい．脱文法化を示す証拠が存在するにもかかわらず，文法化は非可逆的であり一方向に進むとしばしば言われる．
参照：Auxiliary

Grounding（基盤化）

基盤化とは談話の特性の1つであり，したがって，テキスト性の特徴の1つであり，情報の伝達状況に言及するものである．情報は，それに焦点が当たり関連があるものとして提示されるならば**前景化**（**foreground**）され，それが共有された情報であるか，付加的であり関連性が低いものとして提示されるならば**背景化**（**background**）される．典型的には，前景化された情報は主節（main clause）として表され，従属節（主として副詞節）は背景化された情報を伝達する．

Head（主要部）

主要部とは，自身が核心部となる最小の句の範疇（category）を決定する項目のことである．主要部に従属する項目は依存要素（dependent）と呼ばれる．主要部は通常統率子（governor）であり，依存要素の形態素性（morphological feature）のいくつかを選択する．(1)の表現は，その中核部が名詞 boy であることから名詞句であり，限定形容詞 tall と限定的関係詞節 who's coming toward us が依存要素である．

(1) the tall boy who's coming toward us

(2) において，主要部 Tag は修飾部 schöner の持つ主格，男性，単数を選択している．

(2) ein schöner　　　　　Tag
　　 a　 beautiful:NOM.M.SG day
　　 'a beautiful day'
　　 [インド・ヨーロッパ語族, ゲルマン語派, ドイツ語]

(ただし DP 仮説では，(1) および (2) における句の主要部は決定詞 the および ein であることに注意せよ．)

この定義は Bloomfield (1933) に端を発するものだが，問題がないわけではない．主要部-依存要素の関係がすべて同じ関係であるとは言えない．主要部-依存要素の関係の中には，主要部が依存要素を要求（統率）するものもあるが，そうでない（修飾する）ものもある．Zwicky (1985) は主要部であるためのいくつかの条件を挙げており，Hudson (1987) では他の条件が挙げられている．この件で一番問題になるのは主語-VP の関係である．この関係では，主要部の特性が主語（subject）と VP の両方に分散している．VP が統率子である一

方,一致素性を選択するのは主語である(考察については Corbett, Fraser, and McGlashan 1993 を参照).

統率・束縛理論(Government and Binding Theory)では,句は主要部,すなわち核心部(nucleus)の投射(projection)である.例を挙げると,動詞句,すなわち VP は主要部 V の投射である.このことは(3)に図示されている.

(3)

ミニマリスト・プログラム(Minimalist Program)では,句の主要部は,統語構造を形成するために**併合**(**Merge**)によって選択される統語的な要素である.

Bartsch and Vennemann (1972) が用いた用語では,**オペランド／被演算子**(**operand**)が実質的に主要部に相当する.

参照:Dependency relation, Merge, Movement, Selection

Head vs. dependent marking (主要部標示対依存要素標示)

語や構成素の間の依存関係を構造の主要部に標示する傾向にあるのか,それとも修飾部や依存要素に標示する傾向にあるのかに基づいて言語を分類することができる.英語の名詞句 Mary's book において,book は主要部であり Mary's は依存要素である.そして,依存関係は接語の 's によって依存要素に標示されている.the door of the house の前置詞 of もまた,依存要素(前置詞句 of the house)に依存関係を標示する.この点で英語は依存要素標示言語であると言われる.

主要部標示言語では,依存要素標示言語とは異なり,依存関係は主要部に標示される.

Head vs. dependent marking

(1) a tanító könyv-e
the teacher book-POSS.3SG
'the book of the teacher'
［ウラル語族，フィン・ウゴル語派，ハンガリー語］

(1) において，主要部である名詞 könyv 'book' は，依存要素 a tanító 'the teacher' を指示する三人称所有標識の -e を有しており，依存要素 a tanító 'the teacher' は何の標識も有していない．主要部標示する別のタイプの方法はいわゆる**所属形**（**construct state**）と呼ばれるものであり，セム語派の言語に典型的に見られる．

(2) pəne ha 'areṣ
face-CONSTR the earth
'the face of the earth'
［アフロ・アジア語族，セム語派，聖書ヘブライ語］

(2) において，依存関係はアクセント移動を通じて主要部である名詞に表れている（face に当たる語の通常の形は panim であるが，所属形では pəne に変化している）．

依存関係を主要部と依存要素の両方に標示する言語もあり，**二重標示言語**（**double marking language**）と呼ばれている．トルコ語がその一例である．

(3) Ahmed-in hanım-ı
Ahmed-GEN wife-POSS.3SG
'Ahmed's wife'
［アルタイ語族，チュルク語派，トルコ語］

(3) では，所有接尾辞の -ı を通じて主要部の名詞 hanım に標示があると同時に依存要素は属格接尾辞の -in を有している．

依存要素標示の別の例として，動詞の補部に格接辞や前置詞が生じるものがある．

(4) b-ərešit   bara'   elohim **eṯ** ha-ššamaim wə **eṯ**
    in-beginning create:PF God   **OBJ** the-heavens and **OBJ**
    ha-'areṣ
    the-earth
    'In the beginning God created the heavens and the earth.'

(創世記第1章第1節)

［アフロ・アジア語族, セム語派, 聖書ヘブライ語］

(4)において，直接目的語標識の **eṯ** は，**eṯ** と関係する名詞句が目的語の文法関係にあることを示している．直接目的語は，直接目的語標識を統率する動詞の依存要素である．

この点において，言語の中には主要部標示であり，以下に示すように直接目的語（や他の文法関係）を動詞上に標示するものもある．

(5) Zuhaitz-a ikusten d-u-t.
    tree-ART see   3SG-have-1SG
    'I see the tree.' ［孤立語, バスク語］

例(5)では，主語と直接目的語が両方とも動詞の接辞によって標示されている．

参照：Head

Host（宿主）

接語（clitic）が音韻的に，もしくは統語的にまとまりをなす相手の語や構成素のことである．音韻的なまとまりをなす場合の宿主を音韻的宿主（phonological host），統語的なまとまりをなす場合の宿主を統語的宿主（syntactic host）という．

参照：Clitic

Hypotaxis（従属（構文））

参照： Subordination

Immediate constituent（直接構成素）

ある上位の構造から，間に他のレベルを挟まずに分割することのできる構成素（constituent）のこと．

(1) The friend who came to my home yesterday bought me a wonderful present.

(1) において，the friend who came to my home yesterday と bought me a wonderful present という2つの構成素と文全体の間に別のレベルの構成要素がないとすれば，この2つの構成素がこの文の直接構成素である．
参照：Constituent, Sentence

Inclusiveness Condition（包含性条件）

ミニマリスト・プログラム（Minimalist Program）では，包含性条件はいったん文を構築する過程が始まると語彙列挙（numeration）に存在しない語彙要素を導入する可能性を認めないという条件である．より厳密に言えば，この条件は(1)の内容を述べている．

(1) 文の構成物のLF（論理形式（Logical Form））は語彙列挙N内にある語彙項目の素性からのみ構築されていなければならない．

Incorporation（編入）

例(1)が示すように，ある構成素（目的語，他の補部，もしくは副詞類）が動詞に隣接し，元の機能を保持したまま定性（definiteness）

Incorporation

を失い，複合語を形成する過程のことである．

(1) a. ni-c-qua in nacatl
   1SUBJ-3OBJ-eat the flesh
   'I eat the flesh.'
 b. ni-naca-qua
   1SUBJ-flesh-eat
   'I eat flesh.'

   ［中央アメリンド語族，ユト・アステカ語族，ナワトル語］

 Sapir (1911) によれば，(1a) と (1b) の違いは，前者が 'I eat the flesh'（特定の行為）を意味するのに対し，後者は 'I eat flesh, I am a flesh-eater' という意味であるという事実にある．有生性 (animacy) や定性の度合いが高い項は通常編入を受けないことからも示されるように，一般的に編入の機能は，ほとんど個として区別されない項を背景化することである．

 編入は接辞 (affix) や接語 (clitic)，複合語の一部といった形をとる．編入は最も典型的には包合語 (polysynthetic language) に見られ，そのような言語では，いくつかの項や副詞類が動詞に編入され，複合動詞形が完全な叙述に相当する．

 より馴染み深い言語からは，例えば baby を目的語編入して baby-sit を作るといった英語における目的語編入のような，全く異なった編入の例が知られている．（編入された名詞が必然的に不定 (indefinite) であることをこの英語の例が示していることに注意．）イタリア語では，場所を示す副詞的修飾部は，動詞に編入し，何かを容器の中へ入れるという行為を表すことができる．例えば，imbottigliare 'to bottle', incorniciare 'to frame', inscatolare 'to box' などであり，これらは mettere in bottiglia, in cornice, in scatola 'put into (a) bottle, frame, box' に相当すると考えることができる．

Indirect (間接的)

参照：Semantic macro-role, Semantic role

Indirect object (間接目的語)

間接目的語とは，give や tell といった三価動詞（trivalent verb）の項のうち，主語，直接目的語に次ぐ第3の項のことである．間接目的語を取る動詞は意味的に極めて同質の集団をなしており，したがって間接目的語の指示対象はたいてい人間である．複数の格を持つ言語では，間接目的語は典型的に与格（dative case）によって表される．このため，英語の**与格移動**（**dative shift**）構文の場合のように，「与格」という名称は時として「間接目的語」の代わりに用いられる．

(1) a. Paul gave a present **to Susan**.
 b. Paul gave **Susan** a present.

(1b) では，間接目的語が「移動」している，すなわち，直接目的語の前に置かれ，前置詞 to を取らず，直接目的語同様，位置によってのみ間接目的語であることが表されている．よく知られているように，このような間接目的語は受動化することができる．

(1) c. **Susan** was given a present by Paul.

give のような動詞は（少なくとも部分的に）直接目的語の性質を持つ項を2つ取ることができるので，**二重他動詞**（**ditransitive / bitransitive**）とも呼ばれている（ただし，ditransitive は trivalent の同義語としても用いられることに注意）．

参照：Argument, Direct object, Transitivity, Valency

Interpretable feature (解釈可能素性)

ミニマリスト・プログラム（Minimalist Program）において，**解釈可**

能素性は意味解釈（semantic interpretation）に対して影響を与える．例えば，**Φ素性**（**Φ-feature**）は解釈可能素性である．Φ素性というのは人称（person），数（number），および性（gender）である．解釈可能素性は意味や形態に関する事実を根拠としている．解釈可能素性は多重照合（multiple checking）の関係に関与する．解釈不能素性（uninterpretable feature）は照合の後で削除（delete）される．主語と動詞の一致関係によって主語のΦ素性の一部が動詞の素性と一致することが保証される．解釈不能素性（[−解釈可能]の素性ともいう）は派生の過程で素性の値を獲得する．一致（Agree）操作は，形態論的な理由により値未付与の（unvalued）素性に値を付与し，同時に論理形式（LF）での必要条件により，解釈不能素性を削除する．**語彙余剰規則**（**Lexical Redundancy Rule**）により，[+解釈可能]の素性だけが語彙部門（lexicon）で完全に指定されている．
参照：Lexical redundancy rule, Uninterpretable feature

Island constraint（島の制約）

島とは取り出し（extraction）を許さない領域のことである．例えば，**wh島**（**wh-island**）は (1) において wh 移動（wh-movement）を阻止し，複合名詞句制約（complex NP constraint）は (2) において名詞句島（NP island）の中から外への wh 移動を阻止する．

(1) *What$_j$ did Ann wonder who$_i$ would eat t$_i$ t$_j$?
(2) *Who$_j$ did Mary make the claim that she saw t$_j$ at the theater?

摘出可能性（extractability）に対する制限は，しばしば**島の条件**（**Island Condition**）と呼ばれる．例えば，(1) の例は **wh島の条件**（**wh-island Condition**）の一例であり，(2) の例は**複合名詞句条件**（**Complex Noun Phrase Condition**）の一例である．島のほとんどは Ross (1967) によって発見された．

Kernel sentence(核文)

参照: Classical Transformational Generative Theory, Sentence

Last Resort Condition (最終手段条件)

ミニマリスト・プログラム (Minimalist Program) において，**最終手段** (**Last Resort**) は移動に対する条件である．最終手段条件は，先延ばし (Procrastinate)（文の中の要素はできる限り移動しない），貪欲 (Greed)（文の中の要素は自分の利益のためだけに移動する）とともに，派生全体に対する条件 (Global Condition) の1つである．最終手段条件に従えば，変形は素性 (feature) を照合 (check) する必要性により駆動されなければならない．この条件により，**解釈不能素性** (**uninterpretable feature**) の除去が可能になる．
参照：Uninterpretable feature

Lexical redundancy rule (語彙余剰規則)

語彙余剰規則は，語彙記載項 (lexical entry) の一般的な特性を述べたものである．ミニマリスト・プログラム (Minimalist Program) では，語彙余剰規則は形式素性 (formal feature) を，**解釈可能素性** (**[+interpretable]**) と**解釈不能素性** (**[−interpretable]**) の2つのタイプに分ける．通常，動詞が持つΦ素性は [−interpretable] であり，動詞の取る項の持つΦ素性は [+interpretable] である．
参照：Interpretable feature, Uninterpretable feature

Light verb (軽動詞)

軽動詞とは主題役割的に不完全な動詞で，述語の資格を得るために補部（名詞もしくは動詞）と組み合わされねばならないもののことである．軽動詞は意味内容に乏しいが，通常屈折を通じて述語に相 (aspect)，法 (mood) および時制 (tense) を与える．「軽動詞＋補部」の

複合体の意味および項構造は,複合体のうちの主要部,すなわち主となる構成要素によって決定される(この主要部は軽動詞の補部の名詞もしくは動詞のことである).したがって,軽動詞の意味と項構造は軽動詞の取る補部の意味に大いに依存している.英語では,軽動詞構文は通常, take a nap 'to nap', give a kiss 'to kiss', take a walk 'to walk', have a rest 'to rest' のように補部として名詞を取る. Dixon (1991) などの研究者は,軽動詞 give a, take a, have a の補部は名詞ではなくむしろ動詞語根(verb root)であると分析している.日本語では, suru 'do' のような軽動詞は名詞と結びついて述語を形成する.歴史的な観点から言えば,軽動詞は意味の漂白化(bleaching)を通じてもともと持っていた意味の一部を失い,助動詞や接語(clitic)になったり,接辞(affix)になることさえある.

Chomsky (1995) は,軽動詞は VP 構造内に存在する機能範疇 (functional category) であると提案している.ミニマリスト・プログラム (Minimalist Program) において,軽動詞は軽動詞主要部 v^0 (小文字で表記する) であり,軽動詞句 vP を投射し, VP という語彙的補部を取ると形式化されている. (1) のような二重他動詞 (ditransitive) 文の動詞の構造は (2) に示されるような軽動詞構造をしている.

(1) John gave a ball to Mary.

(2)

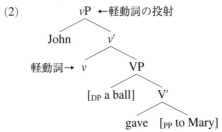

軽動詞が強い動詞素性を持っていると,内容語動詞主要部 V ((2) の gave) は (3) のように軽動詞句 vP の主要部に付加する.

(3)
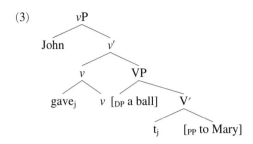

(4)のような**連動詞**(**serial verb**)構文の中には,(5)に示すように,軽動詞(yñá)が明示的に具現化していると分析できるものがある.

(4) Aémmaá yñá adwuáma maá Kofä
Amma do work give Kofi
'Amma works for Kofi.'
[ニジェール・コンゴ語族,クワ語派,アカン語]

(5)
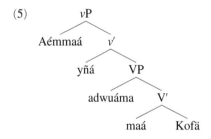

外項主語だけでなく二重他動詞や非対格動詞(unaccusative),非能格動詞(unergative)および他動詞(transitive)の構造をより良く形式化することができるため,軽動詞の構造はVPの拡大投射としてあらゆる文のタイプに一般化されている.

参照:Coverb, Serial verb

Locality（局所性）

変形生成文法では，統語的な関係は局所的であるということが重要なこととして想定されている．すなわち，統語的な関係が基底生成されたものであれ移動の結果であれ，その距離は制限されている．統率・束縛理論（Government and Binding Theory）では，束縛（binding），統率（government）および最小性（minimality）は局所性条件（locality condition）に基づいている．ミニマリスト・プログラム（Minimalist Program）では，Chomsky (1995) が，指定部-主要部一致，主要部-主要部の関係，内部領域（internal domain），照合領域（checking domain）といった要素間の関係はすべて局所的でなければならないと述べている．移動の距離，すなわち局所性を定義するのに，（内部領域と照合領域を足したものからなる）最小領域（minimal domain）が用いられる．

Logical Form (LF)（論理形式）

統率・束縛理論（Government and Binding Theory）の枠組みでは，論理形式（Logical Form/LF）は音声形式（Phonetic Form/PF），D構造（D-structure）（深層構造（Deep structure）），S構造（S-structure）（表層構造（Surface structure）））とともにインターフェイスレベルである．統語表示のレベルの1つとして，論理形式は投射原理（Projection Principle）や空範疇原理（Empty Category Principle）といった統語論の諸原理に従う．論理形式には文に意味解釈を与えるのに必要な情報が含まれる．束縛理論はLFに対して適用されると主張する研究者もいる．ミニマリスト・プログラム（Minimalist Program）では，冗語的（pleonastic）要素や意味を持たない要素は意味解釈を持たないので，LFのレベルで除去されなければならないと提案されている．LFとPFは，統語部門から概念・意図システム（Conceptual-Intentional system）と調音・知覚システム（Articulatory-Perceptual system）への入力となっている．LFとPFはそれぞれ

意味と音声形を表すので，自然言語にとって欠かすことのできないレベルである．
参照：Articulatory-Perceptual system, Conceptual and Intentional property

Logophor（話者指示詞）

(1) の例のように，文法的な文において，照応形が束縛理論の原理 A に違反していながら束縛領域外にある要素と同一指示の関係にあるのを説明するのに用いられる用語である．

 (1) John thinks that there is a picture of himself in the White House.

(1) で John と himself がそれぞれ異なる束縛領域に属しながらも文全体は文法的であるため，両者は束縛領域外で話者指示的に共指示 (corefer) するという．

より一般的に言うと，話者指示詞とは文中に適正な先行詞を持つのでなく，談話の中に先行詞を持つ照応形である．
参照：Binding, Binding domain

Matrix(母型節)

節をその中に埋め込む節のこと.母型節は主節とは異なる.主節は自立しているが,母型節はそれ自体が別の上位の節に従属することがある.
参照:Subordination

Merge(併合)

ミニマリスト・プログラム (Minimalist Program) において,**併合**(**Merge**)とは回帰的構造構築の操作,つまり文法操作のことで,語彙項目を結合し,Xバー理論に適合する句構造を作る操作のことを言う.構成素を作るために,併合は少なくとも2つの語彙項目を結合する.語彙項目は**語彙列挙**(**Numeration**)から取り出される.併合操作を繰り返し適用することで,下から上に,小さなまとまりからより大きなまとまりが作られる.θ役割付与および移動は併合のもとで起こる.
参照:Numeration, Theta-role, X-bar theory

Modification(修飾)

一種の依存関係で,統率とは異なり,義務的なものではない.修飾という関係において,**修飾部**(**modifier**)と呼ばれる項目は,指示対象を限定することで,それが現れる語句の中の主要部である別の項目を修飾する.(1) では,限定形容詞 pretty および関係節 who came yesterday は,主要部である名詞 girl の修飾部となっている.

(1) the **pretty** girl **who came yesterday**

修飾部は，省いたとしても依然文法的な構造（the girl）はそのまま残るので，義務的ではない．この点で修飾部は統率された項目とは異なる．後者は省略することができない．例えば前置詞の補部は統率された項目であるが，at noon/*at のように，省略することはできない．

参照：Dependent, Government

Modifier（修飾部）

参照：Modification

Move alpha / Move α（α 移動）

統率・束縛理論の用語で，α 移動とは移動一般を表す．要素は統語構造上ある位置を占めるが，派生が進むにつれ別の位置を占めることがある．α 移動という用語はこのことを指して用いられる．統率・束縛理論の枠組みでは，移動は自由に行われるとしても，それぞれの要素が移動できる移動先には制限がある．移動は一般的な，規則に固有でない原理によって制約されている．

参照：Movement

Movement（移動）

Aspects（Chomsky 1965）の出版以来ミニマリスト・プログラムまで続く変形生成文法において，移動変形は 2 つのレベルの統語表示（D 構造および S 構造）をお互いに結び付けると仮定されていた．D 構造のある位置に基底生成された要素は，S 構造で別の位置に移動されることがある．図式化すると，(1) の図のようになる．

(1)　D 構造
　　　↓
　　　移動
　　　↓
　　S 構造

主要部（X^0）および最大投射（XP）だけが移動できる．それらはそれぞれに固有の着地点に移動する．例えば投射内の主要部は，別の投射内の主要部への移動でなければならない．これは**主要部-主要部移動**（**head-to-head movement**）と呼ばれる．(2) と (3) に示すように，英語では，屈折要素句（IP）の主要部は疑問文では補文標識句（CP）の主要部へ移動する．

(2) D 構造：you **will** go → S 構造：**will** you go?

(3) [$_{CP}$ **Will**$_j$ [$_{IP}$ you t$_j$ go?]]

wh 句や名詞句（NP）といった最大投射 XP は，指定部の位置に移動する．指定部は XP 移動の着地点であるという．

統率・束縛理論では，移動は自由に適用できる．ただし**痕跡**（**trace**）を規制する諸原理により，**α 移動**（**Move α**）による自由な移動操作が産出する過剰生成は規制される．

ミニマリスト・プログラムでは，D 構造および S 構造という 2 つのレベルを廃止したことにより，移動の機能はこれまでと異なる．しかしながら，**遅延**（**Procrastinate**）により，移動は必要なときにのみ，またできるだけ先延ばしで，起こる．移動は素性照合の必要により駆動される．強い素性のときには，それは顕在的移動によって照合されなければならない．弱い素性ならば，論理形式（Logical Form）で非顕在的に照合される必要がある．さらに，移動は，**併合**（**Merge**）による文の構築と並行して，適用することができる．移動は，コピー／移動および併合という操作の結合である．したがって，併合にのみ適用される原理ならばいかなるものであれ，それらは移動操作（併合およびコピー／移動）が起こるときには有効となる．

参照：Copy, Covert movement, Merge, Move alpha, Overt movement

Node (節点)

節点とは，句標識つまりは樹形図を形成する点の集合である．句標識上の任意の一対の節点は互いに**先行**(**precedence**) あるいは**支配**(**dominance**) によって関連付けられる．どの節点にもラベルが付けられている．ある任意の節点は，別の節点に先行すると同時に支配することはできない．(1) の句標識を見てみよう．

(1)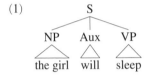

(1) では，節点はそれぞれ S, NP, Aux, そして VP というラベルを持っている．S (文) は NP, Aux, そして VP を支配しており (より正確には，直接支配している)，また NP は Aux に先行し，Aux は VP に先行している．ある節点が別の節点を直接に支配しているならば，前者は後者の**母親**(**mother**) であるという．ある節点が別の節点に直接に支配されているならば，前者は後者の**娘**(**daughter**) であるという．いくつかの節点が同じ母親節点に直接支配されているなら，それらは**姉妹**(**sisters**) であるという．したがって，(1)では S は NP, Aux, そして VP の母親であり，NP, Aux, VP は S の娘であり，NP, Aux, VP は姉妹である．

NP-movement (NP 移動)

この操作により，DP/NP は格付与のために θ 位置から A 位置へと移動する．そのような移動は受動構文，(主語および目的語位置への) 繰り上げ構文において起こり，また動詞句内主語や非対格動詞におい

ても見られる．

(1) [IP The thieves$_i$ were [VP captured t$_i$ by the police]] ［受動文］
(2) [IP John$_i$ seems [IP t$_i$ to have travelled around the world]] ［主語への繰り上げ］
(3) [IP Silvia believed him$_i$ [VP t$_i$ to have a fortune]] ［目的語への繰り上げ］
(4) [IP Mary$_i$ [VP t$_i$ loves John]] ［動詞句内主語の移動］
(5) [IP Gianni$_i$ è [VP arrivato t$_i$]] ［非対格主語の移動］

参照：Raising, Voice

NP-trace（NP 痕跡）

参照：Binding, Copy, Trace

Nominative-accusative languages（主格-対格型言語）

参照：Alignment

Nucleus（核心部）

(a) 構造の中の一部分で，その構造の地位を決定するもの．主要部は句あるいは構成素の核である．
(b) 叙述関係における核とは中核部（core）の内側の部分であり，動詞が形成する．核心部を中核部の同義語として使用する研究者もいる．

参照：Core, Head, Sentence, Valency

Null argument (空項)

述部の項で,発音上省略することができるが,何らかの方法で復元可能なもの.頻繁に起こる空項は,空主語と空目的語である.空項を許す言語は**空主語** (**null subject**)／**空目的語** (**null object**) **言語**,もしくは **pro-drop 言語**と呼ばれる.イタリア語やスペイン語といった様々なロマンス諸語は空主語言語である.

(1) Vado   a casa.
    go:PRS.1SG to home
    'I go home.'
    [インド・ヨーロッパ語族,ロマンス語派,イタリア語]

ポルトガル語は空主語言語であると同時に空目的語言語でもある.

(2) Vi   uma roupa bonita e   ∅ comprei.
    see:1SG.PRET a   dress pretty and   buy:1SG.PRET
    'I saw a pretty dress and bought it.'
    [インド・ヨーロッパ語族,ロマンス語派,ポルトガル語]

Null subject language (空主語言語)

参照:Null argument

Numeration (語彙列挙)

ミニマリスト・プログラム (Minimalist Program) の用語で,**語彙列挙**には**計算システム** (**computational system**) への入力となる,語彙的な原子が収められている.語彙列挙は計算(派生)の出発点であり,ここで派生に必要な一定数の語彙項目が集められ,計算途中で使用される回数も指定される.語彙列挙は (**LI i**) と簡潔に表し,語彙項目 (lexical item) と指標 (index) を意味する.例えば (1) に現れ

る語彙項目は (2) に示す語彙列挙を持つ.

(1) The boy ate the apples.
(2) N = {the$_2$, boy$_1$, ate$_1$, apples$_1$, <tense$_1$>}

参照: Computational system

Object（目的語）

参照：Direct object

Oblique（斜格）

(a) 付加部が，あるいは主語と直接目的語を除く項が，特に顕在的に標示されるときに担う文法関係のこと．英語では (1) のように，間接目的語は前置詞 to を伴うとき斜格と見なされる．

(1) I gave a book **to my brother**.

他方，間接目的語は与格移動構文では中核的な項と見なされる．与格移動構文では語順でのみ間接目的語であることが識別され，その点では主語および直接目的語（つまりは中核的な項）と同じ振る舞いをしている．

(2) I gave **my brother** the book.

(b) 斜格：主格と呼格以外の格．

参照：Argument, Grammatical relation, Sentence

Operand（被演算子）

参照：Head

Operator (演算子)

(1b) や (2b) のように,論理形式で変項 (x) を A バー束縛する数量詞あるいは wh 句のこと.

(1) a. John hates someone.
    b. LF: **someone** **x**, John hates **x**
(2) a. Who does John hate?
    b. LF: **for which x**, John hates **x**

意味論では,演算子は論理式の先頭に付加され,新しい論理式を作り出す.否定は命題の真理値に作用する.

Bartsch and Vennemann (1972) で用いられている用語では,演算子は依存要素に対応する.

Overt movement (顕在的移動)

統率・束縛理論の用語で,**顕在的移動**は D 構造から S 構造へ至る過程で起こる移動のこと.このように**顕在的移動**は統語論での操作のことである.例えば (1) のような文における,wh 移動や I 移動のことを言う.

(1) [$_{CP}$ **What$_i$ will$_j$** [IP you **t$_j$** [$_{VP}$ eat **t$_i$**?]]]

ミニマリスト・プログラム (Minimalist Program) では,強い素性は,文法が音声形式 (PF) と論理形式 (LF) に分かれる前に**顕在的移動**により照合されなければならない.

参照: Covert movement, Feature strength, Movement

P2 (Second position)（第二位置）

P2 あるいは第二位置とは，ある種の要素（典型的には接語）の配置に関わる文中の位置のことである．動詞第二位言語（V2 = verb second langauage）においては，時制を持つ動詞が占める位置のことである．

言語により，P2 は第 1 アクセントを持つ語に後続する位置か，第 1 アクセントを持つ構成素に後続する位置となる．（ある種の要素の配置が）P2 と関連していることは 1892 年にヴァッカーナーゲル（Wackernagel）により初めて確認された．当時彼は，多くのインド・ヨーロッパ諸語，とりわけ古代インド語派やホメロスのギリシャ語に，後にヴァッカーナーゲルの法則（Wackernagel's Law）として知られるようになるものを記述していた．そのような言語では，接語は P2 に置かれた．P2 とはほとんどの場合第 1 アクセントのある語に後続する位置のことであり，それにより接語の生起は構成素を分裂させることがある．後に，接語の配置に関する同様の規則は，ワルピリ語（Hale 1973）やタガログ語（Anderson 2005）といった非インド・ヨーロッパ語においても認められている．

P2 接語は通常，代名詞，法を表す不変化詞，あるいは助動詞であって，接語の付加を受ける構造上の宿主（host）はほとんどの場合，動詞である．さらに，文不変化詞および接続詞もまた P2 の位置に現れることがある．つまり P2 は，接語要素（enclitic）にとって最も左側の接語可能な宿主である（それらは文全体を宿主に取り，文の左側に置かれる要素である．Luraghi 1990 を参照）．古代インド・ヨーロッパ諸語の中には，とりわけ古代インド語派で知られていることだが，主節中の時制を持つ動詞がアクセントを持たないものがある．ヴァッカーナーゲルはこれを V2 現象が動詞の韻律特性に関係していることの証拠と考えた．

構成素内の P2 接語の生起は，それを許す言語において非階層性の証拠と捉えられてきた．実際，インド・ヨーロッパ諸語の中には P2 位置が第 1 アクセントを持つ語の後というよりは，最初の構成素の後となっている傾向が高まってきており，これを持って構成素の出現の証拠ととらえることができる．

P2 はまた，ドイツ語のような V2 言語における動詞の位置とも関連している．V2 言語では，P2 とは最初の構成素に後続する位置のことを指し，最初の語に後続する位置のことではない（このことは，ドイツ語およびドイツ語と系統的に関連する V2 言語が階層性を持つ言語であるという事実と両立する）．

ヴァッカーナーゲルは P2 に接語が生起することと V2 現象がお互いに関連していると考えていたが，それは疑わしい（Anderson 2005: 177-225 参照）．

参照：Clitic, Configurational vs. nonconfigurational language, V2

Parameter（媒介変数，パラメター）

普遍文法や言語習得の理論で用いられる概念で，パラメターは普遍文法で指定されていない，いくつかのオプションを指定する．パラメター値は遺伝的に固定されているわけではない．したがって，言語習得とはパラメター値を設定する過程ということになる．

言語の多様性は，例えば空主語パラメターのように，パラメターの値によって特徴付けられる．イタリア語やスペイン語のようなある種の言語では，発音されない主語を含む文を許すものがある．他方で英語のような言語では，例え指示対象を持たないダミーの主語であっても，発音される主語がなくてはならない．このように，パラメター理論は言語間に渡る体系的な統語上の変異を説明し，同時に言語習得者が選択しなければならない選択肢の数に制限も加える．

参照：Null argument, Pro, little pro

Parameter setting (パラメター設定)

変形生成文法では，子供は言語獲得の期間に，UG（普遍文法）で利用可能ないくつかの言語固有のオプション（パラメター）を定めると提案されている．例えば，文中の語順を説明する主要部パラメターは，英語のように主要部先行か，あるいは日本語のように主要部後続であり得る．つまり英語では，動詞が補部に先行している (1) の例に見られるように，主要部は補部に先行する．日本語では，主要部は補部に後続する．(2) において，動詞は補部に後続している．

(1) Taroo read the book.
       HEAD COMPLEMENT
(2) Taroo ga   hon o   yonda.
    Taroo SUBJ book OBJ   read
              COMPLEMENT HEAD
    'Taroo read the book.' ［日本語］

パラメター設定により，言語獲得者が選択するオプションの数は制限される．ミニマリスト・プログラム (Minimalist Program) では，形態部門がパラメター化に関わる主要な場所である．言語変異は，個別言語ごとに固有で，後天的に獲得しなければならない辞書 (lexicon) に依存する．しかし計算システムは生得的なものであり，後天的に獲得しなければならないものではない．ある特定の機能範疇や，強い／弱い素性が辞書にあるかどうかは，言語ごとに異なる．
参照：Parameter, UG

Parataxis (並列)

parataxis という用語は，「並んで配置する」を意味するギリシャ語 parátássein に由来し，統語的に自立した複数の文を並列することを言う．並列は従属 (subordination) と対比する．従属は hypotaxis とも呼ばれ，「下に配置する，従属する」を意味するギリシャ語 hupotássein に由来する．並列に形成された文は接続語を含んでいることがあるが，含んでいないこともある（前者を接続詞並列（syndetic parataxis），後者を非接続詞並列（asyndetic parataxis）と言う）．接続語を含まない並列は (1) の通りである．

(1) veni, vidi, vici
COME:PRET.1SG SEE:PRET.1SG CONQUER:PRET.1SG
'I came, I saw, I conquered.'

(スエトニウス「ローマ皇帝伝」*Iul. 37.1*)
[インド・ヨーロッパ語族，イタリック語派，ラテン語]

(1) および (2a) が示すように，並列に並べられた節では，それぞれは時系列的（iconically）に並べられている．つまりそうした節では，事象の順番が必ず反映されていなければならない．他方で従属は，(2b) のように，非時系列の並びを許す．

(2) a. I read the recipe and baked the cake. ≠ I baked the cake and read the recipe.
b. I read the recipe before baking the cake. = Before baking the cake I read the recipe.

等位接続文は等位接続詞によって連結され，その結果全体で 1 つの統語的なまとまりを成すので，厳密には並列に作られているとは言えないが，従属とは異なり，通常は並列の一例と見なされることに注意．

参照：Coordination, Subordination

Parsing（構文解析）

計算言語学の分野で，文や構成素の構造解析のことを言う．

Participant (参加者)

現実世界での事象に参与する指示を持つ存在物．参加者は典型的には名詞句によって述べられる．(1) の例において，

(1) Little Red Riding Hood met the wolf.

2つの名詞句 Little Red Riding Hood と the wolf は参加者，つまり Little Red Riding Hood という名の少女と，オオカミのことを指していて，動詞 met で表される事象あるいは状況に参与する．事象の中で参加者が担う役割は言語的には名詞句の意味役割に反映されている．
参照：Semantic role, State of affairs

Part of speech (品詞)

品詞あるいは**統語範疇**（**syntactic category**）とは，同じ形態統語的振る舞いを示す一群の語彙項目のことである．品詞は名詞や動詞といった開いたクラス（open class）と閉じたクラス（closed class）に分けられる．開いたクラスは拡張する（新たな名詞や動詞を当該言語の文法の変更を伴うことなしに作り出す）ことができる．他方閉じたクラスは，文法の変更が起こることなく拡張することはできない．閉じたクラスは，代名詞，冠詞，前置詞，従属接続詞といった主に文法機能を担う項目である．

　品詞の定義としては他に，談話に基づくものや，品詞が持つ指示の特性を反映するものがある．

　インド・ヨーロッパ諸語の品詞システムがしばしば当然のことと捉えられているが，それは決して普遍的なものではない．類型的に異なる言語では，品詞のシステムも全く異なることがある．

　一般に見られる語彙クラスは次の通りである．

名詞（noun）（実詞とも）．名詞は数や格で屈折し，類（あるいは性）によって区別されていることがある．そのような名詞は，典型的

には，具体的な物や生物といった状態が一定している存在物を指示する．その統語機能として，述部の項となったり，構成素の主要部となることがもっともよく見られる．名詞は定 (definite) であったり，不定 (indefinite) であったりする．言語によっては，この特徴は，名詞が冠詞と共起するという事実に反映されている．認知文法では，名詞および名詞相当語句とは「その意味極 (semantic pole) が物事をプロファイルする記号的構造である (Langacker 1987: 491)」．談話による品詞の定義だと (e.g., Hopper and Thompson 1984, Thompson 1988, Croft 1991)，名詞とは「我々が話していることについて，それを指定する」(Croft 1991: 109) ものである．普通名詞と固有名詞を区別しなければならない．固有名詞とは人名，都市や国の名前，具体的な建造物の名前といったもののことである．固有名詞は，固有の指示対象を持つ点で，普通名詞とは異なる．意味の特徴に基づき，名詞は具体的なもの (table, book) と抽象的なもの (love, departure)，数えられないもの (milk, water) と数えられるもの (book, boy)，生命のあるもの (boy, mother) と生命のないもの (table, stone) に分けられる．

動詞 (verb)．動詞は時制，相，モダリティ，態，および人称，数，性といった一致要素に対応して屈折することがある．動詞とは行為や過程といった動的性質を表すもののことを言うのが典型だが，状態を表すこともある．統語的には通常，節の述部として作用する．認知文法では，動詞とは「記号的構造 (symbolic structure) であり，その意味極は過程をプロファイルする」(Langacker 1987: 494) ものである．談話に基づくアプローチだと，動詞とは，あるものについて話者が述べていることを特定するものとされる．動詞には結合価があり，それに応じて他動詞，自動詞，あるいは二重他動詞となる．動詞は語彙的アスペクト (lexical aspect, Aktionsart) に基づき，状態 (know, love) や行為 (walk, sleep, smoke) といった，様々な種類の事象や状況を表すことができる．

形容詞 (adjective)．形容詞は，性を含め，名詞に内在する素性に関して屈折することがある (通常，名詞を類別するシステムを有する

言語においては，性は名詞では内在なものであるが，形容詞では屈折的なものである）．形容詞は比較の程度を表すことがある．典型的には質を表すが，名詞の属性として働くことがもっとも多い．他に，述部として働くことも多くある．こうした理由から，機能に基づいて品詞を分類すると形容詞は動詞と同じ部類に属するとされることがあるが，他方で形態的な分類からは名詞相当語句（名詞や代名詞）の一部だと考えられる．

代名詞 (pronoun)．代名詞という言葉は，このクラスに属する語が通常「名詞の代わりとなる」ことを意味している．要するに，代名詞は名詞句と同じ分布特性を持つが，語彙的意味を欠いているのである．その指示対象は，それが表す名詞（先行詞という）によって示さる．その場合，代名詞は照応的であると言われる．あるいは言語外の要因によって示されることもある．その場合，代名詞はテキスト外の物を指し，直示語 (deictic) として働いている．代名詞は，数，格，および性に応じて屈折することがある．人称代名詞は直示的であったり (I, you) 照応的であったり (he) するが，これもまた人称を示す．

副詞 (adverb)．副詞は動詞，形容詞，そして節を修飾する；副詞は比較級，最上級といった屈折形態を持つことがある．意味的に副詞にはいくつかのタイプある．例えば，様態の副詞 (slowly, eagerly)，場所の副詞 (there)，時の副詞 (yesterday) などである．

決定詞 (determiner)．決定詞はいろいろな仕方で名詞を決定する，つまりは指定 (specify) する．冠詞，指示形容詞，数量詞，所有形容詞というふうに，決定詞には様々な種類がある．冠詞は名詞の定性を示すのに言語が使用することができる道具である：the cat (definite (定)) vs. a cat (indefinite (不定))．冠詞はロマンス諸語に見られるように，名詞と一致を起こして，名詞の持つ素性（性，数など）に応じて屈折することがある．数詞は，two boys のように，決定詞として用いることができる．

前置詞 (preposition)．前置詞は，名詞あるいは代名詞を補部に必ず取らねばならない不変化詞である．それは名詞が担う文法関係あるいは意味役割を表す．例えば，to me では to は間接目的語マーカー

であり，in the box では in は場所を表す．前置詞という名前は，英語やその他多くのインド・ヨーロッパ諸語に見られるように，それが名詞や代名詞の前に現れることに由来する．しかしながら，**後置詞 (postposition)** つまりは名詞や代名詞の後に現れる不変化詞を持つ言語もいくつかある（トルコ語の *kız ile* 'girl with' = 'with a girl'）．前置詞および後置詞を包含する用語として**接置詞 (adposition)** がある．

接続詞 (conjunction)．接続詞とは，ある一定のまとまりが別のまとまりと繋がっていることを示すもので，等位接続詞，従位接続詞，文連結詞というようにいくつかの種類に分けられる．等位接続詞には2つの統語的に同じ種類のまとまりを繋げる機能があり，各々と同じ機能を持つ1つのまとまりを形成する．従位接続詞あるいは従属詞には（例えば if や that 等），ある任意の節が従属の立場にあることを示す働きがある．文連結詞，例えば thus や however は独立した複数の文を接続して，それらが談話の中で果たす役割を示す．

数詞 (numeral)．数詞は数を表す．数というものが無限であるにもかかわらず，数詞は閉じたクラスを成す．というのも言語は通常，数詞の形成において一定の回帰性を備えているからだ（例えば twenty, twenty-one, thirty, thirty-one など）．

類別詞 (classifier)．類別詞は中国語や日本語といった言語に見られる語彙項目で，名詞句の指示内容に基づいて，また量化との関連で，名詞句を類別する役割をする．(1) において，

(1) 3人の生徒

「人」は人に対して用いられる類別詞であって，人を数えるときに用いられる．英語では，数量の物差しとなる表現，例えば two bottles of beer における bottle や ten heads of cattle における head のような語を用いて，類似の言い方をすることができる．

その他の品詞として，助動詞 (auxiliary)，否定詞 (negator)，間投詞 (interjection)，不変化詞 (particle) が挙げられる（不変化詞は，何でも突っ込むことができる品詞として用いられることがよくある）．

英語では名詞，動詞，形容詞，副詞が開いたクラスをなすが，このことはすべての言語について当てはまるわけではない．形容詞が閉じたクラスをなす言語も存在する (Dixon 1977 参照).

part of speech という言葉はラテン語の *partes orationis* からの翻訳借用で，さらに *partes orationis* はギリシャ語 *méroi toû lógou* の翻訳である．よって part of speech は元来は言語の機能面に基づいたものであったが，そのことは失われてしまっている．事実，品詞分類の最初期になされたのは *ónoma* と *rhêma* の2つであって，それぞれはおおよそ名詞と述語に対応していた．また *lógos* と *oratio* という語は談話のことを意味していた．プラトンやアリストテレスによって用いられていたこの分類では，名詞はそれについて何かが語られているものとして，述部は名詞について語られていることとして定義されていたのだが，それは現在の機能的な定義におけるのと全く異なるものではない（実のところ，アリストテレスの「弁論術」は文法記述についての専門文献ではなく，むしろ談話の構造についてのものだった）．本項目の書き出しにある定義，つまり各語彙クラスが所有する形態統語的な特徴に基づく定義は，ギリシャ語や，とりわけラテン語の素養のある文法学者たちによって後に考え出されたものであり，そのためインド・ヨーロッパ諸語とつながりのある特異な性質を反映している．インド・ヨーロッパ諸語に含まれない言語の中には，全く異なる品詞のシステムを有するものがあり，現代の言語類型論はそうした諸言語をも取り扱うことのできるモデルを作る目的で，かつてのように談話に基づき品詞を定義することを試みる．

参照：Animacy, Auxiliary, Coordination, State of affairs, Transitivity, Valency

Passive（受動（態））

参照：Voice

Percolation (浸透)

主要部の持つ特性を，その主要部を直接支配する節点にコピーするメカニズムのこと．一例を挙げると，understand のような複合語では，stand の持つ ablaut (母音変異) という素性 ([+abl]) が，(1) に示すように語全体に浸透する．

(1)
```
          V
        [+abl]  ← percolation
       /     \
      P       V
    under   stand
            [+abl]
```

stand の過去形は stood であるが，それと同じように understand の過去形は understood となるのである．

Periphery (周辺部)

叙述の中核部 (core) あるいは核心部 (nucleus) には属さない文の要素のこと．動詞の結合価にとって必要でない文中の語句はすべて周辺要素である．例えば (1) において，

(1) Jane ate apples **in the park**.

in the park というまとまりは周辺的な要素である．
参照：Adjunct, Adverbial, Nucleus

Phase (位相)

ミニマリスト・プログラム (Minimalist Program) の用語で，位相とは，派生の収束 (convergence) (すなわち適格性) が検査される，統語派生のある段階のことを言う．文にはそれぞれ2つの位相，つま

りvPとCPがある．位相はひとたびそこでの統語計算が完了すると，その役目を終える．役目を終えた位相はその後の統語計算には関与せず，**Phase Impenetrability Condition**（位相不可侵条件）に従う．
参照：Convergence, Phase Impenetrability Condition

Phase Impenetrability Condition (PIC)（位相不可侵条件）

統語計算を終えた位相に戻って再び計算をやり直すことはできない（ただし主要部と外縁部（edge）は除く）．これを定めたのが (1) の位相不可侵条件である．

(1) 主要部 H を持つ位相 A において，H の領域は A の外側で行われる統語操作の適用を受けず，そのような統語操作は H（主要部）と H の外縁部（edge）のみに適用される．(Chomsky 2001)

(2) の例を考えてみよう．

(2) [$_{CP}$ Who [do you think [$_{CP}$ who left]]?

(2) において，低い位置にあるほうの CP の指定部は外縁部であるので，動詞 left の主語である who を上位にある次の位相に移動することができる．

Phonetic Form (PF)（音声形式）

統率・束縛理論において，音声形式（PF）は論理形式（LF）と並ぶインターフェイスレベルである．PF は文に音声解釈を付与するのに必要な情報のことである．ミニマリスト・プログラム（Minimalist Program）では，PF と LF はそれぞれ調音・知覚システムおよび概念・意図システムへの入力という位置付けとなっている．PF は音声の形式，そして LF は意味を表すので，それらは自然言語（の理論）にとって不可欠なレベルである．

参照: Articulatory-Perceptual System, Conceptual and Intentional property

Phrase（句）

句とは語のまとまり，つまりは構成素のことで，文あるいは節とは異なる統語的単位を形成している．主要部に応じて様々な句がある．例えば happy **girl** は名詞句（NP）であり，**drink** milk は動詞句（VP），very **nice** は形容詞句（AP），**slowly** は副詞句（AdvP），そして **for** you は前置詞句（PP）である．

変形生成文法では，語彙主要部および機能主要部は句を投射する．語彙的な句とは名詞，動詞，形容詞，そして副詞の投射のことで，それは意味内容を伴う．機能的な句とは補文標識（complementizer），一致要素（agreement），そして時制（tense）の投射のことで，語彙的意味内容は伴わない．句は語彙的なものであれ（VP（動詞句），NP（名詞句）），機能的なものであれ（CP（補文標識句），IP（屈折句），DP（決定詞句）），同じ X バー構造を持つ．

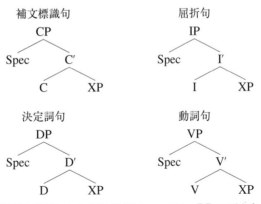

（決定詞が主要部となる DP 投射については，DP の項を参照）

参照: Constituent, Phrase structure rule, X-bar theory

Phrase Structure rule (*or* constituent structure rule)
(句構造規則（あるいは構成素構造規則）)

文におけるカテゴリーや構成素といった基本概念は，句構造規則（PS 規則）によって与えられる．句構造規則は書き換え規則により文中の構成素を規定する．例を挙げると，(1b) の句構造規則は (1a) の文を生成する．

(1) a. The girl will eat the apples very fast.
 b. S → NP-Aux-VP
  VP → V-NP-AdvP
  AdvP → Deg-Adv
  NP → Det-N
  (Adv = Adverb, AdvP = Adverbial Phrase, Aux = Auxiliary, Deg = Degree, Det = Determiner, N = Noun, NP = Noun Phrase, S = Sentence, V = Verb, VP = Verb Phrase)

句構造規則は構造を図式化し，形成される図式は**句標識（phrase marker）**またはツリーと呼ばれる．(2) の図式は，(1a) の文の句標識を簡略化したものである（△は，内部の構造が省略されていることを示す）．

(2)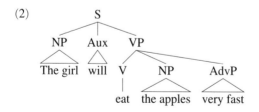

変形生成文法の初期の枠組みにおいては，句構造規則を仮定するのが一般的であった．しかしながら，句構造規則では補部と付加部とで構造上の位置が異なることの区別ができずに，平坦な構造を作り出し

てしまう．よって，eat the apples very fast と eat the apples という語の連鎖はともに同じ1つの節点（VP）からの枝分かれとなってしまう．補部と付加部の分離は X バー構造を用いることでのみ可能であって，X バー構造は VP 節点を多層化し，V のバーレベルを2つ用いることで動詞と目的語を副詞句あるいは付加部から形式的に引き離すことを実現した．これにより，変形生成文法では句構造規則は廃棄され，X バー句に置き換えられた．
参照：X-bar theory

Pivot（軸項）

役割指示文法（Role and Reference Grammar）の用語．照応関係を決定するなど，軸項は様々な形態統語的プロセスを引き起こす特権的な統語上の構成素である．英語のような言語では，主語が軸項として作用する一方，その他の言語では，ある種の文法関係というよりは，特定の意味役割（例えば行為者）を担う要素が軸項となる．前者のタイプを統語的軸項，後者のタイプを意味的軸項と言う．
参照：Subject

Postposition（後置詞）

参照：Part of speech

Pragmatic function（語用論的機能）

品詞が持つ言語伝達上の立場により決定される機能を語用論的機能という．S. C. ディック（Dik）の機能文法では，焦点（focus），話題（topic），主題（theme）および末尾（tail）が品詞の持つ語用論的機能だとされている．

　Croft（1991）では，語用論的機能とは，文法以外の要因によって動機付けられたもので，統語範疇の持つ機能のことである．このアプ

ローチに従うと，名詞の語用論的機能は指示であり，動詞は叙述，そして形容詞は修飾ということになる．

Predicate (述語)

述語とは，存在物の属性あるいは存在物同士の関係を述べる語彙項目である．(1) において，be tired という述語は Claudia の属性を述べている．

(1) Claudia **is tired**.

(2) では，eat という述語は「少年」と「リンゴ」の間の関係を述べている．

(2) The boy **ate** the apple.

述語は結合価を持つと言われ，また結合価により求められる語彙項目のことを項という．よって，(1) では名詞句 Claudia は述語 be tired の項であり，また (2) では，2つの名詞句 the boy と the apple は述語 eat の項である．述語が取る項の数に応じて，1項述語，2項述語などと区別されることがある．述語の結合価はまた，言語理論のアプローチによっては，**述語フレーム** (**predicate frame**) あるいは **項構造** (**argument structure**) とも呼ばれる．

述語とは動詞あるいは動詞句のことだけを言うのではない．他の品詞もまた述語となる．例えば前置詞もまた述語である．次の名詞句において，on はネコとマットの間の関係を表す述語である．

(3) the cat **on** the mat

現在流布しているもう1つの定義だと，述語は文つまりは叙述を構成する2つの主要な構成要素の1つであって，主語について述べられる（あるいは叙述される）ものとして定義される．この意味で，(2) の述語は ate the apple という動詞句全体である．その理由は，これが主語 the boy について述べられている部分であるからである．

英語の述語は，この後者の意味では，動詞句である．英語の述語には動詞（動詞型述語）があるが，名詞の形を取ることもある．後者は述語名詞と（時に主語補語とも）呼ばれる．また連結詞と呼ばれる動詞 be の形を取ることもある．

英語以外だと，名詞や名詞相当語句，例えば形容詞が，連結詞を必要とせずに述語として振る舞うことができる言語がいくつか存在する．これらの要素は真の意味で名詞型の述語である．

(4) omina praeclare rara
    all:N/A.PL distinguished:N/A.PL rare:N/A.PL
    'All distinguished things are rare.'

(キケロ，ラエリウス論 21.79)
[インド・ヨーロッパ語族，イタリック語派，ラテン語]

言語によっては，名詞および形容詞がともに連結詞なしに述語として作用できるものがある一方で，中国語のように，形容詞は連結詞を必要としないが名詞は必要とする言語もある．
参照：Argument, Copula, Valency

Predication（叙述）

それについて何かが述べられる項目と，その項目について何かを述べている項目からなる構文を指す．文は叙述である．主語卓立言語（subject-prominent language）では，叙述される項目がたいてい主語である，一方で話題卓立言語（topic-prominent language）では，叙述される項目は，話題である．主語・話題について述べられているものは述語（predicate）と呼ばれる．
参照：Predicate, Sentence, Subject, Topic

PRO (*or* big/large PRO)（プロ／大プロ）

変形生成文法では，不定詞や動名詞などの非定形節の非顕在的主語，

Pro (*or* big/large PRO)

言い換えれば空主語（null subject）は，文中に統語的に表示される．この非顕在的主語または空主語は PRO（big/large PRO）（プロ（大プロ））と呼ばれる．統率・束縛理論の枠組みの中では，PRO は [+照応形, −代名詞] の素性を持つ．しかしながら，これらの素性は後にミニマリスト・プログラム（Minimalist Program）の枠組みの中では，疑問視されている．PRO がそれを直接支配する節の中に先行詞を持つとき，PRO はその先行詞に指示的に依存している，または，制御（control）されていると言われる．そのような先行詞は通常主語または目的語の DP/NP である．(1) では Mary が PRO の先行詞，すなわち制御子（controller）である．

(1) Mary$_i$ went to the store PRO$_i$ to buy a book.

(1) では Mary という人が主節と従属節の主語である．PRO が先行詞を持たないとき，典型的には非定形動詞を伴う節が主語位置にあるとき，またはその節が間接疑問文の中にあるとき，PRO は制御されていないと言われる．これらの場合，PRO は恣意的（arbitrary）または総称的（generic）解釈を持ち，(2) の例にあるように，PRO$_{arb}$ と呼ばれる．

(2) PRO$_{arb}$ to play ball in the classroom would be inappropriate.

(2) の主語節の中で，PRO$_{arb}$ は「誰でも」または「すべての人」という総称的意味を持ち，独立したθ役割（動作主）を持つ．例えば (1) では Mary という人は（店へ）行く人，そして（本の）買い手という異なった2つのθ役割を持つ．主節の主語が指す人／物が2つのθ役割を持つことは，それが1つしかθ役割を持たない seem のような**繰り上げ動詞**（**raising verb**）の主語との違いの1つである．統率・束縛理論の枠組みの中では，PRO は（PRO は統率されてはならないという）PRO 定理（PRO theorem）に規制されていた．しかし，(3a) と (3b) で示されているように，非定形動詞の主語の統語配列は定形動詞の主語の統語配列と異ならないので，PRO 定理は根拠が

あるものと見なされなかった.

(3) a. b.

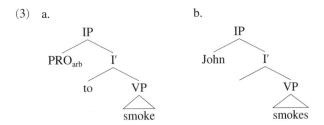

　Chomsky and Lasnik (1993) は, この問題を PRO は空格 (null case) によって格標示されなければならないと主張することによって解決した. 空格は屈折句 (IP) の主要部の非定形の I によって指定部-主要部の一致で付与される. この変更はミニマリスト・プログラムの中でも採用されている. こうして統率 (government) は普遍文法 (UG) から取り除かれ, PRO は主語に関する統一された同質記述の中で説明されている (Landau 2001 参照).

Pro (*or* little / small pro) (小プロ)

pro は, 定形節動詞を持つ文の音形を持たない主語のことである. それはたいてい図 (1) に示されるように定形動詞または助動詞の豊かな一致によって解釈される.

(1)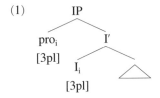

　pro はスペイン語やイタリア語のような一致が豊かな言語でとりわけよく見られる. これらの言語は**代名詞省略言語** (**Pro-Drop Language**) または**空主語言語** (**Null Subject Language**) と呼ばれる.

Pro (*or* little / small pro)

例えば (2) のような例に見られる.

(2) a. I bambini$_i$ erano stanchi. Adesso pro$_i$ dormono.
'The kids were tired. Now, (they) sleep.'
[インド・ヨーロッパ語族, ロマンス語派, イタリア語]
b. Los niños$_i$ estaban cansados. Ahora, pro$_i$ duermen.
'The kids were tired. Now, (they) sleep.'
[インド・ヨーロッパ語族, ロマンス語派, スペイン語]

pro には, 指示的 pro と非指示的 pro, すなわち虚辞 (expletive) の pro, の 2 つの主なタイプがある. 指示的 pro は (2) の i bambini / los niños のような先行文脈に現れる要素を指す. 非指示的 pro または虚辞の pro は全く指示を持たないダミー的な要素で, (3) の英語の it に対応する.

(3) pro$_{expl}$ llueve
      rain:3SG
'It is raining.'
[インド・ヨーロッパ語族, ロマンス語派, スペイン語]

(3) のような文に虚辞の pro が存在するとする根拠は, すべての節は 1 つの主語を持たなければならないことを述べた拡大投射原理 (EPP) である.

Chomsky (1981) の統率・束縛理論枠組みの中で, pro は [−照応形, ＋代名詞] の素性を持つ空の構成素だと考えられていた. しかしながら, 最近の生成理論のモデルの枠組みである, ミニマリスト・プログラム (Minimalist Program) (Chomsky 1995, 2001) では, 指示的 pro の地位は問題になっている. なぜならば, 一致形態素は解釈可能と言われているからである. したがって, 一致形態素が指示的要素であることになり, pro は不必要になる. この場合, 空主語言語では θ 基準 (Theta Criterion) (それぞれの項は 1 つの主題役割を持ち, すべての θ 役割は 1 つの項に与えられる) は統語的ではなく, 形態的に満たされることになるであろう. なぜならば, 一致要素が θ 役

Pro-prop (代名詞省略)

参照：Null argument

Proclitic (前接語)

参照：Clitic

Procrastinate (先延ばし原理)

ミニマリスト・プログラム (Minimalist Program) では，**先延ばし原理 (Procrastinate)** は，顕在的統語論 (overt syntax) と非顕在的統語論 (covert syntax) の間で選択がある場合，非顕在的統語論を優先するとする原理である．この枠組みでは，移動は必要なときのみに，そして経済性の理由のためになるべく遅く起こる．移動は弱い素性 (weak feature) が含まれるときのみ先延ばしにされるので，非顕在的移動のほうがより経済的である．強い素性 (strong feature) は音声形式で解釈不能である．したがって，書き出し (Spell-Out) の前に強い素性は削除されなければならない．この移動の概念は，移動が任意的であった統率・束縛理論の枠組みとは正反対である．
参照：Movement

Projection Principle (投射原理)

変形生成文法の中では，投射原理は (1) のように述べられている．

(1) 語彙情報は（すべてのレベルで）統語的に表示されなければならない．

この原理は，語彙項目の特性（特に述語の主題構造）は，D 構造，

S 構造，LF（論理形式）のすべての統語レベルで全面的に維持されなければならないことを意味する．θ 基準が述べているように，語彙項目の主題構造は統語論で投射されなければならない．例えば (2) のような文では，項の the table と John はすべての表示 (D 構造，S 構造，LF) になければならない．

(2) John hit the table.

(3) のように，もし 1 つの項がなくなったならば，動詞の下位範疇化特性，θ 基準，投射原理の違反が起こる．

(3) *John hit.

ゆえに (3) は非文法的である．
参照：Government, Valency

Pronoun（代名詞）

参照：Part of speech

Promotion（昇格）

関係文法 (Relational Grammar) で，ある構成素がより深いレベルで，主語 > 直接目的語 > 間接目的語という尺度で，低い地位にある文法関係を持っていたものが，より浅いレベルで，高い文法関係を受けることを指す．例えば，受動態では直接目的語は能動態と比較すると主語に昇格する．
参照：Demotion

Raising (繰り上げ)

繰り上げ構文では，(1) のように埋め込み文に属する項が，より高い節の統語構成素として実現される．

(1) John$_i$ seems **t**$_i$ to have traveled around the world.

(1) では，John はより低い動詞 have traveled の**意味上の主語**（**semantic subject**）であり，高い動詞の**統語上の主語**（**syntactic subject**）である．このタイプの移動は，英語では seem，スペイン語やポルトガル語では parecer 'to seem' のような**繰り上げ動詞**（**raising verb**）と呼ばれるいくつかの動詞とともに可能である．(1) では主語の DP/NP の John は従属節から主節の動詞 seems の主語位置へ繰り上がらなければならない，なぜならば，John は不定詞が一致を欠いているため，従属節の不定詞動詞 to have traveled によって（主格）主語として格標示されないからである．

主語が定形の従属節の動詞によって格標示されているという理由で，低い節の主語が繰り上がらないとき，繰り上げ動詞の主語は，英語では虚辞の it または there，スペイン語やポルトガル語では pro でなければならない，なぜならば繰り上げ動詞はその項に与えるべき θ 役割を持たないからである．このことは，(2a) と (2b) で示されている．

(2) a. **It** seems that John has traveled around the world.
   b. **pro** parece que Juan ha viajado alrededor del mundo
      'It seems that John has traveled around the world.'
      ［インド・ヨーロッパ語族, ロマンス語派, スペイン語］

(2a) と (2b) では定形動詞 has traveled と ha viajado はその主語の項 John と Juan に θ 役割を付与している，そしてこの動詞の屈折

における一致素性がこの項を主格で格標示する．高い位置にある動詞 seem と parece の一致素性は虚辞主語を主格として格標示する，しかしこれらの繰り上げ動詞は，主語の項に θ 役割を付与することはできない．

繰り上げ構文は (3a) と (3b) で示されているように態に関しては態の影響を受けない．

(3) a. John seemed to examine the students.
   b. The students seemed to be examined by John.

(3) では埋め込み節は，能動態にしても，受動態にしても，文全体の意味は変わらない．実際のところ (3a) と (3b) の文はお互いの言い換えである．しかしながら，(4a) と (4b) に示すように，文の主文動詞が繰り上げ動詞でなければ，文の意味は態の変化とともに劇的に変わる．

(4) a. John hoped to examine the students.
   b. The students hoped to be examined by John.

(1)-(4) の例は，低い文の中にある主語の意味役割は埋め込み節の中にある動詞によって独自に決定され，seem や parece などの動詞はその主語に意味役割を与えないことを示している．

ECM (例外的格付与) 動詞もまたしばしば (主語の目的語への) 繰り上げによって分析される．つまり，この構文では従属節の主語は，対格を受けるために主節の動詞の目的語の位置へ上昇するのである．具体的には (5) において her が believe の目的語の位置へ繰り上がっている．

(5) John believes **her** to be smart.

(しかしながら，この分析は変形生成文法では，過去に多くの議論があった．)

Reanalysis (再分析)

再分析は統語変化（と言語変化一般的）に関わる基本的なプロセスの中の１つである．再分析は統語パターンの基底構造における変化であり，表層構造の修正を全く含まない（Harris and Campbell 1995: 50）．再分析の具体的な種類は，**再括弧化**（**rebracketing**），**再構造化**（**restructuring**）である．

再分析の例は助動詞の創造である．ラテン語からの（1）の例を考えてみよう．

(1) Nihil   opust   nobis   ancilla   nisi   quae
    nothing need:3SG 1PL.DAT slave:NOM if+not REL.NOM.F
    texat, …   habeat   cottidianum familiae
    spin:SBJ.PRS.3SG have:SBJ.PRS.3SG daily:ACC   family:DAT
    coctum   cibum.
    cook:PART.ACC food:ACC
    'We don't need a servant, unless she spins, and has every day meals ready for the family.'

(プラウトゥス「商人」396-398)
[インド・ヨーロッパ語族，イタリック語派，ラテン語]

２番目の文の動詞は habeat 'has' で，分詞 coctum は cibum 'food' と関連付けられる叙述付加部である．その構造は次のようになる．

(2) [VP [V habeat] [NP [ADJ coctum] [N cibum]]]

ロマンス祖語では，分詞は，助動詞になる動詞 have と複合動詞形を形成するものとして再分析される．したがって，その構造は次のようになる．

(3) *[VP [VP [AUX habeat] [V coctum]] [NP cibum]]
    [(3) のアスタリスクは復元形を示している]

その結果がロマンス諸語の複合動詞形である．

(4) Ho   cucinato la   cena   per tutti.
    I.have cooked   the dinner for everybody
    'I cooked dinner for everybody.'
    ［インド・ヨーロッパ語族，ロマンス語派，イタリア語］

Rebracketing (再括弧化)

参照：Reanalysis

Recursion (*or* recursivity) (回帰性)

回帰，回帰性は，有限の規則の集合によって，無限の多くの文を作ることを可能にする言語の特徴である．例えば，埋め込みは回帰的である．なぜならば，埋め込み節は他の埋め込み節を含むことができ，このプロセスは原理的に無限の回数繰り返すことが可能だからである．回帰性は潜在的に無限であるが，人間の短期記憶と知覚力によって制限されている．

統率・束縛理論では，**D 構造** (**D-structure**) は XP 句の回帰によって構築される．ミニマリスト・プログラム (Minimalist Program) では，**併合** (**Merge**) という操作が回帰的に構造を構築する．結果，ミニマリスト・プログラムの枠組みでは D 構造は廃止された．

参照：Embedding, Merge, X-bar theory

Relative Clause (関係節)

関係節とは限定節の1つのタイプである．関係節は (1) のように主要部名詞の修飾部として機能する．

(1) I met a girl **who was running in the street**.

(1) に示されているように，関係節はしばしば関係節標識によって標示され，(1) の場合，関係代名詞の who がそれにあたる．(1) で

は関係代名詞は先行詞の a girl を指していて,先行詞の a girl は関係節化されていると言われる.関係代名詞は (who, whom, whose のように) 典型的に格において屈折するが,英語の that のように関係節標識は必ずしも屈折形を持つとは限らない.

関係代名詞は性と数の一致を示すことがある.

(2) Ja   ne videla   čeloveka,   c   kotorym
    1SG.NOM NEG see:PAST.SG.F man:ACC.M with REL.INSTR.M
    ja   gavorila.
    1SG.NOM speak:PAST.SG.F
    'I couldn't see the man with whom I was speaking.'
    [インド・ヨーロッパ語族,スラブ語派,ロシア語]

関係代名詞が独立した格標示を持たない多くの言語では,関係節は**再録代名詞 (resumptive pronoun)**(または再録詞 (resumption))を含んでいる.再録代名詞とは,関係節内での機能を指す関係節化された構成素と同一指示的な代名詞である.

(3) ha-'areṣ ašer atta šokeb   'al-**eha** lə-ka
    ART-earth REL you lie:PF.2SG.M on-it   to-you
    ettənenn-**ah**
    give:IMPF.1SG-it
    'I will give you the land on which you are lying.'

(創世記 28.13)

[アフロ・アジア語族,セム語派,ヘブライ語]

(4) ar-raajul alladi daxala   fi l-bayt alladi
    the-man   REL   go.inside:PF.3SG in the-house REL
    ra'aytu-**hu**   huwa ax-i
    see:PF.2SG.-3SG.F he   brother-POSS.1SG
    'The man who went into the house that you saw is my brother.'
    [アフロ・アジア語族,セム語派,古典アラビア語]

(3) では，関係節内の代名詞的接語 eha が，関係節の主要部である名詞句 ha-'areṣ 'the earth' と同一指示である．同様に，(4) では関係節内の代名詞的接語 hu は，関係節の主要部 bayt 'house' と同一指示である．

(5) The girl I saw was running in the street.

(5) では，I saw は関係節であるが，それはその位置によってのみ分かる．関係節標識を示さない関係節は，Jespersen (1933: 360) に従い，**接触節** (**contact clause**) と呼ばれる．

英語では，あらゆるタイプの構成素が関係節化できるが，すべての言語でそうであるわけではない．言語によっては，(いくつかの) 核となる構成素のみが関係節化できる．類型的比較によって，関係節化の接近可能性階層 (Accessibility hierarchy) の解明につながった．後にこの階層は他の統語現象にも関連があることが分かった．

主語 > 直接目的語 > 間接目的語 > 斜格 > 所有格 > 比較の対象

上の尺度の意味は次のようなものである．ある言語である構成素が関係節化されると，その構成素の左側にあるすべての構成素もまた関係節化される（例えば，斜格が関係節化できるなら，間接目的語，直接目的語，主語もまた関係節化できる）．

関係節は，英語のように主要部に後続するかもしれないし，日本語のように主要部に先行するかもしれない．

(6) 彼女は自分のお金で買った洋服が大好きです　　［日本語］

(6) では，関係節は主要部名詞の「洋服」に先行している．従属接続詞がないことに注意．関係節はそれが占める位置によって標示されている．関係節が主要部名詞の前に位置することと顕在的な関係節の標識の欠如は，日本語のような OV 言語の関係節に特徴的である．

言語によっては，関係節が主要部を含むことがある．そのような関係節は，**主要部内在型関係節** (**internally headed relative clause**)

と呼ばれ，次の古典ギリシャ語がその例である．

(7) Eis dè hền aphíkonto kǒ-mē-n
    to PRC REL.ACC.F arrive:AOR.MID.3PL village:ACC.F
    megálē te ên.
    large:NOM.F PTC be:IMPF.3SG
    'The village which they reached was a large one.'

(クセノポン「アナバシス」4.4.2)

［インド・ヨーロッパ語族，古典ギリシャ語］

(7) では，主節の主語でもある関係節の主要部の kǒmen 'village' は，関係代名詞と同じ対格で標示され，関係節の内側にある．

関係節は，(8a) のように**制限的**（**restrictive**）である場合と，(8b) のように**非制限的**（**nonrestrictive**）である場合がある．

(8) a. The students **who didn't attend the class** failed the exam.
    b. The students, **who didn't attend the class**, failed the exam.

(8a) では，複数の学生の中の何人かのみが，すなわち授業に出席しなかった数人が，試験に不合格だったという意味である．この場合関係節は主要部が指すものを狭めている（制限している）から制限的である．制限用法の関係節によって伝えられる情報は，指示物の同定にとって重要である．一方，(8b) では，すべての学生が試験に不合格だったという意味である．そして何らかの指示の点で重要ではない情報が関係節で加えられている．(8b) の名詞句 the students の指示物は，関係節が省略されたとしても，同じものである．

参照：Agreememt, Apposition, Modification, Subordination

Restructuring（再構造化）

参照：Reanalysis

Resumption (再録詞)

参照:Relative clause

Rheme (題述)

機能的構文論 (Functional Sentence Perspective) では,題述は主題について述べられることであり,他の術語では評言 (comment) に相当する.
参照:Comment, Theme, Topic

Right- vs. left-branching (右,左枝分かれ)

参照:Branching

Scope（作用域）

作用域とは，演算子（operator）（wh 要素，否定，数量詞など）が，その特徴的な作用を及ぼす文（またはテクスト）の一部分である．1つの演算子が他の演算子の作用域の中にある場合は，それらの広いか狭いかという相対的な作用域が，その作用域の操作の順番を決める．例えば (1) では，Op1 は Op2 に対して広い作用域 (wide scope) を持ち，Op2 は Op1 に対して狭い作用域 (narrow scope) を持つ．

(1) Op1 [...Op2 [...]...]

(2a) のような多義性を持つ文は，(2b) で表す every man が a woman に対して広い作用域を持つ場合と，(2c) で表す a woman が every man に対して広い作用域を持つ場合がある．

(2) a. Every man loves a woman.
    b. For every man there is a woman such that he loves her.
    c. There is a woman such that every man loves her.

変形生成文法では，c 統御 (c-command) が演算子の作用域または解釈を決定する際に重要な役割を果たしている．つまり，every, who, no のような数量詞 (quantifier) の作用域は，これらの要素が LF で c 統御するすべてのものである．統率・束縛理論の枠組みでは，1つの変項 (variable) は1つの演算子によって束縛されなければならない．例えば，数量詞の痕跡または wh 痕跡のような空の要素は，演算子によって A バー束縛されなければならない．この場合，演算子とは数量詞または wh 要素のことである．

参照：C-command, Operator, Variable

Scrambling (掻き混ぜ)

ラテン語のような非階層的言語（nonconfigurational language）における文の語順の多様性は掻き混ぜと呼ばれる．また，ゲルマン語派の研究では，掻き混ぜは，(1) や (2) で示されているように，副詞句との相対的位置関係の多様性を指す．

(1) dass Hans wahrscheinlich mit diesem Geld die Torte
    that Hans probably   with this   money the cake
    gekauft hat
    bought has
    'that Hans bought the cake with this money probably'
(2) dass Hans mit diesem Geld wahrscheinlich die Torte
    that Hans with this   money probably   the cake
    gekauft hat
    bought has
    'that Hans bought the cake with this money probably'
    ［インド・ヨーロッパ語族，ゲルマン語派，ドイツ語］

(1) では，副詞 wahrscheinlich 'probably' は前置詞句に先行するが，(2) では同じ副詞が前置詞句に後続している．ゲルマン諸語では通常不特定の不定名詞は掻き混ぜができない．

生成変形文法では，掻き混ぜは，句（最大投射）を節内部で節の頭に移動するプロセスである（Radford 1988）．

Selection (選択)

参照：Subcategorization

Semantic macro-role (意味マクロ役割)

役割指示文法（Role and Reference Grammar）では，行為者（actor），

変容者 (undergoer), 間接者 (indirect) は核題述の項の, そして副詞的修飾語の意味マクロ役割である. 行為者は, 多くの場合, 他動詞の主語として選ばれる項の意味マクロ役割である. 一方, 変容者は多くの場合直接目的語として選ばれる項の意味マクロ役割である. マクロ役割という概念は項のタイプ間の統語と意味の関連を捉えるような方法で定義される. この観点では, 英語のような言語では, 意味マクロ役割の行為者は, 動作主, 経験者 (experiencer), 所有者 (possessor) そして多くの場合統語上の主語である項の他の意味役割 (またはミクロ役割 (micro-role)) を含み, 意味マクロ役割の変容者は被動者 (patient), 主題 (theme), (与格交代構文での) 受領者 (recipient) などを含んでいる. 間接マクロ役割 (indirect macro-role) は受益者 (beneficiary), 受領者, そして受信者のような意味役割を含んでいる.
参照: Semantic role

Semantic role (意味役割)

構成素の意味役割は, 構成素が述部に対して担っている意味関係によって決定される. この意味関係は与えられた事象の参与者の役割を基にした一般化でもある. 例えば, (1) では, Mary は動作主という役割, bread は被動者の役割, knife は前置詞の with によって示されるように, 道具 (instrument) という役割を担う.

(1) Mary cuts the bread with a knife.

また意味役割は, 理論的枠組みにより θ 役割 (thematic role), 意味関係 (semantic relation), 意味関数 (semantic function), 格役割 (case role), 深層格 (deep case) とも呼ばれる.

　意味役割の最初の先駆けは, 「深層格」で, 後の生成意味論の分派である格文法 (Case Grammar) の枠組みの中で 1960 年代に導入された. 当時から意味役割の数が議論のまとであった. 世界で起こりうる事象の数は無限であり, あらゆる事象は他の事象とはわずかに異なりうるので, 唯一の可能な解決は, 多くの言語で意味役割が文法化さ

れている(つまり,特定の文法的手段で表現されている)という事実に基づいて,相対的に少ない数の意味役割を選び出し,プロトタイプカテゴリーのような意味役割を考慮することであると思われた.ここでのプロトタイプカテゴリーとは,そこに属するメンバーが,少なくともプロトタイプの特徴のいくつかを共有しているという事実によって特徴づけられるものである.

次にあげるものは,最も広く想定されている意味役割の大まかなリストである.

> 動作主(Agent): **Paul** ate an apple. の Paul のような実体で,多くの場合が人間であり,典型的には行為のように事態を故意に引き起こすものである.
>
> 行為者(Actor): 役割指示文法(Role and Reference Grammar)での動作主やそれに類する役割である.この用語は Bloomfield (1933) によって導入され,選択体系機能文法(Systemic Functional Grammar)では,行為者と異なるものとして用いられている.
>
> 被動者(Patient): The dentist treated **Mary**. の Mary のように,事態によって最も直接的に影響を受ける実体である.
>
> 受領者(Recipient): I gave a book **to Mary**. の to Mary のように,やり取りの到達点である参与者のことで,多くの場合人間である.
>
> 受信者(Addressee): I told a story **to my sister**. の to my sister のように,コミュニケーションでの到達点である参与者のことで,多くの場合人間である.
>
> 経験者(Experiencer): **Paul** likes pears. の Paul のように,感覚,知覚または精神的活動を表す動詞が意味するプロセスを経験する生きている存在物である.
>
> 所有者(Possessor): **John's** book の John's のように,物を所有する実体で,多くの場合は人間である.
>
> 受益者(Beneficiary)(Benefactive とも): I bought a present

for you. の for you のように，事態から利益を得る参与者で，多くの場合人間である．受益者の他の用語は被害者（malefactive）である．

間接者 (Indirect)： 役割指示文法での，受益者と関連する意味役割を扱う意味マクロ役割を指す．

原因 (Cause)： The child is shivering **with fear**. の with fear のように，故意ではなく事態を引き起こす実体で，多くが事態である．

力 (Force)： The village was destroyed **by an earthquake**. の by an earthquake のように，事態に制御力を及ぼす無生物の実体である．つまり原因のタイプである．

理由 (Reason)： I stayed home **because I wanted to watch TV**. の because I wanted to watch TV のように，動作主に事態を引き起こす動機を与える実体で，事態であることが多い．

目的 (Purpose)： They were fighting **for liberty**. の for liberty のように，動作主が事態を引き起こす目的のことである．

道具 (Instrument)： Susan cuts the bread **with a knife**. の with a knife のように，事態を引き起こすために，動作主に操作される実体で，多くが無生物である．

手段 (Means)： It is doubtful that you can spread democracy **through force**. の through force のように，直接的な道具の操作なしで，または，道具の使用の割合よりは少ない操作で，動作主が事態を引き起こすのを手助けする実体である．

仲介者 (Intermediary)： I did this **through John**. の through John のように，動作主が事態を引き起こすのを仲介する人間のことである．

付随者 (Comitative)： Jennifer went to the movies **with her father**. の with her father のように，他の者，つまりより中心的な参与者とともに，ある事態に関係している参与者のことである．

場所 (Locative, Location)： Mary lives **in Philadelphia**. の in

Philadelphia のように，ある事態が引き起こされる場所のことである．

方向 (Direction)： The train goes **to Rome**. の to Rome のように，動作の最終目的地を指す．

起点 (Source)： I have just arrived **from Rome**. の from Rome のように，動作の始まりを示す場所を指す．

経路 (Path)： The boys were wandering **through the forest**. の through the forest のように，動いている実体が通過する場所を指す．

時間 (Time)： I came home **at five o'clock**. の at five o'clock のように，ある事態の時間背景を指す．

着点 (Goal)： (a) 方向と同じ意味である．

(b) S. C. ディック (Dik) の機能文法や選択体系機能文法での，被動主のことである．Bloomfield (1993) もこの意味で同じ用語 (Goal) を用いる．

主題 (Theme)： (a) **The book** is on the table. の The book のように，ある事態に積極的に関与しない参与者を指す．

(b) I am watching **TV**. の TV のように，知覚動詞の2つ目の項を指す．

(c) I gave **a book** to Mary. の a book のように，場所の変化を受ける参与者で，やり取りを表す動詞の直接目的語がそれにあたる．または，**Jennifer** went to Philadelphia. の Jennifer のように，動作動詞の主語も相当する．

変容者 (Undergoer)： 被動者またはそれに類する役割を指す．Semantic macro-role 参照．

刺激 (Stimulus)： Mary is afraid **of dogs**. の of dogs のように，経験者の中に感覚や感情を作り出す参与者を指す．

参照： Semantic macro-role, Theta-role

Sentence (文)

文とは,少なくとも1つの独立した節,またはいくつかの節で構成されている節である.ただし,いくつかの節で構成されている場合は,少なくともその中の1つが独立している.1つの節で構成されている文は,**単文**(**simple sentence**)と呼ばれ,主節とともに従属節で構成されている文は,**複文**(**complex sentence**)と呼ばれ,複数の等位節からなる文は**重文**(**compound sentence**)と呼ばれる.文は1つの節だけで構成されているので,「文」という用語は時折「節」を意味するために使われる.

Halliday (2004: 192) は文を節複合 (CLAUSE COMPLEX),すなわち,主要節 (head clause) とそれを修飾する他の節からなるものと定義し,文と(語複合と呼ばれる)構成素の間の平行関係を導き出している.

変形生成文法は,言語における回帰性のために,文と節の区別をする必要性がないと想定している.したがって,文と節は初期の研究ではS (Sentence (文)) そして後の研究では IP (Inflectional Phrase (屈折句)) (さらに TP (Tense Phrase (時制句))) として同じ範疇として扱われている.

動詞文と名詞文.大多数の言語では文または節の述語は動詞または動詞句を含んでいる.例えば,(1) がそうである.

(1) John eats artichokes.

しかしながら,文が動詞を持たない述部を持つことができる言語がある.それらは名詞文 (nominal sentence) (または変形生成文法では小節 (small clause)) と呼ばれる.なぜならば,それらは主語(たいていは NP) そして述部の NP または AP を持っているからである.以下はスペイン語の例である.

(2) El chocolate, caliente.
    the chocolate hot

'Chocolate [must be] hot.'

［インド・ヨーロッパ語族，ロマンス語派，スペイン語］

典型的には，動詞文は主語（たいていは NP）と述部（VP）を含んでいる．(1) のような単純な文の述部は，直接目的語を伴う定形動詞，つまり VP である．ある従属節は，(3) の to buy a book のような非定形動詞と目的語によって形成される述部を持つ．(3) の不定詞節では主語が顕在的には表現されていない．

(3) Mary went to the store ∅ to buy a book.

従属節の主語は明示されていない．従属節の主語は主節の主語と同一指示なので，表現される必要はない．変形生成文法では，この明示化されていない主語は PRO と呼ばれ，主節の主語によって制御されていると言われる．

文のタイプ．文にはいくつかのタイプがある．それらは，(1) のように陳述をする平叙文 (declarative sentence)，(4) のように情報を要求する疑問文 (interrogative sentence)，(5) のように要求または要請をする命令文 (imperative sentence)，(6) のように感情的な反応を伝える感嘆文 (exclamatory sentence) である．

(4) What did John eat?
(5) Eat your dinner!
(6) How nice is this car!

大まかに言うと，平叙文，疑問文，命令文という3つの基本的な文のタイプは陳述，疑問，命令に対応している (Lyons 1977: 745)．陳述は真または偽でありうるが，命令はそうではない．このことは，平叙文は否定されるという事実によって示される．例えば，(1) の文は否定された対応部分が偽であるならば，そしてそのときのみ，真である．このことは，疑問文や命令文では成立しない．(5) を否定したとしても，(5) を偽にすることはなく，単に異なった命令を与えるだけである．

(7) John doesn't eat artichokes.
(8) Don't eat your dinner!

多くの統語論への機能論的アプローチでは,単文は**層構造**(**layered structure**)を持つと考えられていて,その層構造は内層(核)と外層を含んでいる.内層には述部とその項があり,外層は,周辺部で項ではない要素(言い変えれば付加部)を含んでいる.

Predicate (述語) + Arguments (項)	Non-arguments (非項)

(Van Valin and LaPolla 1997: 25 より)

文は情報で構成される単位と見なすこともできる.この見方では,文は**情報構造**(**information structure**)を持ち,主題(theme)と題述(rheme),または話題(topic)と評言(comment)(S. C. ディック(Dik)の機能文法では話題と焦点(focus))を含んでいると言われる.

初期の変形生成文法では,単文は変形を通してより凝った文にできる.例えば,(9) の**核文**(**kernel sentence**)は wh 移動規則を適用することによって (10) の文になる.

(9) John ate an apple.
(10) Who ate an apple?

参照:Clause, Core, Periphery, Predicate, Predication, Subject

Serial verb (連動詞)

連動詞とは同じ節内に連結を示す標識なしで生じる2つ以上の動詞の連鎖で,同じ主語を,時には同じ目的語を共有し,時制,相,態そして極性において一致する.動詞が連結することによって,同時に生じるか,相前後する事象を示す.連動詞構文は,形態論に関して多様である.ある言語では,完全に屈折した動詞の連鎖を含むが,他の言語では動詞の連鎖の中の最初あるいは最後の動詞のみが屈折を示す.

(1) に示すように連結された動詞はそれら自身の語彙的意味すべてを表現する.

(1) yñ-sõreá-eà   ntñám   kõ-õ   fäe
    1PL-get.up-PAST quickly go-PAST home
    'We got up quickly and went home.'
    ［ニジェール・コンゴ語族, クワ語派, アカン語］

連動詞が合成的ではない単一の意味を持つ場合もある. この場合, 連動詞は他の言語の前置詞のような機能を持っている. 例えば, 動詞 give はしばしば前置詞の to (受け手) または for (受益者) に対応する.

(2) Aémmaá yñá adwuáma maá Kofä
    Amma do   work   give Kofi
    'Amma works for Kofi.'
    ［ニジェール・コンゴ語族, クワ語派, アカン語］

中国語の記述文法では, 連動詞は共動詞 (coverbs) と呼ばれる.
参照: Auxiliary, Coverb, Light verb

Sisterhood (姉妹関係)

姉妹関係は, 樹形図での2つの節点間の関係である. 節点 A と節点 B の両方を直接支配する節点 C があるならば, 節点 A と節点 B は姉妹である.
参照: Node

Small Clause (小節)

統率・束縛理論の枠組みでは, 小節は動詞を欠く構文を指す. 小節は主語の NP/DP と述部の形容詞句, 名詞句または前置詞句で構成される. 形式的に小節はその指定部 (または XP に付加された位置) に

主語を持つ XP である．XP の主要部は，(1) に示すように，とりわけ N (noun (名詞))，P (preposition (前置詞))，A (adjective (形容詞)) である．

(1) a. We elected **Silvia president**.
    b. I want **John out of the boat**.
    c. I consider **Carlos intelligent**.

(1) では，Silvia president, John out of the boat, Carlos intelligent が小節である．[7]

Spell-Out (書き出し)

ミニマリスト・プログラム (Minimalist Program) では，**書き出し**は**計算** (**computation**) を音声形式 (PF) と論理形式 (LF) に繋がる2つの部分に分割する操作のことを指す．書き出しに先行する計算は顕在的統語論 (overt syntax) と言う．顕在的統語論は，語彙列挙 N (Numeration) から文の要素を選択した後，**併合** (**Merge**) と**移動** (**Move**) の結果産出される．このモデルでの書き出しの位置は (1) に示すように図式化される．

(1) **LF** (論理形式)
   ↑ select, merge, and move (選択，併合，移動)
   Spell-Out (**書き出し**) → **PF** (音声形式)
   ↑ select, merge, and move (選択，併合，移動)
   N (**語彙列挙**) = {A_i, B_j, C_k}

ミニマリスト・プログラムの最近の考え方では，書き出しは LF で適用され，いくつかの計算の後，情報を PF に送るとする．これを図式化すると (2) のようになる．

---

[7] Bowers (1993) はさらに，補部として XP をとり，指定部に主語をとる Predication という主要部があるという提案を行っている．

(2) **PF**（音声形式）
　　↑ Spell-Out（書き出し）
　　LF（論理形式）
　　↑ select, merge, and move（選択，併合，移動）
　　N（語彙列挙）= {A$_i$, B$_j$, C$_k$}

参照：Logical Form, Merge, Movement, Numeration, Phonetic Form

Split-ergativity（分裂能格性）

参照：Alignment

S-structure（S 構造）

参照：Surface Structure

State of affairs（事態）

Dik (1997: 51) によると，事態は，「何らかの世界でありうる状態に関する概念」を指す．世界の事態は，(1) にあるように，叙述によって示される．

(1) John kissed Mary.

(1) の例は，(1) の発話の前に，ジョンと呼ばれる人が，メアリーと呼ばれる他の人にキスという行為を行った事態に言及している．事態に関係している指示実体は，**参与者**（**participant**）と呼ばれる．

いくつかの用語体系では，「事態」は「事象 (event)」と，あるいは，「状況 (situation)」または「過程 (process)」と同義である一方，他の用語体系では，状況，過程は事態のタイプと考えられている．

事態は多くのパラメーターを基に分類することができる．まず第一に

動的 (dynamic) 事態と非動的 (nondynamic) 事態が区別される.後者は,(2) に示すように多くの場合,**状態** (**state**) と呼ばれる.

(2) Bill is tall.

いくつかのアプローチでは,(2) に示されたような,制御されない (uncontrolled) 非動的事態と,(3) に示されるような制御される (controlled) 非動的事態が区別される.制御される事態は**位置** (**position**) と呼ばれる.

(3) Bill keeps his ties in a drawer.

Van Valin and LaPolla (1997) は,事態に言及するために,**状況** (**situation**) という語を用いる.他の研究者にとっては,例えば Comrie (1985) のように,「状況 (situation)」は「事態 (state of affairs)」と同義である.Dik (1997) は,「状況 (situation)」は事態と位置 (position) の両方を指す用語と考えている.つまり,非動的状態を表す用語である.選択体系機能文法では,「過程」という用語が,すべてのタイプの事態を指すために用いられる.

動的事態には様々なタイプがある.例えば,その事態が制御を行う実体(多くが動作主)によって引き起こされたか,自発的に起こるかによって,制御されたり,されなかったりする.前者は**活動** (**action**) と呼ばれ,(1) がその例である.制御されない動的状態はしばしば**過程** (**process**) と呼ばれ,(4) がその例である.

(4) Time goes by.

(しかし,いくつかの用語体系では,John walks, swims, runs のように,制御される事象は過程とも呼ばれることがあることに注意する必要がある.)

制御された事態と制御されない事態の間を明確に区別するパラメターは完了相に関するパラメターである.この点において,事態は未完了と完了に分けられる.未完了の事態は状態変化を全く示さず,(2) のように状態を表したり,(5),(6) のように**活動** (**activity**) を

表す.

(5) I play the guitar.
(6) The door squeaks.

他動詞と自動詞の両方が活動を表す.例えば,(6)は,活動が必ずしも制御される必要はないということを示している.完了事態は状態の変化または位置の変化を含んでいて,1つまたは2つ以上の参与者を持ち,**到達**(**achievement**)と**達成**(**accomplishment**)に分けられる.到達は(7)にあるように厳密に完了を表す述語であり,しばしば自発的な出来事を示す.

(7) The ice melted.

しかし,(8)にあるように必ずしもそうである必要はない.

(8) She arrived late.

達成は,(9)に示すように一瞬にして完了するものではない(内部構造をもつ事象を示している)という点で,活動に似ているが,完了を表す,つまり境界があるという点において,達成にも似ている.

(9) I ate a giant cheeseburger.

この分類は,Vendler(1957)が動作相(Aktionsart),つまり,動作の様態,の記述で提案したものである.動作相は英語の**語彙相**(**lexical aspect**)に対応する.Dik(1997)によれば,動作相は,事態と同義だと考えることが可能である.Van Valin and LaPolla(1997: 92)は,両者を異なったものとして扱っているが,彼らのシステムの中では,ヴェンドラーの4つの動作相は彼らの分類の4つのタイプの事態に対応する.その4つのタイプの状態とは,状況(situation)=状態(state),事象(event)=到達(achievement),過程(process)=達成(accomplishment),行為(action)=活動(activity)である.このアプローチに従うと,行為という概念は,必ずしも自らの意志で行動する動作主の生起を含意するわけではないということに

注意しなければならない．意図性は事態の分類にとって，関連あるパラメターとしては見られない．（この分類では，「事象」は完了した瞬時の事態を指す．Dik (1997) では，「事象」は過程 (process) と行為 (action)，つまり動的事態を意味する用語である一方で，Croft (1991) のように多くの研究者たちは，それを「状態」と同義として用いている．）

ヴェンドラーの分類では，状態または位置の変化を含意する事態（到達と達成）と，そのようなことを含意しない事態（状態と活動）との間に基本的な違いがあるとも言える．この違いに基づき，Pustejovsky (1995) は，3つの分類を提案した．その3つの分類とは，状態，過程（ヴェンドラーの活動）そして推移 (transition)（ヴェンドラーの達成と到達）である．プステヨフスキーのシステムでは，2つの参与者を含む事象と1つのみの参与者を含む出来事の間の相違は重要でなく，状態の変化（位置の変化）の特徴が強調されている．

Croft (1991) によれば，事象（＝事態）は使役 (causative) (The rock broke the window.)，起動 (inchoative) (The window broke.)，そして状態 (stative) (The window is broken.) を含み，その一方でより微妙な区別がこれらの範疇に包括されている．

選択機能体系文法では，主なタイプの過程 (process)（すなわち事態 (state of affairs)）は，物質的 (material)，精神的 (mental)，そして関係的 (relational) である．物質的過程，言い換えると行為の過程 (process of doing) (Halliday 1994: 102) は状態変化を含んでいて，事象（自発的事象）でもありうるし，行動でもありうる．精神的過程つまり，感覚の過程 (process of sensing) は，感覚動詞，認知動詞，感情動詞によって表現される事態である．関係的過程，つまり存在の過程 (process of being) は繋辞を含む文によって示され，属性でもありうるし，同定でもありうる．このほかに，行動的過程，言語的過程，存在的過程がある (Halliday 1994 を参照)．

事態は **SoA** と略して表記されることも多い．

参照：Semantic role, Transitivity

Strong Feature (強素性)

初期のミニマリスト・プログラム (Minimalist Program) では, 強素性と弱素性 (Weak Feature) があった. 強素性は LF において見える. 定形動詞が時制にまで繰り上がるスペイン語などの, 動詞の形態における時制素性は強素性である. 強素性は書き出し (Spell-Out) 以前に顕在的統語論において照合されなければならない. 強い素性は移動を引き起こす.
参照: Spell-Out, Weak Feature

Subcategorization (下位範疇化)

変形生成文法では, 動詞によって要求される内項は分布上の枠組み, すなわち**下位範疇化フレーム (subcategorization frame)** で記述される. 動詞は内項を**選択する (select)**, すなわち内項に関して**下位範疇化する (subcategorize)**. 例えば, 動詞 watch は (1) に示すように, DP/NP 補部を選択する, すなわち下位範疇化する.

(1) John watched TV.

動詞 watch の下位範疇化フレームは以下の通りである.

(2) watch: V [___ DP/NP]

参照: Argument, Valency

Subjacency Condtion (下接の条件)

下接の条件は移動に課される条件である. 統率・束縛理論の枠組みでは, 下接の条件は, 2つ以上の境界節点を超える移動は許されないと定めている. 境界節点は (1) と (2) に示されるように英語では NP と IP であり, イタリア語とスペイン語では NP と CP である.

(1) John talked to a girl that passed the bar-exam.
(2) *[$_{CP}$ Which exam$_i$ did John talk to [$_{NP}$ a girl [$_{CP}$ that [$_{IP}$ passed t$_i$]]]]

例 (2) は，(1) の適格な関係節から構成素を（NP と IP を超えて）移動できないことは下接の条件に違反するためであることを示している．

イタリア語では (3) の例は文法的であるが，それに相当する英語の例は文法的でない．

(3) Tuo fratello   a cui   mi domando   che storie
 tuo fratello [$_{CP}$ a cui$_j$ [$_{IP}$ mi domando [$_{CP}$ che storie$_i$
    abbiano raccontato   era molto preoccupato.
    [$_{IP}$ abbiano raccontato t$_i$ t$_j$]]]] era molto preoccupato
    ［インド・ヨーロッパ語族, ロマンス語派, イタリア語］

(4) *Your brother, to whom I wonder what stories they have told, was very worried.

この例で，英語とイタリア語の違いは，イタリア語では cui 'to whom' の長距離移動が許されるという事実に起因する．このようになるのは，(3) に示されるように，イタリア語で2つの IP 節点と1つの CP だけを超えることが容認されているためである．しかしながら，(4) に示されるように，これは英語では可能でない．

下接の条件は最近では位相 (phase) の観点から再解釈されている．
参照：Movement, Phase, Phase Impenetrability Condition

Subject (主語)

(1) のように，動詞の一致を引き起こしたり，等位構造縮約でゼロ照応関係を制御するなど，文の中である種の（形態）統語特性を持った構成素を指す．

(1) **John** always kiss**es** Mary and ∅ embrac**es** the kids.

Subject

　この定義はギリシャ語・ラテン語の文法研究の流れに起源があり，英語やほとんどの印欧語に適合するが，類型論的に異なった言語では問題となることが知られている．

　Keenan (1976) は，必ずしもすべての言語に現れるわけではないが，主語に典型的な特性を数多く記載している．この目録は，西洋の文法記述のモデルに適合しない言語において，ある種の構成素がどの程度の主語性を持っているか判断するために使われる一連の基準となる．それには，(格標示と一致の) 記号化の特性や (再帰代名詞の束縛，等位構造縮約，同一名詞句削除，繰り上げ，関係節化の尺度のようなある種の接近可能性の階級において上位にあることのような) 挙動上の特性が含まれる．

　記号化の特性は主語がある種の格で標示される屈折言語では最も典型的である．語の配列によるが，主語を標示する典型的な格は主格，能格，絶対格である．英語ではある種の代名詞にしか格の区別がない．I は主語として使えるが，me はそうではない．動詞の一致も英語では限られた程度しかないが，イタリア語やスペイン語など他の多くの言語では広範囲に渡る．

　主格-対格言語では，(1) に示されるような等位構造縮約に普通，主格によって標示された構成素が必要となる．能格言語では，2つのグループが見つかる．1つ目のグループでは，他動詞に対しては能格の構成素が，自動詞に対しては絶対格の構成素が等位構造縮約に必要となる．

(2) Gela　　　gavida　　　saxlidan.
　　 Gela:ABS AOR-go.out home-ABL
　　 'Gela left home.'

(3) Gelam　　dainaxa Maria　　da　gavida　　saxlidan.
　　 Gela-ERG AOR-see Maria:ABS and AOR-go.out home-ABL
　　 'Gela saw Mary and ∅ left home.'
　　 [カルトヴェリ語群，グルジア語]

　(3) では，2番目の節の空の主語は NP の Gelam と同一指示であ

り，言い換えれば∅は能格の NP に制御されている．

もう一方のグループの（数はずっと少ない）言語では，等位構造縮約は他動詞文と自動詞文の両方で必ず絶対格の構成素について適用する．したがって，1つ目のグループの言語では，主語が動詞の他動性／自動性に応じて異なる格標示を示す一方で，2つ目のグループでは，絶対格の構成素が他動詞に対しても自動詞に対しても主語の特性を持っている．

接近可能性の尺度は，他の形態統語的基準がほとんど手がかりを提供しないような言語の主語を識別する手助けとなりうる．なぜなら，主語はそのような尺度において最も高い地位にあるからである．

語順が自由でない，または少なくとも完全に自由なわけでない言語では，主語の位置はたいてい指定されている．例えば，英語では平叙文と疑問文はこの点において異なる．なぜなら，(4) と (5) に示されるように，平叙文の主語は通例，定型動詞の前にくるが，疑問文の主語は定型動詞の後にくるからである．

(4) **I** have never read this book.
(5) Have **you** ever read this book?

スカンジナビアの言語に加え，ドイツ語では，主語は定型動詞の前にきたり，その後にきたりするが，主語は主節では動詞の後に現れる他の構成素の前にくる（これらの言語は V2 言語である）．

多くの場合，文の主語として選ばれる構成素は文の話題であるが，必ずしもそうであるわけではない．特に，強調された主語が用いられている場合には，当てはまらない．主格-対格言語では，他動詞の主語は通常，動作主である．被動者が主語として選ばれる場合，これはあまり普通の選択ではないので，そのことが受動形態素を介して動詞に標示される．

(6) John kisses Mary./Mary is kissed by John.

S. C. ディック（Dik）が**意味的機能階層**（**Semantic Function Hierarchy**）と呼ぶもので，動作主以外の意味機能を持つ項も主語に選

Subject

ばれる (Dik 1997: 267).

動作主 > 被動者 > 受領者 > 受益者 > 道具 > 場所 > 時間

主語が義務的に具現化されなければならないかどうかも言語ごとに異なる．英語やフランス語のように主語が義務的な言語では，例 (1) の等位構造縮約の場合のように非常に限定されたある種の条件のもとでしか主語が省略されない．そうでなければ，主語は常に表されなければならない．非指示的な主語，つまり，個体を指さない主語も表されなければならない．

(7) **It**'s five o'clock.

(7) の代名詞 it は「虚辞の (expletive)」または「替え玉の (dummy)」主語と呼ばれ，非指示的である．

世界の大多数の言語では義務的な主語がない．それらは空主語言語 (null subject language) である．そのような言語では，主語は文脈や動詞の形態から復元可能な場合，通常，省略される．(7) に相当する文は (8) のイタリア語では顕在的に表される主語を許さない．

(8) Sono   le   cinque.
 be:PRS.3PL ART five
 'It's five o'clock.'
 [インド・ヨーロッパ語族，ロマンス語派，イタリア語]

どの言語理論も主語に特別な地位を与える．変形生成文法では，主語の NP（つまり，S によって直接，支配された NP）は文を構成する 2 つの基本的な構成素のうちの 1 つである．ちなみに，もう 1 つは述語の VP である．そして，拡大投射原理のもとでは，すべての文が主語を持つと考えられている．機能的なアプローチでは，主語は特権的な統語項（役割指示文法），または文の軸語，つまり叙述の出発点として考えられている．

言語によっては，この特別な地位を与えられるのは主語ではなく話題である．このような言語は（**主語卓越**言語（**subject-prominent** language) と対立するものとして)**話題卓越**言語(**topic-prominent** language) と呼ばれる.

参照:Pivot, Topic, Valency

Subordination (従属)

従属とは,互いに階層的関係にある節を結合することによって,複文が作られることを指す.複文は主節,つまり,単独でも現れることができる節と多くの従属節から構成される.従属節は主節の述語によって要求されたり(補文),主節を修飾したり(副詞節),NP を修飾したり(限定節)する.

　従属節は依存節 (dependent clause) とも呼ばれる.依存節を持つ節は母型 (matrix) 文と呼ばれる.従属は様々な段階で行われる.(1) に示されるように,依存節はそれ自体,他の依存した節の母型文になれる.

(1) Paul told me that he would come only if it didn't rain.

(1) では,Paul told me が複文の主節として働いており,また,補文 that he would come の母型文である.後者は副詞的な条件節 if it didn't rain の母型文である.

英語では,従属は subordination と呼ばれるだけでなく,**hypotaxis** とも呼ばれる.これは「下に置く」という意味のギリシャ語 hupotássein に由来する.従属節は依存的なので,ある意味では主節ほど典型的な文でない.この特別な地位を指して,従属節は**脱文化** (**de-sententialized**) していると言われる (Ch. Lehmann 1988).脱文化の影響には,法が強制的に選択されること,非定型の動詞が現れること,固定された語順,主節への抱合がある.また,従属節,特に副詞節は文の情報構造を考慮すると関連性が低い.なぜなら,従属節はたいてい背景的な(または,関連性の低い)情報を伝えるからである.

　主節とは対照的に,従属節は独立した発話内の力 (illocutionary

force) を持たない.
参照: Adverbial clause, Attributive clause, Clause, Complement clause, Parataxis, Relative clause

Suffix copying (接尾辞転写)

参照: Agreement

Superiority Condition (優位条件)

優位性条件によると，wh 移動のような変形が主語 NP と目的語 NP のような2つの同じ範疇の構成素のどちらにも適用可能であるなら，その変形は樹形図において優位な位置（つまり，より高い位置）にある構成素，つまり主語に適用される．
参照: *Wh*-movement

S-Structure (Surface Structure) (S 構造 (表層構造))

極小主義までの変形生成文法では，S 構造は文の表層的な統語構造を表す．S 構造は変形として知られる一連の移動規則によって D 構造に関係づけられる．さらに詳しく言えば，S 構造は第二の表示のレベルであり，そこで文の構成素は格や一致のような機能的特性を獲得，または照合し，そして，語順の特性を得る．X バー理論によると，wh 疑問文は (1a) のような D 構造と (1b) の S 構造を持っており，それぞれ (2a) と (2b) に図解される．

(1) a. Will you eat what?
    b. What will you eat?

(2) a.   b.

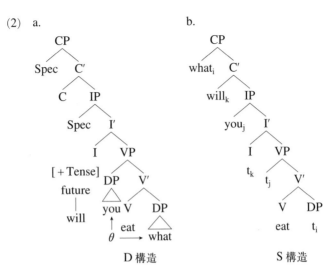

D構造   S構造

D構造の (2a) では，動詞が**主題** (**theme**) の意味役割を内項，つまり目的語の what に与え，**動作主** (**agent**) の意味役割を外項，つまり主語の you に与える．屈折句 IP の主要部 I は未来時制の標識 will の受け皿となる．S構造の (2b) では，D構造の構成素が移動されている．それらの構成素は要求された文法素性を持ち，正しい語順になっている．t の文字は**痕跡** (**trace**) を表している．それぞれの痕跡は移動された要素と同一の指標を与えられている．異なる下付き文字 (i, j, k) がそれらの関連を示している．

ミニマリスト・プログラム (Minimalist Program) では，言語の表示レベルは概念的必然性によって要求されるものだけに限定される．それは A-P システム (調音・知覚的) と C-I システム (概念・意図的) である．したがって，D構造と S 構造はこの枠組みではなくすことができるレベルである．

参照：D-strcture, Movement, Trace

Tail（尾部）

参照：Afterthought

Theme（主題）

機能的構文論では，主題は話題に等しく，題述と対立する．S. C. ディック（Dik）の機能文法では，主題と話題が区別される．話題は統語的に文に属する要素である一方，主題は（1）のように左側へ移動された構成素であり，統語的に文の外側にある．

(1)　As for Paris, the Eiffel Tower is impressive.

（1）には話題（the Eiffel Tower）と主題（as for Parris）の両方があると言われる．日本語の不変化詞「は」は通例，話題の標識と考えられているが，このアプローチでは主題の構成素の標識と考えられる．

参照：Rheme, Topic

Theta-role（θ-role）（主題役割）

主題役割は意味役割と同じものである．

　変形生成文法では，動詞と項の意味関係は主題役割により指定される．主題役割はNP/DPが文の中で果たす意味的な役割であり，例えば動作主，被動者あるいは主題，経験者，受益者などがある．具体的な主題役割にどのようなものが統語論にあるか，それらは具体的に何と呼ばれるかについては意見が分かれている．

　主題基準（Theta Criterion）に従って，動詞は項を主題標示する．ミニマリスト・プログラム（Minimalist Program）では，主題役割は

併合の操作の際に照合される．
参照：Merge, Semantic role, Theta Criterion

Theta Criterion (主題基準／θ基準)

変形生成文法では，主題基準は次のことを定めている．

a. それぞれの項は少なくとも1つの意味役割を，そしてその意味役割だけを付与される．
b. それぞれの主題役割は少なくとも1つの項に，そしてその項にだけ付与される．

主題基準は普遍文法（UG）の原理であると考えられている．このことは，すべての言語にそれがあることを意味する．主題基準は項の特性と主題役割の特性の間に二方向唯一性の関係を要求する（二方向唯一性の条件）．統率・束縛理論の枠組みでは，主題役割は動詞または述語によってD構造の主題位置に付与される．(1) を考えてみよう．

(1) Children love chocolates.

(1) では，動詞 love が**主題**（**theme**）の主題役割を VP の中にある chocolates に付与する．その後，述語の love chocolates が**経験者**（**experiencer**）の主題役割を主語の children に付与する．これは (2) に図解される．

(2)
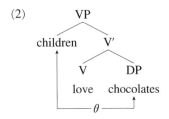

主題基準はすべての統語レベル（D構造，S構造，論理形式（LF））

に適用される．ミニマリスト・プログラム（Minimalist Program）では，主題関係は文を構築しているとき，語彙挿入（併合）に際して確立されなければならず，構成素の移動によって確立されることはない．

Tobler-Mussafia Law（トブラー＝ムッサフィアの法則）

参照：Clitic

Topic（話題）

話題，言い換えれば主題とは文において語られているものである．(1) では John が文の話題である．

(1)　**John** didn't go to the movies yesterday.

話題について言われていることは**評言**（**comment**）と呼ばれる．話題の概念は統語的または文法的構造よりも，むしろ文や談話の情報構造に言及するものであるが，話題が文法的特性を持つこともある．英語では，話題は多くの場合，(1) のように，主語と一致する．しかし，これは常にそうであるわけではない．(2) では ice cream は話題ではあるが，主語ではない．

(2)　**Ice cream**, I like.

構成素 ice cream は左側に移動されている，つまり，英語の話題の標準的な位置である節の左に置かれている．ice cream は話題化されたと言われる．話題化は英語のように音調によって示されたり，イタリア語のように何らかの顕在的な標識によって示されたりする．

(3)　**Il gelato**　l' ho　　　mangiato tutto io.
　　 the ice cream it have:1SG eaten　　all　 I
　　 'The ice cream, I ate it up all by myself.'

[インド・ヨーロッパ語族, ロマンス語派, イタリア語]

(3)は通常の音調で話されるのだが,目的語 NP の il gelato は話題であり,動詞につけられた接辞の l(o) と同一指示である.目的語が動詞の後にくるときには,つまりそれが話題化されないときには,接辞は現れない.

話題は,話し手が新情報をつけ加える出発地点として選ぶ情報である.そうするためには,話し手は,聞き手が話題についてすでに知っていると想定しなければならない.(1)が John についてであるという事実によって含意されていることは,話し手と聞き手は John が存在し,談話の話題になりうるという情報を共有し合っているということである.評言は,話し手が聞き手が知らないと想定し,聞き手に送りたいと望む新情報を伝える.共有された情報というのがより適切な定義であるが,この理由から話題はしばしば旧情報と同義と考えられている.

単独の文の話題と談話の話題は区別されなければならない.S. C. ディック (Dik) の機能文法では,単独の文の中では話題は項の語用論的機能の1つと考えられている.談話の話題の概念はより広い談話を考慮に入れており,前方照応のような様々な談話の結束性の現象と関連する.

いったん確立されると,話題はしばしば照応代名詞やゼロの要素のような音声的に弱化された表現によって表される.

日本語の不変化詞「は」のような特別な話題の標識を持つ言語もある.

(4) Taroo **wa** sensee ga kinoo shikatta.
    Taroo TOP teacher NOM yesterday scold:PAST
    (太郎は先生が昨日叱った.)   [日本語]

話題卓越言語と呼ばれる言語では,前方照応を規定するのは主語ではなく話題である.

(5) nèi kuài tián dàozi zhǎngde hěn dà suǒyi ø hěn
    that piece land rice grow   very big so   very
    zhìqían
    valuable
    'That piece of land (topic), rice grows very big, so **it** (the land) is very valuable.'   (Li and Thompson 1976: 469 より)
    ［シナ・チベット語族，シナ語派，中国語（北京官話）］

談話の中に話題が1つもないこともある．この場合文の参与者の話題性の程度は様々である．新しい話題が確立され，談話の間，継続されるかもしれない．この場合，談話はある程度の**話題連続性**（**topic continuity**）を示す．継続されている話題は**活性話題**（**active topic**）と呼ばれる．いったん確立されても，話題は別の話題に代わられて，**非活性**（**inactive**）になるかもしれない．また後で復活するかもしれない．

参照：Anaphora, Comment, Subject

Tough Movement (tough 移動)

(1) のように tough や easy のような述語が中心となる文を派生する種類の移動のことを言う．

(1) John is tough to please.

この構文では，主語の John は主題的に目的語位置に関連があるように見える．それは，For someone it is tough to please *John*. や It is tough to please *him*. のような文を考えれば分かる．

一見したところでは，please の目的語が NP 移動により主語の位置に移動されている．しかしながら，この分析は NP 痕跡（または A 移動）に適用される束縛理論の原理 A に違反する．さらに，please の目的語は格を付与される位置なので，NP 移動（または A 移動）は正当化されない．統率・束縛理論の枠組みで Chomsky

(1981) は，(2) に示されるように，John と同一指示の空の演算子が一種の wh 移動 (A バー移動) をしていると提案した．

(2) John$_i$ is [tough [$_{CP}$ ∅$_i$ [PRO to please t$_i$]]]

(2) では目的語に相当する空の演算子が CP の指定部に移動し，述語の tough に近づく．空の演算子は形容詞の tough と複合述語を形成する．主語の John は tough と空の演算子から主題役割を受け取る．

Trace (痕跡)

参照：Copy

Trace Theory (痕跡理論)

参照：Copy Theory

Transformation (変形)

参照：Movement

Transitivity (他動性)

他動詞 (transitive verb) と呼ばれるある種の動詞の統語的特性のこと．他動詞は，(1) に見られるように直接目的語を要求する動詞である．

(1) I can't see anything.

直接目的語とともに現れることが決してない動詞は**自動詞 (intransitive verb)** と呼ばれる．see のように，目的語がなくても現れることができ，したがって，自動詞としても使われる他動詞もある．

(2) I can't see.

一方で，目的語がなければ現れることができないものもある．

(3) a. Mary resembles her mother.
b. *Mary resembles.

他動詞の結合価は少なくとも2であり，これを他動詞は2価的であるという．より高い結合価を持つ動詞も他動詞である．一方で，結合価ゼロ，つまり無結合価と1価の結合価（結合価1）は自動詞である．主格–対格言語では，他動詞は概して能動態と受動態の両方を持つ．受動態は能動態の結合価の削減を伴う操作である．

言語によっては，英語の**与格移動**（**dative shift**）構文におけるように，他動詞の2番目の項と3番目の項の両方が直接目的語の特性（の一部）を示すかもしれない．

(4) a. Paul gave me this present.
b. I was given this present (by Paul).
c. This present was given to me (by Paul).

NP の me も NP の this present も受動化できる．この理由から，そのような動詞は**二重他動詞**（**ditransitive**, **bitransitive**）と呼ばれる．（しかしながら，3番目の項の形態統語的特性とは無関係に，二重他動詞が3価の動詞と同義になる用語体系もあることに注意しなければならない．）

Hopper and Thompson (1980) によると，他動性は文の意味特性であり，動詞の他動性はそれを構成する特性の1つにすぎない．この意味で，他動性は尺度的な概念であり，文や述語には他動性がより高いものやより低いものがありうる．例えば，see のような感覚の動詞は eat や cut のような行動の動詞より他動性が低い．see は被動者の側の状態変化を含意しないが，eat や cut はそれを含意するからである．他動性の基準を表1に示す．

表1 多動性の構成要素（出典は Hopper and Thomson 1980）

	高	低
A. 参与者	A と O の 2 つ以上の参与者	1 つの参与者
B. 動作様態	行動	非行動
C. 相	完結的	非完結的
D. 瞬間性	瞬間的	非瞬間的
E. 意図性	意図的	非意図的
F. 肯定	肯定的	否定的
G. 現実性	現実	非現実
H. 動作主性	A の潜在的能力が高い	A の潜在的能力が低い
I. O の被作用性	O が完全に影響を受ける	O が影響を受けない
J. O の個別化	O が大いに個別化される つまり，O は (i) 固有名詞 (ii) 人間，有生 (iii) 具体的 (iv) 単数 (v) 可算の (vi) 指示的，定	O が個別化されない つまり，O は (i) 一般名詞 (ii) 無生物 (iii) 抽象的 (iv) 複数 (v) 物質的 (vi) 非指示的

この表では，A＝動作主，O＝直接目的語

　選択体系機能文法では，他動性は観念構成的メタ機能の経験構成様式の体系として定義され，過程（本書の用語では，事態），参与者，状況の構成を決定する（Halliday 1994: 144-158）．この他動性の考え方はホッパーとトンプソンが考えたものに似ている．なぜなら，他動性を動詞の特性としてではなく，事象の言語表現全体に関係する可変要因の動的な集合として見なしているからである．

　言語によっては，2 つの種類の自動詞が認められ，**非能格動詞**（**unergative**）と**非対格動詞**（**unaccusative**）と呼ばれることがある．非能格動詞は他動詞の特徴に似た特徴を示す一方，非対格動詞はそのような特徴を示さない．例えば，イタリア語では非能格動詞と他動詞の両方が過去時制に英語の have 相当の助動詞を選択するが，非対格動

詞は英語の be 相当の助動詞を選択する．

(5) Paola ha mangiato la torta.
    Paola has eaten   the cake
    'Paola ate the cake.'
    [インド・ヨーロッパ語族，ロマンス語派，イタリア語]

(6) Mario ha telefonato a suo fratello.
    Mario has telephoned to his brother
    'Mario called his brother on the phone.'
    [インド・ヨーロッパ語族，ロマンス語派，イタリア語]

(7) I bambini sono andati a scuola.
    the children are gone to school
    'The children went to school.'
    [インド・ヨーロッパ語族，ロマンス語派，イタリア語]

(5) の mangiare 'eat' は他動詞であり，助動詞 avere 'have' を選択する．(6) の telefonare 'telephone' と (7) の andare は両方とも自動詞であり，直接目的語を伴って現れることは決してないが，telefonare が助動詞 avere を選択する一方で，andare は助動詞 essere 'be' を選択する．この現象は**分裂自動詞性**（**split intransitivity**）と呼ばれる．他動詞のように振る舞う自動詞はたいてい活動を表すが，一方で達成を表す，つまり主語の側の状態変化や空間上の移動を表す自動詞もある．この理由で，非対格動詞の主語は他動詞の被動者（役割指示文法の述語体系では，変容者）に似ており，非能格動詞の主語は他動詞の主語（行為者）に似ている．

参照：State of affairs, Valency

Tree diagram（樹形図）

参照：Node, Phrase structure rule

Unaccusative（非対格）

参照： Voice, Transitive

Uniformity Condition（画一性条件）

ミニマリスト・プログラム（Minimalist Program）では，（連鎖に対する）画一性条件は（書き出し以後の）非顕在的部門で利用可能な操作は（書き出し以前の）顕在的部門でも利用可能であると定めている．言い換えれば，それらの部門は対称的である．
参照： Spell-Out

Uninterpretable feature（解釈不能素性）

ミニマリスト・プログラム（Minimalist Program）では，**解釈不能素性**（**uninterpretable feature**）または **[−解釈可能] な素性**（**[−interpretable] feature**）は意味解釈に影響を与えない素性である．解釈不能素性は論理形式（LF）に達する前に，移動操作をとおしてシステムから削除されなければならない．そうでなければ，**完全解釈の原理**（**Full Interpretation Principle**）に違反することになり，派生が LF で破綻する．移動の結果として行われる照合の操作には解釈不能素性を削除する目的がある．解釈不能素性は照合の後に削除されるので，一度しか照合されない．例えば，格素性が動詞に現れれば，それは解釈不能である．そのため，動詞からそれを削除する NP によって照合されなければならない．したがって，その素性は一度しか照合されない．
参照： Interpretable feature, Last Resort Condition, Lexical redundancy rule

Universal Grammar (UG)（普遍文法）

変形生成文法では，普遍文法，または UG はすべての人間言語の原理，条件，規則，特性の体系である．このアプローチに従って，Chomsky（1965, 1986）は，人間言語は少数の UG の原理の集まりによって規制されており，それが人間が発現させることができる可能な文法の種類を限定すると主張する．この仮説を支持する証拠は世界の言語の特性や子供が言語を習得する方法から得られる．触れられる言語データが乏しいにもかかわらず，子供は複雑な言語体系を短期間で獲得する．言語習得に本質的な側面が3つある．

a. 子供が周りの環境から聞く発話には不完全な文，中断，言い間違いなどが含まれる．これは「刺激の貧困（poverty of the stimulus）」と呼ばれる．
b. 入手可能な言語資料は有限だが，子供は無限の数の新しい文を産出し，理解することができる．これは「人間言語の創造性（creativity of human language）」を証明する．
c. 子供のときにすべての構文に触れていなかったとしても，話者は自分の言語の知識を持っている．話者は複雑な文，言い換え，多義性の関係，非文法的な文に関して判断することができる．これは「母語の直観（native language intuition）」と呼ばれる．

UG は生得的であると考えられている．これによって，子供が言語をそれほど速く習得する理由が説明される．実際，子供が言語の習得中に犯す種類の間違いは，言語の不規則形式を規則どおりに使うことなど，生得的な制約を反映している．例えば，I ate ではなく，I eated を使うことである．言語習得の実証的研究によって，子供がこのようなことをすることが確認されている．

1960 年代初め，ノーム・チョムスキー（Noam Chomsky）は，子供は歩くようになるのと同じように言語を習得すると唱えた．言語習得が速く正確なため，チョムスキーは，子供が言語を経験する以前か

ら生得的な言語能力をどういうわけか持っていると結論づけるしかなかった．したがって，子供は言語（多言語話者であれば，複数の言語）に触れると，触れている言語という複合体を習得することができる．これは，話す能力が人間の生物学的な本性の一部であり，文化の一部ではないという事実に起因する．したがって，普遍文法は人間の脳に備わった知識の一部である．言語学という科学はどの言語的側面が UG の一部なのか，また個別言語のどの側面が UG の一部ではないのかを解明しようとする．

言語学者の中には，社会状況やそれが言語に対してもつ意味の研究に焦点を合わせている人もいる．これらの言語学者はチョムスキーが **E 言語**（**E-language**）すなわち**外在言語**（**external language**）と呼ぶものに焦点を合わせている．また，特定の個人や集団の心や脳にあるものを表象する内在化された体系としての言語を研究する言語学者もいる．これらの言語学者はチョムスキーが **I 言語**（**I-language**）すなわち**内在言語**（**internal language**）と呼ぶものに焦点を合わせている．

2002 年に，マーク・ハウザー（Marc Hauser），チョムスキー，テカムセー・フィッチ（Tecumseh Fitch）は，**広義の言語機能**（**faculty of language in the broad sense**, FLB）と**狭義の言語機能**（**faculty of language in the narrow sense**, FLN）を区別すべきであると主張した．広義の言語機能には，運動感覚体系，概念意図体系，そして，有限の要素から無限の表現を生成する能力をもたらしている計算装置が含まれる．狭義の言語機能には少なくとも，言語能力の主要な構成要素である，回帰（recursion）の能力が含まれる．

2001 年，イギリスの研究者チームは，言語発達に直接的に関与する可能性のある遺伝子，FOXP2 を単離したと発表した．この遺伝子が変異すると，顔の動作やある種の言語能力を制御する脳の構造の発達異常を引き起こす．単一の遺伝子が先天的な言語障害に関連づけられたのはこれが初めてである．遺伝学と言葉の正確な関係を究明するためにはさらなる研究が必要である．それでも，この発見は言語機能（または，UG）が生得的であるというチョムスキーの主張を支持し，経験的な証拠となるように見える．

V2 (*or* Verb Second) language
(V2（または動詞第二位）言語)

V2（または動詞第二位）言語とは，主節の定形動詞が義務的に文頭から2番目の位置（すなわちP2）に生じ，主語は文頭または定形動詞の直後に生じるような言語のことである．この種の特徴を最も首尾一貫した形で表している言語は現代高地ドイツ語である．このような言語においては，文頭はいかなる構成素が占めていてもよい．

(1) a. Hans war   gestern   nicht bei mir.
       Hans be:PRET.3SG yesterday not   at 1SG.DAT
　 b. Gestern   war   Hans nicht bei mir.
       yesterday be:PRET.3SG Hans not   at 1SG.DAT
　 c. Bei mir   war   Hans gestern   nicht.
       at 1SG.DAT be:PRET.3SG Hans yesterday not
       'Hans was not with me yesterday.'
       ［インド・ヨーロッパ語族，ゲルマン語派，ドイツ語］

複合動詞形（動詞が2つ以上）の場合は，通例定形助動詞がV2に生じ，非定形の本動詞は，下に見るように，文末に生じる．

(2) Ik heb dit boek gelezen.
    I have this book read
    'I read this book.'
    ［インド・ヨーロッパ語族，ゲルマン語派，オランダ語］

（ゴート語を除いて）すべてのゲルマン諸語は，少なくともその歴史の中のいずれかの段階でV2言語であったし，ほとんどは今もそうである．が，そうは言ってもドイツ語以外はきっちりとV2を守っているわけではない．フランス語とイタリア語の北部諸方言のうち若干

のものは，中世において，部分的に V2 である時代があった．ゲルマン語派の影響を受けない地域では，V2 は非常に限られた現象のようである（カシミール語には V2 ありとの報告がある）．何人かのインド・ヨーロッパ諸語研究者たちによると，ゲルマン諸語はインド・ヨーロッパ祖語（Proto-Indo-European）から V2 を引き継いでいるという．そしてインド・ヨーロッパ祖語においては，V2 は，ヴァッカーナーゲルの法則（Wackernagel's Law）（P2 参照）に由来すると，しばしば考えられている．

V2 は変形生成文法において広範に研究されており，そこでは，V2 は，根底にある基本語順が SOV である言語において動詞が移動した結果の現象であると記述されている．

参照：P2, Word order

Valency *or* valence（結合価）

必要とされる項の数に基づいた，述語（最も典型的には動詞）の特徴の 1 つ．この特徴が，その述語の生じる統語的な配列型を決定する．動詞はゼロ結合価（avalent, 結合価 0）や単結合価（monovalent, 結合価 1），2 結合価（bivalent, 結合価 2）あるいは 3 結合価（trivalent, 結合価 3）であり得るが，3 結合価の動詞の存在については諸家の間で見解が一致していない．

結合価は統語論と意味論の間の接触面（インターフェイス）と結びついている概念で，したがって，結合価を主に統語的な概念と考えるか，あるいは主に意味的な概念と考えるかによっていずれとも解釈でき，したがって結合価は二重の性質を持ち得る．このことは，ゼロ結合価動詞の例において簡単に示すことができる．ゼロ結合価動詞は項を取らない．すなわち，ゼロ結合価動詞は参与者のいない自然発生的な出来事を表す．天候動詞はゼロ結合価であり，空主語を認める言語においては，天候動詞は，(1) に示したような文法的な文を作るのに明示的に表れ構成素を必要とするものではない．

(1) Nevica.
snow:PRS.3SG
'It is snowing.'
[インド・ヨーロッパ語族, ロマンス語派, イタリア語]

英語のような言語では虚辞主語が必要だが,それは項を指しているわけではない.こうした英語の例は**統語的結合価**と**意味的結合価**の違いが存在することを示している.英語の天候動詞は,意味的にはゼロ結合価であっても,統語的には単結合価である(換言すれば,英語には統語的にゼロ結合価の動詞はない).

単結合価動詞 (monovalent verb) とは1つの項を要求するものである.そして,それは,通例,(2)と(3)に見るように,主語として選択される.

(2) Paul runs.
(3) The water boils.

上例における動詞 run と boil の結合価についての説明をするならばこうなる.つまり,走るという出来事は少なくとも一人の参与者(この場合は移動者,つまり走る人)を必要とし,同様に,沸騰という事象は1つの主題(煮立つモノ)を必要とする,ということである.

2結合価動詞 (bivalent verb または時に divalent verb とも言う)とは2つの項を要求する動詞であり,すぐに思い付くのは他動詞であるが,これは(4)のように主語と目的語を取る動詞である.

(4) I bought a book.

多くの他動詞は,paint という動詞に見るように,直接目的語を伴ってもよいし伴わなくてもよい.

(5) a. John was painting.
    b. John was painting a picture.

このような現象は,前提となる理論的枠組みによって,異なった記

述の仕方をされる．動詞 paint は2つの異なった結合価（または2つの異なった述語枠）を持っていると言うこともできるし，あるいは，動詞 paint は2つの同音異義の動詞，つまり（5a）のような非能格動詞と（5b）のような他動詞，を代表しているとも言うことができる．

3結合価動詞とは3つの項，つまり（6）におけるごとく主語と直接目的語と間接目的語を取るような授与動詞あるいは伝達動詞のことである．

(6) My mom gave me a birthday present.

4結合価動詞の存在については議論が分かれている．（7）の例に見るような商業上の取引は，よく4結合価的だと言われる．

(7) Mary paid John 25 euros for the book.

しかし注意されたいのは，主語を除けば，（7）の文中の他の名詞句は，等しく義務的というわけでないのは確かなことで，換言すれば，この pay のような動詞は意味的には4結合価的だが，統語的にはそうではない，ということになる．

非言語的状況を表す述語にも結合価は存在する．ほとんどの形容詞の結合価は1である（が，similar の如く，2以上のこともある）．

(8) Ona   krassivaja.
    3SG.NOM.F pretty:NOM.SG.F
    'She is pretty.'
    [インド・ヨーロッパ語族，スラブ語派，ロシア語]

S. C. ディックの機能文法では，動詞の結合価は**述語枠**と呼ばれており，述語は1項（＝単価）述語，2項（＝2価）述語などに分類される．

主に米国では，**項構造（argument structure）**という術語も結合価の代わりに使われており，これは語彙機能文法（Bresnan 2001）の用語体系に従ったものである．

「結合価」という術語はテニエールによって最初に用いられたのだ

が，彼はこの術語を化学の分野から借用したのであった．上に見たように，この術語は意味論的とともに統語論的含意を持つ．この結合価の2面的性質こそは，この概念の最も問題のあるところであって，2結合価（つまり他動詞の文法価）を超えた動詞，すなわち3結合価以上の動詞に対していかなる統語的結合価を決定するか，という難しい問題を招来しているのである．これすなわち，動詞に関する一致（verb agreement）や受身のような形態統語的なテストは，単結合価動詞や2結合価動詞についてのみ，とてもよくその効果を発揮するのだが，3結合価以上の動詞についてはそうではないからである．

認知文法においては，結合価は意味論的基盤を持つ数量的概念であって，それが統語論的含意を持つとする．この見方をすると，(7)のような文は問題とはならない．というのは，支払いという出来事は通例4つのすべての参与者を含むものだからである．しかしながら，項として何が優先的に具現化されるかと言うと，それは主語であり，他のすべての構成素はその優先度は主語より低いのである．

参照：Applicative, Causative, Transitivity, Voice

Variable (変項)

次例に見るように，数量詞に束縛されている項のことである．

(1) Mary likes something.
    [there is an x such that Mary likes x]

wh-痕跡や数量詞の痕跡のような空要素で，演算子によって非A束縛（A-bar bound）されねばならないものが変項である．

参照：Binding Theory, Operator

Visibility Condition (可視条件)

可視条件は変形生成文法において格フィルターと連動している．もっと言うなら，格フィルターは可視条件に還元できるのである．可視条

件の述べるところでは，統語要素はθマークされるためには格を与えられていなくてはならないのである．換言すれば，述語は，可視のDP/NPにのみθ役割を付与することができる．そして，DP/NPが可視であるためには，そのDP/NPには抽象格が付与されていなければならない．この条件は論理形式 (LF) においても適用される．例えば，(1) の文において，

(1) He hit the ball.

heに動作主というθ役割が付与されているが，これはheに抽象格（この場合，主格）が付与されていると確認できてはじめてLFにおいてheが可視となるからである．

参照：Case, Case Filter

Voice (態)

動詞の特性の1つで，**統語型** (**diathesis**) とも呼ばれる．英語において，他動詞は**能動**態 (**active** voice) と**受動**態 (**passive** voice) を持つ．

(1) The police captured the thieves.
(2) The thieves were captured by the police.

英語のような言語においては他動詞の能動形は形態的には，自動詞の持つ唯一の形式と同じであり，したがってこれは，受動態に対して能動態がより基本的な性質を持っていることを示している．英語の受動態には助動詞 (be) が必要であるが，他のいくつかの言語では形態的に受動態を表している．例えば，ラテン語では，laudo 'I praise'（私は称賛する）(能動) 対 laudor 'I am praised'（私は称賛されている）(受動) となっている．

能動態に対して受動態は結合価を減らしている．つまり受動態動詞は自動詞である．能動文の直接目的語は対応する受動文の主語となり，その主語は動詞にとって唯一の項となる．能動態での主語（すな

わち，項）であるはずの動作主は，受動態においては副詞類となり，表現されなくともよい．実際，受動態を用いる理由の1つは，動作主を表現せずにおく，ということであるように思われる．

関係文法においては，受動態は動作主の降格（demotion）と被動者の昇格（promotion）として捉えられている．動作主は根底にある層における主語であるが，これは降格されて失業者（chômeur）となり，主語位置は空所となる．一方で，被動者は根底にある層における目的語であるが，これは主語位置に昇格されるのである．

S. C. ディック（Dik）の機能文法では，視界（perspective）または展望地点（vantage point）を通して事態が提示されると考え，態とは，視界や展望地点に依存したものである．すなわち，動作主の視界または展望地点からなら，能動態が選ばれ，被動者の視界または展望地点からなら，受動態が選ばれるのである．

能動・受動態に加えて，もう1つよく見られる態として**中間**態（**middle** voice）がある．これは古典ギリシャ語の epoíesa 'I did'（私は為した）（能動），epoioûmai 'I did (for myself)'（私は自分のために為した）（中間），epoiéthē 'I was done'（私は為された）（受動）に見られる．

中間態は，本質的には，物事が作用・影響を受けていること（affectedness）を表している．中間態は自動詞において見られるが，それは特に自動詞が状態変化を表しているときである．あるいは，中間態は能動形の動詞にも見られるが，その場合は動作主がその行為の中で特殊な関わり方していることを示している．加えて，中間態はしばしば非人称の意味を持つことがある．これは，ラテン語のように，形態的な中間態を持たぬ言語における受動文について言えることである．

(3) itur
go:PRS.P.3SG
'You (impersonal) go.'
［インド・ヨーロッパ語族，イタリア語派，ラテン語］

ロマンス諸語における中間態は，動詞に再帰形小辞を伴った形で表される．

(4) Mi   sono mangiato tutta la torta.
    REFL am   eaten   all the cake
    'I ate up the whole cake.'
    [インド・ヨーロッパ語族，ロマンス語派，イタリア語]

(4) において，mi sono mangiato 'I ate'（私は食べた）という動詞形式には mi という再帰形小辞がある．この再帰形小辞は再帰的意味を持たず，むしろ動作主の特別な関わり方を示している．すなわち，採食という行為が入念にしかも喜びを持って行われたことを含意しているのである．

また別の統語型としては，なおこれは能格言語に見られるものだが，**反受動**（**antipassive**）というものがある．反受動という名称は，まさにこの反受動構文を作る操作の結果現れる唯一の意味役割は被動者ではなく動作主である，という事実に由来する．反受動においては，動作主は絶対格（absolutive case）を取り，被動者が表現されるならばそれは与格または他の格を取る（しかし，こうしたことはすべての言語で成り立つわけではない．ある言語においては，動作主，被動者いずれも反受動に現れて，両者絶対格を取る）．例として (5a) と (5b) を考えてみよう．

(5) a. anguti-up arnaq   kunik-taa
       man-ERG   woman.ABS   kiss-PART.3SG/3SG
       'The man kissed the woman.'
    b. angut   kunik-si-vuq   arna-mik
       man.ABS   kiss-AP-IND.3SG   woman-INSTR
       'The man is kissing a woman.'

(Spreng (2005) より)

[エスキモー・アリュート語系，イヌイット語，イヌクティトット語（イヌイット語の一方言）]

(5a) において，動作主 anguti-up 'man'（男）は能格であり，被動者 arnaq 'woman'（女）は絶対格である．反受動構文である (5b) では，動作主 angut は絶対格であり，一方，被動者 arna-mik は具格 (instrumental case) である．

いくつかの言語は**適用**態（**applicative** voice）を持つ．これは，動詞の結合価を増やしていくつかの斜格の構成素を含むようになった態である．適用態は使役構文に似ている．というのは，使役構文では結合価が増えているからである．使役構文と同様，適用態もしばしば派生的である．

変形生成文法，特に統率・束縛理論の枠組みにおいては，受動態は θ 役割付与と名詞句移動という操作を介して捉えられている（しかし，念のため記しておかねばならないが，この理論の初期段階では，能動と受動の関係は特定の受動変形という操作として捉えられていた）．

参照：Alignment, Applicative, Causative, NP-movement, Valency

Wackernagel's Law (ヴァッカーナーゲルの法則)

参照：Clitic, P2

Weak Feature (弱素性)

ミニマリスト・プログラム (Minimalist Program) において，弱素性とは強さを持たず，したがって統語論ではなく論理形式で照合が行われる素性のことである．例えば，一致形態論が貧弱な英語において，動詞の一致素性は弱く，したがって顕在的にではない形で論理形式において素性照合が行われる．しかしながら，一致形態論が豊かなイタリア語やフランス語においては，動詞の一致素性は強素性であり，それらは顕在的統語論 (overt syntax) において照合が行われなければならず，結果として動詞移動を促している．先延ばし原則 (Procrastinate) により，弱素性は非顕在的統語論 (covert syntax) で照合されなければならない．

参照：Covert Syntax, Procrastinate, Spell-Out, Strong Feature

Weight (of constituent) ((構成素の) 重さ)

構成素の内部の**範疇上の複雑さ** (**categorial complexity**) は，しばしば，その構成素の「重さ」と称される．重さという語が用いられるのは，普通は複雑度が高ければそれに応じて音韻的な対応量も増えるからである．接語とは**軽い** (light) 構成素の典型であるが，それらはしばしば単音節であり，一方，主要部と修飾部を含む複雑な構成素は数語から成り立っており，ゆえに，より多くの音節を持つ．複雑な構成素は**重い** (**heavy**) と言われる．

参照：Clitic, Constituent, Word order

Wh-in situ (元位置 Wh)

中国語や日本語などいくつかの言語において，wh 語は基底生成された位置に生ずる．(1) において，

(1) tā shì shéi
    he COP who
    'Who is he?'
    [シナ・チベット語族，漢語派，中国語]

shéi という語は，'Who is he?' という疑問の意味を得るために，非顕在的に移動されている．

このような場合，wh 移動は非顕在的であり，移動は論理形式 (LF) にて行われているということである．英語やフランス語のような他の言語においては，顕在的移動と非顕在的な移動がある．例えば，フランス語の例 (2) と (3) を考えてみよう．

(2) **Qu'** est que tu veux?　[wh 移動]
    what is it that you want
(3) Tu veux **quois**?　[元位置 wh]
    you want what
    'What do you want?'
    [インド・ヨーロッパ語族，ロマンス語派，フランス語]

(2) において que は移動されているが，(3) では quois は元の位置にある．(3) の文を解釈するには，quois という wh 語は，LF において CP の指定部に非顕在的に移動するのである．

しかしながら，文が 2 つの wh 語を持つときには，1 つの移動は S 構造において顕在的であり，他の移動は LF において非顕在的である．(4) を見てみよう．

(4) I wonder **who** bought **what**.

(4) において，who が顕在的に移動したあと，what は演算子位置

(つまり CP 位置) に非顕在的に上昇し，論理形式において埋め込み節に付加するのである．

Wh-movement (Wh 移動)

ある要素 (通例は wh 語) を A バー位置，つまりほとんどの場合 CP の指定部に移す移動のことを言う．移動は (1) に示すような痕跡あるいはコピーを残して連鎖 (chain) を形成する．

(1) [$_{CP}$ **what$_i$ will$_j$** [$_{IP}$ John t$_j$ eat t$_i$]]

(1) において，what という wh 語は CP の指定部に移動し助動詞は CP の主要部に移動している．wh 要素は常に A バー位置に移動する．(1) の例では wh 移動は統語論のレベルでは顕在的である．例えば (2) のように，2 つの wh 語があるような場合には，1 つの wh 語は顕在的に移動し，他の wh 語は元の位置に留まる．

(2) I wonder which wine Ann bought **for whom**.
 (アンはどのワインを誰のために買ったのだろうか)

(2) において，which wine は CP の指定部に移動されて whom はそれが基底生成された位置に残ったのである．wh 要素の移動は (3) のように入れ替えることもできる．

(3) I wonder **for whom** Ann bought **which wine**.
 (アンは誰のためにどのワインを買ったのだろうか)

しかしながら，一方の wh 語が主語の時は，wh 移動は，(4) と (5) に示されているように，優位性条件 (Superiority Condition) に従う．

(4) I wonder **who** bought **what**. (誰が何を買ったのだろうか)
(5) *I wonder **what who** bought.

いくつかの言語，例えば中国語や日本語のような言語においては，

(6)の例のように，wh 疑問は常に wh 要素を元位置に置いておく．

(6) Taroo wa nani o   kaimashita ka
    Taroo TOP what OBJ bought   INT.PTC
    'What did Taroo buy?' ［日本語系，日本語］

wh 語が項のとき，その痕跡は格を受け取ることになる．しかしながら，wh 語は A バー位置に移動するので，wh 要素の痕跡は変項として振る舞うことになる．したがって，wh 痕跡は束縛理論の原理 C に従うのである．

wh 移動は関係節においても適用される．

参照：Binding Theory, Chain, Relative Clause, Superiority, Wh-in situ

Word order (語順)

語順という用語は文内部の語の順番も句内部の語の順番も指すことができるが，もっとも普通には文中の語の順番を指す．語順研究には基本的には 2 つの伝統がある．語用論的な機能に焦点を当てる研究と，統語関係の反映としての語順に焦点を当てる研究である．

語順の語用論的機能は少なくとも Weil (1844) に遡る研究対象であり，彼の萌芽的な研究が後にプラーグ学派の学者たちによって機能構文論 (functional sentence perspective: FSP) の枠組みへと拡大された．FSP によると，文頭の位置と文末の位置は文の伝達構造にとって最も重要な位置であり，それぞれ（文頭の）主題 (theme) の位置と（文末の）題述 (rheme) の位置で，(1) に見るように，その間に生じる言語材料は移行 (transition) と呼ばれる．

(1) Mary went to school on a bike.
    主題 移行   題述

主題-移行-題述の順序が最も頻繁に現れるもので，その逆の題述-移行-主題の順序も特別な状況下では現れることがあり，感情的順序

(emotive order) と呼ばれる．

ヴェイユ (Weil) はすでに語順の自由度は言語ごとで異なることを述べている．特に彼は，語順が比較的自由なラテン語と古典ギリシャ語を，語順が総じて固定しているフランス語や英語と比較している．英語のような言語における構成素の固定した位置は文法関係を表示する目的を果たしているのに対して，そのような関係はラテン語のような言語では格により記号化されている．(2) と (3) を比較されたい．

(2) the mother loves the child ≠ the child loves the mother
(3) Mater   amat   puerum = puerum   amat
    mother:NOM love:3SG child:ACC   child:ACC love:3SG
    mater.
    mother:NOM
    'The mother loves the child.'
    ［インド・ヨーロッパ語族，イタリック語派，ラテン語］

個々の言語の語順の自由度は必ずしも格標識の存在とか主語と目的語を区別する必要性と関連しているというわけではない．例えば自動詞の主語は目的語と区別できないということはありえないけれども英語では動詞に先行しなければならず，一方，イタリア語などの空主語言語ではしばしば動詞に後続する．

(4) Arriva   il   treno.
    arrive:3SG ART train
    'The train comes.'
    ［インド・ヨーロッパ語族，ロマンス語派，イタリア語］

ドイツの学者オットー・ベハーゲル (Otto Behagel) は，構成素の範疇上の複雑性，すなわち構成素の「重さ (weight)」がその文中の位置に影響を与えると言っている．すなわち，軽い構成素，つまり簡素な構成素は，より重い，すなわち，内部の範疇的複雑をより強く示す構成素に先行するのである．この傾向はベハーゲルの法則 (Behagel's Law)，または，増大成員の法則 (Law of Growing Members/Gesetz der wachsenden Glieder) と呼ばれるものであり，(軽い要素の典型である) 接語は文中，文頭に近い位置に現れる傾向があるということを述べるヴァッケルナーゲルの法則 (Wachernagel's Law) と並ぶものである．ベハーゲルの法則は談話の原理に基礎をおいている．つまり，Hawkins (1983: 98-99) が述べているように，照応的代名詞のような複雑性の低い構成素は通常共有される情報を担うのに対して，新情報は一般的により複雑な構成素が担う．

基本語順と相関を示す現象についてのグリーンバーグ (Greenberg) の 1963 年の論文の発刊によって，「語順の類型論 (word order typology)」として知られることになった研究が生まれた．グリーンバーグは，系統的につながりのない 30 の言語における主語 (S)，動詞 (V)，目的語 (O) の順序を分析して，3 つの語順のタイプがあることを発見した．

(i) VSO: ほとんどのセミ語族とケルト語族
(ii) SVO: 英語やフランス語
(iii) SOV: トルコ語や日本語

ある構成素の基本語順は他の語順特性と相関を示す．例えば，(i) と (ii) のタイプの言語は通常前置詞を有する一方，(iii) のタイプの言語は非常にしばしば後置詞を有する．あるいは，(i) と (ii) のタイプの言語では，修飾要素が被修飾要素に後続するが，その逆が (iii) の言語では非常にしばしば見られる，等々という具合である．基本語順に関してグリーンバーグが発見した主な一般法則は次のものである．

	VSO	SVO	SOV
1.	名詞-形容詞	名詞-形容詞	形容詞-名詞
2.	名詞-属格	名詞-属格	属格-名詞
3.	名詞-関係節	名詞-関係節	関係節-名詞
4.	前置詞	前置詞	後置詞
5.	VO	VO	OV

VSO 言語と SVO 言語は総じて同じ振る舞いを示す．このため，これらは一括して VO 言語と呼ばれることがある．Dryer (1988) は 600 を越える言語を調査した結果，形容詞の位置は語順の類型には有意性がないことを報告している．したがって，1 行目の相関関係は成立しないということに留意しなければならない．

名詞と形容詞の語順を無視しても，顕著な規則性があることに変わりはない．そのため，研究者たちはなぜそのような規則性が成り立つのかの説明を求め始めた．この理由として，言語における主要部と依存部の間の相対的語順が一様な傾向にあるという自然連続化原理（natural serialization principle）のためであると Bartsch and Vennemann (1972) は提案している．VO 言語は主要部-依存部の順序を好み，OV 言語は依存部-主要部（バーチ（Bartsch）とフェンネマン（Vennemann）の用語では作用子（operator）と被作用子（operand））の順序を好む．自然連続化原理に対する代案は Hawkins (1983) が提案する範疇横断的調和原理（cross-category harmony principle）である．

言語によっては，従属節が主節と同じ順序を示さないものがある．ドイツ語がその一例で，主節では定形動詞が 2 番目の位置に生じるのに対して，従属節は SOV の語順を示す．

(5) Die Kinder **essen** gern Schokolade.
 the children eat with.pleasure chocolate
 'Children like chocolate.'
 ［インド・ヨーロッパ語族，ゲルマン語派，ドイツ語］

(6) Die Kinder, die gern Schokolade **essen**, gehen
 the children that with.pleasure chocolate eat go
 gerade in die Schule.
 presently in the school
 'The children, who like chocolate, are going to school.'
 ［インド・ヨーロッパ語族，ゲルマン語派，ドイツ語］

(5) では essen「食べる」という動詞は前から 2 番目にあるのに対

して，(6) の従属節では，文末の位置にある．従属節が基本語順 (SOV) を反映しているとする理論もある．

文法的要因，語用論的要因が語順に影響を与える程度は言語ごとに異なるように見える．このため Thompson (1978) は言語を語用論的語順を持つものと文法的語順を持つものとに分類すべきであると提案している．しかし，このような分類はいくつかの問題を未解決のまま残すことになる．例えば，定形動詞の語順に，トルコ語のような格標識言語では自由はほとんどないのに，例えば古典ギリシャ語のような他の言語では全く自由であるのはなぜかという問題である．(1つの可能な答えは古典ギリシャ語は SOV から SVO への語順転換の過渡期にあったというものであるが，言語というものは事実上常に過渡期にあるので，これだけでは説明にならない．)

一般的に定形動詞の位置は，他の要素の位置に比してより多くの制約に従っているという意味で，より多く語順に関係しているように思われる．変形生成文法の枠組みの中で Richard Kayne (1994) は，すべての言語は普遍的な SVO 語順であり，言語に見られる異なる語順は構成素の移動（変形）によるものであると提案している．

WH-trace (WH-痕跡)

参照： Binding, Copy, Movement, Trace

X-bar theory (X バー理論)

X バー理論は Chomsky (1970) の提案の結果として発展してきたものである．この理論は当時発見された句の構造における共通の特徴を統合するものである．X バー理論によると，すべての句は語彙的主要部か機能的主要部に導かれる．すなわち，それらは内心的 (endocentric) な句である．どの句においても，語彙的であれ，機能的であれ，その主要部はゼロ投射 X^0 (X は任意の主要部) である．XP の補部 (complement) は X^0 と結合して X' (X バー) 投射を形成する．付加部 (adjunct) は X' と結合して，さらなる X' (X バー) 投射を形成する．指定部 (specifier, Spec) は一番上の X' (X バー) と結合して，XP 投射を形成する．[8]

指定部は主語が生成される位置か，要素が樹形図中で移動される位置である．指定部は主要部の姉妹ではなく，主要部と補部により形成される X' の姉妹であるという点で補部と異なる．また，X' は任意の数の付加部を持ちうる．指定部の位置には，X^0 の範疇により，主語，決定詞，修飾要素のような多くの機能が当てられる．例えば指定部は NP の決定詞，AP の程度要素，IP の主語，VP の修飾部 (副詞や助動詞さえ) を含みうる．動詞句内主語仮説 (VP-internal Subject Hypothesis) のもとでは，VP 指定部は動詞の外項 [＝主語] の D-構造位置である．

ミニマリスト・プログラム (Minimalist Program) では，主語は軽動詞句 vP の指定部に併合される．

随意的な付加部と限定表現を無視すると，すべての句は (1) に示す図式的な XP 構造を持っている．

---

[8] この記述は X バー理論の初期の状態を反映しているが，後に修正も加えられている．

X-bar theory

(1)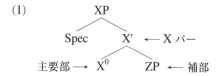

Xバー理論によると，この図式的構造が再帰的に繰り返されて，(2)に示すような複雑な構造が形成されるのである．

(2)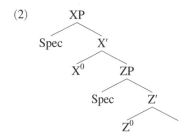

しかしながら，投射の主要部との構成素の順序は普遍的に固定されているわけではない．英語のように主要部先頭の言語もあれば，日本語のように主要部後続の言語もある．変形生成文法ではXバー理論は句の内部でも，節の内部でも成り立つものと提案されている．このことにより言語習得の事実がより説明しやすくなる．

定形節と非定形節の区別は屈折（Inflection, Infl）の節点の [＋/－時制] 素性による．例えば，屈折節点が [＋時制] をもっていると，文は Mary likes apples のように定形であるが，[－時制] であると，(3) の中の to go home のように文は非定形になる．

(3) Mary wants **to go home**.

Xバー理論では文は Infl を主要部とすると仮定されているので，文は他の句範疇同様 IP（屈折句）という（内心的）投射であることになる．さらに，疑問文や平叙文という文の種類は，節を導入する補文標識に依存することになる．例えば，whether や that のような補文標識 C はそれに後続する，言い換えれば補完する IP の種類を決め

ているのである．補文標識は主要部であるから，補文標識句（Complementizer Phrase, CP）を投射する．これらの事実をXバー理論の立場から考慮すると，(4) のような文は (5) に示すXバー構造を持っていることになる．[9]

(4) The girl liked the apples.

(5)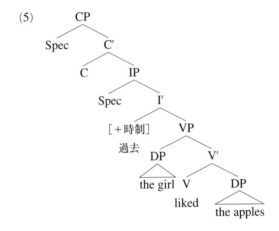

(5) では，外項（external argument＝主語）は動詞句内主語仮説に従って，VP指定部に生成されている．この仮説によると，外項はV′の姉妹で，外項のθ役割（経験者）は動詞とその姉妹の構成素（この場合はDP）により合成的に付与される．

付加部はX′に付加されている．例えば，in the morning という付加部を含む (6) の文は，(7) に示すような構造を持っていることになる．

(6) The boy ate the toast in the morning.

最近のミニマリスト・プログラムではXバー句構造は何段階かの

---

[9] 最近は Infl ではなく T (＝Tense) ととらえる．

X-bar theory

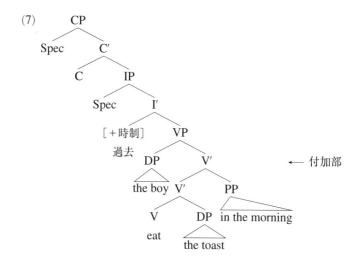

(7)

修正を被った．主語は軽動詞句 vP の指定部に併合され，軽動詞句の投射は VP 補部を含んでいる．軽動詞句は（give のような）二重目的語構文の構成素問題を解決するために導入されたのである．そして，次に，vP 投射は take a bath = bathe のような軽動詞構文の意味をとらえるために一般化され，軽動詞句の意味はその VP 補部の意味に依存することとなった．最後に，軽動詞はすべての動詞句の構成素として一般化された．

X バー理論では，(5) における the boy のような主語や，(5) における in the morning のような修飾部は X′ への付加であったが，ミニマリスト・プログラムでは，修飾部は XP への付加部であり，主語は XP により支配される構成素となった．さらに，X バー理論が想定していた前もって形成される節の骨格は，D 構造（深層構造）の廃止の結果として，部分的には放棄され，X バーの一般式形が維持されるのみとなった．個々の文は併合 (Merge) と複写／移動 (Copy/Move) の操作により下から上へと構築されることとなった．

参照：Construction, Constituent, Copy, Light Verb, Merge, Numeration, Phase

Key Thinkers
主要研究者

第 1 部

Bloomfield, Leonard（レナード・ブルームフィールド）**(1887-1949)**

レナード・ブルームフィールド（Leonard Bloomfield）は20世紀前半のアメリカ言語学における第一人者であった．*Language*（『言語』）(1933) の出版によって，彼は構造主義記述言語理論の発達において，鍵となる人物になった．60年代の変形生成文法の最初の研究の出版に至るまで，*Language* はアメリカの大学で最もよく使われた教科書であった．この本は，彼の1914年の *Introduction to the Study of Language*（言語研究への招待）の改訂版であるが，この本の中で，彼は言語それ自体に焦点を当てながら，言語学をそれ自体の方法論と目標を持つ科学として扱った．彼は当時の科学のモデルである演繹実証主義と行動主義に従った．心理主義に一時期傾倒することもあったが，後に実験心理学の父であるヴィルヘルム・ヴント（Wilhelm Wundt）の理論に従った．ブルームフィールドはアメリカ言語学会（Linguistic Society of America）の創始者であり，アメリカ言語学の主流な学術誌である *Language* の創始者でもある．加えて，彼は LSA Summer Institute という年1回の夏期言語学会を始めた．

ブルームフィールドは1887年にシカゴに生まれたが，9歳の時に家族とともにウィスコンシンへ引っ越した．その地でメノミニ

(Menomini) の人々と彼らの言語に触れた．このことを考えれば，彼の後の人生におけるメノミニ語（アルゴンキン語族）への興味は説明がつく．この興味は，例えば，よく知られている 1939 年の論文 'Menomini morphophonemics'（メノミニ語の形態音素論）に反映されている．彼は学士の学位を 1906 年にハーバード大学から授与され，ウィスコンシン大学の大学院課程に在籍した後，シカゴ大学から 1909 年に博士の学位を授与された．博士の学位を得た後，印欧語の研究者のレスキーン (Leskien) とブルークマン (Brugmann) のもとで研究をするためにドイツで 1 年を過ごした．ドイツでは，後に重要な言語学者になることになるニコライ・トゥルベツコイ (Nikolaj Trubeckoj) といった学生たちに出会った．彼はプロコシュ (Prokosh) とサピア (Sapir) の死を機に，言語学のスターリング教授 (Sterling professor) として 1940 年にイェール大学に赴くが，その前はドイツ語研究者として，シンシナティ大学，イリノイ大学，オハイオ州立大学，そしてシカゴ大学で教えた．オハイオ州立大学では，彼の考えに大きな影響を与えた行動主義者のアルベルト・ヴァイス (Albert Weiss) に出会った．シカゴでは，彼はサピアの同僚だったが，関係はあまりよくなかった．

研究の中で，「蓄積的」で「客観的」学問と捉える科学として，言語学を発達させる必要性を主張した．帰納法を使用する彼の説明は，数学と論理学の原理のみによって分析される観察可能な出来事に基づいている．彼は言語の心理主義的そして認知的説明に反論した．したがって，彼は彼が採用する枠組みから意味を取り除いた，なぜならば意味を科学的に研究するためには，百科事典的知識のすべての詳細な部分が引き出されなければならないと信じていたからである．構造主義的反心理主義者として，ブルームフィールドは言語の構造特性は意味に言及することなく研究可能であると考えた．*Language* (1933: 184) の中で，彼は統語論を形態論から切り離し，自由構成素による統語構造をその直接構成素のどれもが拘束形態素でない構造として定義した．

アメリカ先住民族の言語の研究の中で，ブルームフィールドは比較

再構築という方法論を用いて，メノミニ語 (Menomini)，クリー語 (Cree)，フォックス語 (Fox)，オジブワ語 (Ojibwa) のようなアルゴンキン語族 (Algonquian) の比較文法を確立した．

参考文献

Bloomfield, Leonard 1914. *Introduction to the Study of Language*. New York: Henry Holt and Company.

Bloomfield, Leonard 1926. 'A set of postulates for the science of language'. *Language 2*, 152–164.

Bloomfield, Leonard 1928. *Menomini Texts*. New York: G. E. Stechert, agents.

Bloomfield, Leonard 1933. *Language*. New York: Henry Holt and Company．［L. ブルームフィールド(著)，勇康雄・増山節夫(訳) (1959)『言語（上）（下）』（英語学ライブラリー 39, 44）東京：研究社；三宅鴻・日野資純(訳) (1987)『言語』東京：大修館書店］

Bloomfield, Leonard 1939. 'Menomini morphophonemics'. *Travaux du cercle linguistique de Prague 8*, 105–115.

Bloomfield, Leonard 1957. *Eastern Ojibwa: Grammatical Sketch, Texts, and Word List*. Ann Arbor: University of Michigan Press.

Bloomfield, Leonard 1962. *The Menomini Language*. New Haven CT: Yale University Press.

Fought, John G. 1999. 'Leonard Bloomfield's linguistic legacy: Later uses of some technical features'. *Historiographia Linguistica 26*, 313–332.

Hall, Robert Anderson (ed.) 1987. *Leonard Bloomfield: Essays on His Life and Work*. Amsterdam: Benjamins.

Sebeok, Thomas A. 1966. *Portraits of Linguists: A Biographical Source Book for the History of Western Linguistics, 1746–1963*. Bloomington: Indiana University Press.

Chomsky, Noam
(ノーム・チョムスキー)(1928 年生まれ)

アヴラム・ノーム・チョムスキー (Avram Noam Chomsky) はペンシルベニア州フィラデルフィアに 1928 年に生まれた. 1945 年にペンシルベニア大学で, C. ウエスト・チャーチマン (C. West Churchman), ネルソン・グッドマン (Nelson Goodman), ゼリッグ・ハリス (Zellig Harris) のもとで, 哲学と言語学を学んだ. ハリスの教えはチョムスキーが変形生成文法を発展させるにあたり, 決定的な役割を果たした. ハーバード大学で若手研究員 (junior fellow) として 4 年間過ごした後 1955 年にペンシルベニア大学から博士号を取得した. 彼の 1955 年の博士論文は, 後に *Logical Structure of Linguistic Theory* (言語理論の論理構造) (1975) として出版されるが, 言語学についての彼の多くの着想を形成した. 1955 年以来彼はマサチューセッツ工科大学 (MIT) で教鞭を執り, 1961 年には現代言語・言語学科の教授に任命された. 彼はまた 1966 年に P. ウォード教授に, そして, 1976 年に研究所教授 (Institute Professor) に任命された. 彼の広範囲な業績は多様な学問分野からの膨大な数の賞によって顕彰された.

チョムスキーの *Syntactic Structures* (『文法の構造』『統辞構造論』) (1957) と *Aspects of the Theory of Syntax* (『文法理論の諸相』) (1965) は, 言語学への新しい形式的生成的なアプローチと認知科学の始まりの基礎を築いた. これらの本は人間の言語と精神 (mind) について考える際の新しい枠組みを言語学者, 哲学者, 心理学者に提供した.

チョムスキーは構造言語学が唱える言語分析の手順とそれが強調する言語資料／収集の重要性を批判した. 1950 年代にはほとんどの構造言語学のモデルでの目標は言語資料からそこに含まれる音素, 形態素, 統語構造を機械的に抽出する一群の手順を厳密な形で発見することであった. 構造言語学では意味の研究の居場所はほとんど存在しな

かった.意味は刺激と反応により決定される行動のパターンであると考えられていたのである.したがって,意味は言語学の研究対象ではなかった.言語学における構造主義は科学における行動主義的アプローチに由来し,実証主義という哲学的仮定の結果であった.

言語資料が言語学の研究対象であるということに疑義が生じれば,分析手続きによる機械的発見という概念も退けられることとなった.上記2冊の本において,チョムスキーはこれに代わる方法論として,言語科学は仮説を提出し,それを母語話者から提供される証拠に照らして検証(evaluate)することにより評価するべきであると提案した.彼の統語論における主たる業績の1つは文の表面的な統語論はそれらの基底の,深層の構造とは異なることを示したことであった.事実,表面的なことにかかわりすぎた構造主義言語学者たちは Flying planes may be dangerous. のような文の構造的多義性を説明できなかったのである.このような文は「誰か不定の人にとって飛行機を操縦することは時に危険である」と「飛んでいる飛行機は時に危険である」のいずれをも意味する.さらに,構造主義言語学者たちは John is easy to please. のような文と John is eager to please. のような文の内部の関係を説明できなかった.これらは表面的には全く同じ文法構造を有しているように見える.しかし,その表層的な類似性にもかかわらず,最初の文では John は please という動詞の目的語として理解され,「誰かがジョンを喜ばせることがたやすい」ということを意味する.2番目の文では John は please という動詞の主語と理解され,「ジョンが誰かを喜ばせたがっている」ということを意味する.これらの文の統語論における相違を説明する必要があったが,構造言語学の枠組みの中にはそのような事実を説明するメカニズムが存在しなかったのである.チョムスキーは統語論の目標は次の3つの主たる側面を説明する統語理論を構築することであるべきであると主張した.

1. 自然言語で可能な文の集合は無制限であることの説明
2. 文である語の連続と,文でない語の連続の区別の説明
3. 各々の文の,内部の文法関係と多義性を含む文法構造の記述

これらの3つを実現するためには自然言語の文法記述は言語の無限な文の集合を生成するが，非文法的な文を生成しない，有限な文法規則の集合を含む形式的な生成装置にならなければならない．このような文法はまた，各々の文の統語構造の記述も行わなければならない．そのような装置を生成文法（generative grammar）と呼ぶのである．どの話者であっても以前に聞いたこともなければ自分で発したこともない無限の文の集合を形成し，理解することができるのであるから，言語学において研究されるべき対象は話者が持つ言語の使用の背景にある知識でなければならないと，チョムスキーは主張する．言語の産出に関して，彼は言語能力（competence），すなわち話者が持つ言語についての知識と，言語運用（performance）すなわち具体的状況において話者が言語を使用することとを峻別することをチョムスキーは主張した．

　B. F. スキナー（B. F. Skinner）の *Verbal Behavior*（言語行動）についての1957年の書評で，チョムスキーは刺激と反応のモデルに基づく言語獲得の行動主義的説明はどんなものであれ，子供が言語を獲得する速さと容易さを説明できないことを示した．この主張を支持するために，生得性（nativism），刺激の貧困（poverty of the stimulus），言語的創造性（linguistic creativity）の3つの議論を用いた．生得性について，子供は言語を産出し，理解することを可能にする生物学的天賦の才（biological endowment）の一部として生得的な能力を持っているに違いないとチョムスキーは主張した．刺激の貧困に関しては，子供たちが触れる，部分的で，不規則で，不完全な発話にもかかわらず，言語の非常に複雑な特性を獲得すると主張した．最後に，言語的創造性について，子供は以前に遭遇したことのない無限の文を理解／産出することができると主張した．このことは子供が言語を習得する生得的な能力の一部として生得的な回帰的メカニズムをもっていることを示している．そのために，言語の話者は行動主義者が論じるほどには環境の要因に左右されることがない．それゆえ，刺激-反応のモデルは言語習得を適切に説明することはできない．

　1970年代，1980年代における生成文法の進展の多くは，文法の生

成部門，変形部門の制約を定式化する努力によって生じた．例えば X バー理論 (X-bar theory) は句構造規則をすべての句についての 1 つの構造的な式形に還元する試みであったし，α 移動 (Move α) はすべての移動規則を 1 つの規則に還元し，その適用可能性を文法の一般的な諸原理によって制限しようとする試みであった．しかし，1981 年からチョムスキーは普遍文法 (Universal Grammar: UG) の生得的諸原理をその値が遺伝的に決定されていない言語の部門であるパラメターと結びつけ始めた．この時点で，言語習得は，パラメターの設定のプロセスになり，言語の多様性は UG の原理と関連したパラメターの値の選択に関する相違として説明されることとなった．この枠組みでは規則の体系を構築することは言語学の中心的な仕事ではなくなった．言語学の焦点は代わりに UG の原理を発見し，どのようなパラメターが存在するかを明らかにすることにより言語間の変異を説明することとなった．

（1995 年から現在までの）ミニマリスト・プログラム (Minimalist Program) では，チョムスキーは言語機能は完璧な装置であると提案している．完璧であるためには余剰性があってはならず，したがって，表示と派生は，調音-知覚システム（すなわち音声的側面）と概念-意図システム（すなわち意味）とを関係づける際に可能な限り極小的である．文の派生は辞書から取り出された語彙項目からなる語彙列挙 (numeration) で始まる．語彙項目には「時制」というような素性が含まれる．語彙的な要素は，順に 1 つ 1 つ併合され，循環的により大きな統語対象物を構成する．（書き出し (spell-out) と呼ばれる）ある時点で，派生は分岐する．意味的な操作は顕在的な音韻論的実現なしで進行し，論理形式 (Logical Form: LF) を生む．他方，音韻論的操作は派生の意味に影響を与えることなく進行する．UG の最後の原理は完全解釈 (full interpretation) の原理であり，それは PF と LF のあらゆる要素は適切な解釈を受けねばならないということを定めている．移動は最後の手段として，最小の努力によって達成される形で生じる．

チョムスキーの提案は常に異論を呼び，Newmeyer (1986) が示し

たようにクーン（Kuhn）の言う意味で，革命的（revolutionary）であった．言語学での仕事のほかに，チョムスキーは哲学，政治学，認知科学，心理学のような他の分野でもよく知られており，これらの分野でいくつかの本や論文を発表している．彼のラディカルで革新的な政治観のゆえに，彼は，政治評論家として，また，政治活動家として，何百という左翼人や左翼グループにとって霊感を与える存在であった．

参考文献

Barsky, Robert 1997. *Noam Chomsky. A Life of Dissent*. Cambridge MA: The MIT Press. ［R. F. バースキー（著），土屋俊・土屋希和子（訳）（1998）『ノーム・チョムスキー：学問と政治』東京：産業図書］

Chomsky, Noam 1959. 'A review of B. F. Skinner's verbal behavior'. *Language 35*, 26–58.

Chomsky, Noam 1965. *Aspects of the Theory of Syntax*. Cambridge MA: The MIT Press. ［N. チョムスキー（著），安井稔（訳）（1970）『文法理論の諸相』東京：研究社］

Chomsky, Noam 1966. *Topics in the Theory of Generative Grammar*. The Hague: Mouton.

Chomsky, Noam 1972. *Language and Mind*. 3rd edn. New York: Harcourt, Brace & World. ［N. チョムスキー（著），川本茂雄（訳）（1976）『言語と精神』東京：河出書房新社；町田健（訳）（2011）『言語と精神』東京：河出書房新社］

Chomsky, Noam 1981. 'Principles and parameters in syntactic theory'. In *Explanation in Linguistics*. London: Longman.

Chomsky, Noam 1986. *Knowledge of Language*. New York: Praeger. ［N. チョムスキー（著），福井直樹（編訳）（2012）「言語の知識」『チョムスキー言語基礎論集』，175-233，東京：岩波書店］

Chomsky, Noam 1988. *Language and Problems of Language: The Managua Lectures*. Cambridge MA: The MIT Press. ［N. チョ

ムスキー(著), 田窪行則・郡司隆男(訳) (1989)『言語と知識：マナグア講義録（言語学編）』東京：産業図書]

Chomsky, Noam 1995. *The Minimalist Program.* Cambridge MA: The MIT Press. [N. チョムスキー(著), 外池滋生・大石正幸(監訳) (1998)『ミニマリスト・プログラム』東京：翔泳社]

Chomsky, Noam 1996. *Class Warfare.* London: Pluto Press.

Kuhn, Thomas 1970. *The Structure of Scientific Revolutions.* Chicago: Chicago University Press. [T. クーン(著), 中山茂(訳) (1971)『科学革命の構造』東京：みすず書房]

Newmeyer, Frederick 1986. 'Has there been a "Chomskyan revolution" in linguistics?'. *Language 62*, 1-18. [F. J. ニューマイヤー(著), 原口庄輔・飯塚登世一(訳) (1986)「チョムスキーは言語学に革命をもたらしたか」『言語』15 巻 12 号（特集：チョムスキー理論の功罪——生成文法の 30 年——), 東京：大修館書店]

Otero, Carlos (ed.) 1993. *Noam Chomsky: Critical Assessments.* London/New York: Routledge.

Dik, Simon Cornelis（シモン・コーネリス・ディック）(1940-1995)

オランダの言語学者で，機能文法理論を開発したことで有名である．デルデン (Delden) で生まれ，子供時代に移り住んだアムステルダムでディック (Dik) は古典文学を学び，人生のほとんどをこの都市で過ごした．彼は研究の初期段階でもうすでに一般言語学への興味を発展させていた．1960 年代，彼はオランダに輸入されて間もない変形生成文法の最も早い批評家のうちの一人であった．1968 年，彼は *Coordination; Its Implications for the Theory of General Linguistics*（等位構造――一般言語学理論への含意）で学位論文審査を通過した．そして，その直後，アムステルダム大学で一般言語学の主任に任命され，死の直前までその職にあった．

1978 年，ディックは彼の機能文法理論をスタートさせた．彼は言語を第一義的にコミュニケーションツールと理解する理論において，形式的な原理と機能的な原理を結合させ，文というものを統語的，意味論的，語用論的対象物と見なした．ディックの後年の出版物は大部分，この理論の精緻化で構成されている．彼の最後の本は *The Theory of Functional Grammar*（機能文法理論）(1989) の第 1 巻であるが，第 2 巻はキース・ヘンゲフェルト (Kees Hengeveld) により編集され，1997 年に死後出版された．

機能文法はオランダ，ベルギー，スペインで特に広まり，他の国々でも，機能文法の枠組みにおいて研究する個々の学者も存在した．統語論への機能的アプローチの中でも，機能文法は高度な形式化を提供した最初のものの 1 つであった．なぜなら，ディックの意図は研究者たちに変形生成文法の代案になりうるパラダイムを提供することであったからである．彼の教え子と協力者たちは機能文法を精緻化した．例えば，ヤン・ヌイツ (Jan Nuyts) の機能手続き的文法 (Functional Procedural Grammar)，キース・ヘンゲフェルトの機能談話文法 (Functional Discourse Grammar)，ラチュラン・マケンジー

(Lachlan Mackenzie）により提案された増分的機能文法（Incremental Functional Grammar）などである．

しかしながら，今日では，機能的アプローチに対する興味の増大にもかかわらず，ディックの機能文法もその発展のどちらも，変形生成文法が達成したような支配的な地位を機能主義内では達成しなかったようである．これは主として，アメリカ合衆国で部分的に類似した機能的分析が実質的に完全に独立した方法で発展したものの，ディックの機能文法理論の追従者が実際には一人もいなかったという事実による．

参考文献

Anstey, Matthew and John Lachlan Mackenzie (eds.) 2005. *Crucial Readings in Functional Grammar*. Berlin: Mouton de Gruyter.

Dik, Simon C. 1968. *Coordination: Its Implications for the Theory of General Linguistics*. Amsterdam: North Holland.

Dik, Simon C. 1997a. *The Theory of Functional Grammar*. Vol. 1: *The Structure of the Clause*. Second, revised edn. Edited by Kees Hengeveld. Berlin: Mouton De Gruyter.

Dik, Simon C. 1997b. *The Theory of Functional Grammar*. Vol. 2: *Complex and Derived Constructions*. Edited by Kees Hengeveld. Berlin: Mouton De Gruyter.

Hengeveld, Kees and John Lachlan Mackenzie 2006. 'Functional discourse grammar'. In Keith Brown (ed.), 668–676.

Kooij, Jan G. 2001. 'Simon Cornelis Dik'. *Jaarboek van de Maatschappij der Nederlandse Letterkunde*, 62–66.

Mackenzie, John Lachlan and María Á. Gómez-González (eds.) 2004. *A New Architecture for Functional Grammar*. Berlin: Mouton de Gruyter.

Greenberg, Joseph Harold
(ジョゼフ・ハロルド・グリーンバーグ) (1915-2001)

アメリカの言語学者,ジョゼフ・グリーンバーグ (Joseph Greenberg) は今も言語の類型論 (typology) と言語普遍性 (language universals) の最も影響力のある学者のうちの一人である.彼はコロンビア大学,イェール大学,およびノースウェスタン大学に学び,ノースウェスタン大学で人類学の博士号を授与された.第二次世界大戦後,彼はミネソタ大学で職を得,2年間過ごしたが,その後,コロンビア大学の人類学科に移った.彼はコロンビア大学で1948年から1962年まで教鞭を執ったが,それからスタンフォード大学に移り,そこで残りの人生を過ごした.スタンフォード大学ではグリーンバーグは人類学の教授であったが,言語学科の創設を手伝い,アフリカ研究センターを組織した.彼は全米科学アカデミー (National Academy of Science) のメンバーになった最初の言語学者であった.

研究の初期段階ですでに言語に対して強い興味を示し,できる限り数多くの言語を学んだ.言語分類に対する彼の興味はアフリカ諸言語の分類に専心した彼の最初の論文の中にすでに存在していた (1949).この論文や他の初期の研究において,グリーンバーグは遺伝的分類の特徴と類型論的特徴および人類学的・文化的要因と関連する特徴とを区別した.アフリカ諸言語の彼の言語分類は部分的に大規模比較に基づいたものであった.その最終的な言語分類は1950年代に刊行されたが,高度に革新的なものであり,今日においても彼の最も重要な業績のうちの1つである.

グリーンバーグの類型論に対する最初の貢献は1954年に刊行されたものだが,それはサピア (Sapir) の *Language* (『言語』) (1921) に含まれる形態論的類型論に関する研究を精緻化したものである.彼の統語論に対する最も重要な貢献——それはまた言語類型論の里程標ともなっているものだが——は彼の1963年の論文 'Some universals of grammar with particular reference to the order of meaningful elements'（有意義な要素間の順序に特に着目したいくつかの文法の普遍性）である．この論文においてグリーンバーグは（「もしある言語が x を有するならば，その言語は y をもまた有する」という形式で表現される）含意的普遍性（implicational universals）を広範に用いた．すなわち，彼は系統的に無関係な30の言語のサンプルに基づいて，単文内および句の内部の構成素の語順に関係する45の普遍性を発見した．

クロフト（Croft）がグリーンバーグの追悼記事で述べているように，グリーンバーグの論文は，変形生成文法が言語研究の焦点を統語論に移動させ，そしてチョムスキー（Chomsky）が言語学者は言語普遍性を探求すべきだと主張していた時期に登場したものであった．しかしながら，チョムスキー派の伝統の普遍性が個別言語の分析（そして，それはしばしば英語の分析に限定される）に基づいて演繹的に追究されたのに対し，グリーンバーグの見方は反対であった．すなわち，彼は言語横断的な比較に基づき，帰納的方法を通じて普遍性を追究したのである．

グリーンバーグの論文は出版されるや否や，言語学に対して大きなインパクトを与え，語順普遍性が数多くの理論に組み入れられた．グリーンバーグの論文は史的統語論に対してもまた（特に W. P. レーマン（W. P. Lehmann）の研究を通して）大きなインパクトを与えた．およそ20年の間，統語的変化は実質的に語順パターンにおける変化によって唯一的に条件付けられるものと理解されていた．それはグリーンバーグの意図からすれば極端なこじつけの想定であったが，史的統語論の大きな関心を生み出すのにさらに貢献したのである．

グリーンバーグの言語理論へのインパクトはいくら評価してもされ過ぎることはない．実際，『ニューヨーク・タイムズ』に掲載された追悼記事で引用されているニューマン（Newman）の言葉を借りれば，「グリーンバーグはチョムスキーに次いで，その研究の質，量，射程において，我々が過去50年間に出会った明らかに最も重要な言語学者であると言わねばならない」．類型論におけるグリーンバーグの萌芽的な研究は新しい道を切り開き，現在，言語の機能的類型論的アプ

ローチ (functional-typological approach) として知られている理論の設立に貢献した. それは西海岸機能主義 (West Coast Functionalism) と認知言語学 (cognitive linguistics) とを結合し, 現在, 変形生成文法への最も重要な代案を構成しているものである.

参考文献

Croft, William 2001. 'Joseph Harold Greenberg'. *Language 77*, 815-830.

Greenberg, Joseph H. 1963. 'Some universals of grammar with particular reference to the order of meaningful elements'. In *Universals of Language*. Cambridge MA: The MIT Press, 73-113.

Greenberg, Joseph H. 1966. *The Languages of Africa*. Bloomington: Indiana University Press.

Greenberg, Joseph H. 2000. *Indo-European and its Closest Relatives: The Eurasiatic Language Family*. Vol. 1: *Grammar*. Stanford: Stanford University Press.

Greenberg, Joseph H. 2002. *Indo-European and its Closest Relatives: The Eurasiatic Language Family*. Vol. 2: *Lexicon*. Stanford: Stanford University Press.

Greenberg, Joseph H. 2005. *Genetic Linguistics: Essays on Theory and Method*. Edited by William Croft. Oxford: OUP.

Silverstein, Michael 2002. 'Joseph Harold Greenberg'. *American Anthropologist 104*, 630-635.

Wade, Nicholas 2001. 'Joseph Greenberg, 85, singular linguist, dies'. *The New York Times* May 15.

Tesnière, Lucien (ルシアン・テニエール) (1893-1954)

フランスの言語学者で，文内の依存関係に基づく統語理論である依存文法 (Dependency Grammar) の創始者として特に知られている．彼の最も重要な本は，*Élément de syntaxe structurale*（『構造統語論要説』）であり，それは 1959 年に死後出版された．

テニエールは，学生時代にすでに言語に極めて優れた天賦の才を見せていた．彼は 1913 年と 1914 年にライプツィヒとウィーンで学業を終えた．ライプツィヒでは，彼はニコライ・トゥルベツコイ (Nikolaj Trubeckoj) に出会って，プラハ言語学派 (Prague Linguistics Circle)（プラーグ学派）に加わった．彼は第一次世界大戦の間に軍隊に徴兵されて，ヘブライ語，ロシア語，オランダ語，フィンランド語，ハンガリー語を含む，より多くの言語を学ぶことによって，数か所の戦地で過ごした年月をうまく利用した．彼は最初の仕事をストラスブールで得て，そこでは 1934 年まで教えて，のちにモンペリエ大学に移って，そこでは比較言語学を教えた．

テニエールの最初の研究分野はスラブ語の言語学であった．それに関して，彼は例えば *Petite grammaire russe*（ロシア語小文法）(1934) のように様々な研究を出版した．ストラスブールでの年月の間に，すでにテニエールは結合価 (valency) の理論の原理を考案していたが，それは財政上の制限のために，出版することができなかった．したがって，その理論は，彼のモンペリエの時代まで広い読者が入手できるようにならなかった．モンペリエの時に，彼は *Cours élémentaire de syntaxe structurale*（構造的統語論の基礎コース）(1938) を出版し，*Cours de syntaxe structurale*（構造的統語論のコース）(1943) と *Esquisse d'une syntaxe structurale*（構造的統語論の概要）(1953) が後に続いて，後者は彼の死の直前に出版された．

テニエールは自分の理論を「構造的統語論」('structural syntax') と呼び，それゆえ，彼の主要な関心は，文と構成素の構造に関係して

いるということを明らかにした．彼は構造を単に線形順序としてではなくて，構造の下位にある原理として考えて，「構造的統語論は，話された連鎖に基づいて，言語の表面上の線形的性質の背後に隠された深層の構造の真実を明らかにすることを目指す」("La syntaxe structurale a pour objet de révéler la réalité structurale profonde qui se cache derrière l'apparence linéaire du langage sur la chaîne parlée." 1953: 4) と書いた．

テニエールは，主語と述語に基づいた文の構造の論理的な概念をやめて，動詞を中心とみなして，依存 (dependency) という概念に基づいた理論を提供した．彼は特に結合価という概念を考案したことに功績があると考えられている．結合価に従って，動詞が文の構造を前もって決定する．なぜなら，動詞が依存要素によって義務的に満たされなければならないスロット（結合価）を持っているからである．結合価という用語それ自体は化学から借用されている．テニエールは動詞を文の原子に関係して言及し，文を動詞の原子が他の原子を結合させるように構成される分子とみなした．結合価は動詞だけが持つ特性ではない．他の語もまた，例えば前置詞のように，その語の周りの構造を前もって決定することができる．

たとえテニエールが結合価と依存関係の完全な理論を精巧に考案した最初の人物であったとしても，特定の語，特に動詞が満たされなければならないスロットを持つという考えは，他動性 (transitivity) の概念の基礎を作っていて，それは西洋の文法記述の長い伝統を持っている．1934年に，ビューラー (Bühler) は Leerstellen (空のスロット) という重大な概念をドイツ語文法に導入し，中世のスコラ哲学者が connotatio (内包) という近い概念を持っていたと考えた．Dependenzgrammatik (依存文法) という用語は19世紀にドイツ語文法の伝統に導入されたが，それはのちに再発見され，その時にはテニエールの研究がドイツで知られるようになっていた．

テニエールによると，文は小さいドラマ (un petit drame) の上演と考えることができ，そこには，いくつかの付加的な存在物とともに，何人かの役者が参加している．彼は最初の種類の参加者を行為項

(actant）と呼び，2番目の種類の参加者を状況項（circumstant）と呼んだ．この考え方では，動詞は文の中心的な役割である．というのは，動詞は文の中で言及される行為（＝事象）を表現し，動詞が要求する参与者にスロット（結合価）を与え，それらは動詞が付与する役割を受けとるからである．したがって，動詞は文の主催者である．テニエールのモデルはヨーロッパの構造主義（structuralism）やその外部の言語学者にさえも影響を及ぼした．行為項という用語は，事象の参与者を指して言っていて，それから記号論（semiotics）へと広がり，そして，とりわけアルギルダス・グレイマス（Algirdas Greimas）によって物語のテキストの研究で行為項物語スキームの記述で使われた．

参考文献

Bühler, Karl 1934. *Sprachtheorie. Die Darstellungsfunktion der Sprache.* Jena: Fischer. ［K. ビューラー（著），脇阪豊他（訳）（1983, 1985）『言語理論：言語の叙述機能　上巻・下巻』東京：クロノス］

Forsgren, Kjell-Aake 2006. 'Tesnière, Lucien Valerius' (1893-1954). In K. Brown (ed.), 593-594.

Greciano, Gertrud and Helmut Schumacher (eds.) 1996. *Lucien Tesnière—Syntaxe structurale et operations mentales. Akten des deutsch-französischen Kolloquiums anlässlich der 100. Wiederkehr seines Geburtstags.* Tübingen: Niemeyer.

Tesnière, Lucien 1934. *Petite grammaire russe*. Paris: Henri Didier.

Tesnière, Lucien 1953. *Esquisse d'une syntaxe structurale*. Paris: Klincksieck.

Tesnière, Lucien 1959. *Éléments de syntaxe structurale*. Paris: Klincksieck. ［L. テニエール（著），小泉保（訳）（2007）『構造統語論要説』東京：研究社］

Wackernagel, Jacob（ヤーコプ・ヴァッカーナーゲル）(1853–1938)

スイスの言語学者で，青年文法学派 (Neogrammarian) の第2世代の一員である．ヴァッカーナーゲル (Wackernagel) はバーゼル (Basle) に生まれ，そこで古典文献学 (classical philology) を学び，ゲッティンゲン (Göttingen) にいた時期を除き退職するまで教鞭を執った．彼は，音韻論や形態論に比べるとほとんど研究されてこなかった分野である統語論に興味を持っていたため，同年代の研究者の中でも特殊な地位を占めている．彼が教授時代に受け持った授業を調べてみても，統語論は1880年代にはすでに何度となくテーマとして取り上げられてきたことが分かる．1904年にはヴァッカーナーゲルは歴史統語論の授業を持っていたが，そのテーマは今でも革新的であると思われる．

大半の青年文法学派の研究者のように，ヴァッカーナーゲルもまたインド・ヨーロッパ言語学のある法則に自分の名を付けた．'Über ein Gesetz der indogermanischen Wortstellung' ('On a law concerning Indo-European word order' (印欧語語順に関する法則) Wackernagel 1953に再掲) という1892年の論文においてヴァッカーナーゲルは，古代インド・ヨーロッパ諸語では，いくつかの不変化詞 (particle)，接続詞 (conjunction)，代名詞 (pronoun)，および動詞形 (verb form) は，強勢を持つ最初の語の後という，今ではヴァッカーナーゲル位置 (P2) として知られる特異な位置を文中で占めていると指摘した．P2に現れる語はすべて，無強勢 (unaccented)（もしくは弱強勢 (weakly accented)）であるという共通の韻律的特徴を有していた．この傾向は，サンスクリット語 (Sanskrit) とホメロスのギリシャ語 (Homeric Greek) に最もよく見られるが，ヴァッカーナーゲルは他のインド・ヨーロッパ諸語にもその痕跡を見いだした．とりわけ，ヴァッカーナーゲルにとって動詞がP2に生じることは，インド・ヨーロッパ祖語 (Proto-Indo-European) の文型を再建するのに

重要なことであった．ヴェーダ語（Vedic Sanskrit）では，動詞前辞（preverb）を伴う定形動詞は従属節では強勢が置かれるが，主節では動詞前辞に強勢が移動する．動詞の中には決して強勢が置かれないものがあるが，その中で最も有名なものは動詞 'be' である．ヴェーダ語によく見られる文型の中で，動詞前辞が文頭にくるものがある．定形動詞（finite verb）の韻律的特徴に基づいて，ヴァッカーナーゲルはインド・ヨーロッパ祖語が動詞に関して基本的に近代高地ドイツ語（Modern High German）と同じ語順である，すなわち主節では動詞が義務的に2番目の位置にくるが従属節では文末の位置にくるものだと再建した．

ヴァッカーナーゲルの法則は，彼の時代には評価が一様ではなかった．とりわけインド・ヨーロッパ祖語における定形動詞の位置はドイツ語における定形動詞の位置と同じであるという考えは全面的な同意を得られなかった．しかし，様々なタイプの無強勢の要素がP2に置かれたという事実は，ヒッタイト語（Hittite）が1916年についに解読された時に著しい確証を見いだした．というのも，ヒッタイト語ではほぼ例外なく，無強勢の代名詞や不変化詞がヴァッカーナーゲルの法則に従っているのである．

統語論の分野におけるヴァッカーナーゲルの他の主要な業績は統語論についての2冊の講義録（*Vorlesungen über Syntax*（統語論講義））である．これは1926-1928年に出版されたのだが，その中でヴァッカーナーゲルは，インド・ヨーロッパ諸語（大部分がラテン語，ギリシャ語およびゲルマン語派に基づく）の名詞と動詞の統語的振る舞いに関連したいくつかの問題を取り上げた．ヴァッカーナーゲルのアプローチはそれぞれの屈折範疇をその出発点と考えるものだが，これは19世紀末から20世紀初頭にかけての歴史言語学に典型的なアプローチであり，それまで統語論は形態論の付録のようなものと見なされていたという事実によるものである．ヴァッカーナーゲルの時代には，言語学者は統語論と形態論の混同から脱却しつつあったが，それでもなお統語的な問題の範囲を定めるためには形態論が重要であった．そのことは，語順に関して先駆的な研究をしてきたにもかかわらず，

ヴァッカーナーゲルが文構造（Satzlehre）に関する本をさらに刊行すると告知したものの次巻を書くことはなかったという事実の中にとりわけ反映されていた．

統語論は新しい分野として区別されるようになったが，まだ理論的な枠組みに頼ることはできなかった．このため，ヴァッカーナーゲルの統語的な記述は前理論的（pretheoretical）な状態にとどまっており，彼の洞察は言語やテキストについての彼の深い知識を源泉としていた．

以下のことを付け加えておくべきであろう．アドルフ・トブラー（Adolf Tobler）とアドルフォ・ムッサフィア（Adolfo Mussafia）によるロマンス諸語の分野における当時の研究が示すように，接語（clitic）の置かれる位置に対する制約は19世紀の末期には人気のある研究分野となっており，その結果，ヴァッカーナーゲルの名がP2接語と結びつくようになるよりも前に，初期のロマンス諸語における接語の位置に関する，いわゆるトブラー＝ムッサフィアの法則が定式化されることとなった．

参考文献

Collinge, N. E. 1985. *The Laws of Indo-European*. Amsterdam: Benjamins.

Eichner, Heiner and Helmut Rix (eds.) 1990. *Sprachwissenschaft und Philologie. Jacob Wackernagel und die Indogermanistik heute*. Wiesbaden: Reichert.

Mussafia, Adolfo 1886. 'Una particolarità sinttatica della lingua italiana dei primi secoli', in G. I. Ascoli et al. (eds.), *Miscellanea di filologia e linguistica in memoria di Napoleone Caix e Ugo Angelo Canello*. Firenze: LeMonnier, 255–261.

Tobler, Adolf 1912. 'Besprechung von J. Le Coultre, De l'ordre des mots dans Chrétien de Troyes', *Vermische Beiträge zur französischen Grammatik 5*, 395–414. Leipzig (originally published in 1875).

Wackernagel, Jacob 1926–1928. *Vorlesungen über Syntax*. 2 vols. Basle: Birkhäuser.

Wackernagel, Jacob 1953. *Kleine Schriften*. 2 vols. Göttingen: Vandenhoek & Ruprecht.

第2部

Behagel, Otto（オットー・ベハーゲル）(1854–1936)

ドイツ人言語学者であり，ゲルマン語研究者であるオットー・ベハーゲル (Otto Behagel) はハイデルベルグ大学，バーゼル大学，ギーセン大学で教鞭を執った．彼は特に現代高地ドイツ語 (Modern High German) および中高ドイツ語 (Middle High German) に特に関心があって，彼の研究は理論志向のものではない．しかし，彼の統語論についての直観のいくつかは談話構造の重要な特徴を捉えるものである．

ベハーゲルは構成素の順序に関して，文中の情報の分布に根拠を持つ一般的な傾向を反映した「法則」を定式化している．特に，「知的に近い関係にあるものは隣接して生じる傾向がある（ベハーゲルの第一法則）」「あまり重要でない，つまりすでに聞き手にとって既知である情報はより重要な情報に比べて文の前のほうに生じる傾向がある（ベハーゲルの第二法則）」，「軽い構成素は，重い構成素より文中の前のほうに生じる傾向がある」．この最後のものは「軽重の法則」あるいは単に「ベハーゲルの法則」として知られる．

参考文献

Behaghel, Otto 1909. 'Beziehungen zwischen Umfang und Reihenfolge von Satzgliedern'. *Indogermanische Forschungen 25*, 110–142.

Behaghel, Otto. 1932. *Deutsche Syntax. Eine geschichtliche Darstellung*, 2nd edn. 4 vols. Heidelberg, Winter.

Best, Karl-Heinz 2007. 'Otto Behaghel (1854–1936)'. *Glottometrics 14*, 80–86.

Bresnan, Joan W. (ジョウン・ブレズナン)(1945 年生まれ)

アメリカ人言語学者のジョウン・ブレズナン (Joan Bresnan) はロナルド・キャプラン (Ronald Kaplan) と語彙機能文法 (Lexical-Functional Grammar) として知られる形式統語理論を開発した.その後で,統計的な測定を用いて,静的で,代数的な言語習得理論に疑問を提起して,言語を本質的に変動する確率的なものとして研究することを提案した.

ジョウン・ブレズナンは *Theory of Complementation in English Syntax*(英語統語論における補文理論)という博士論文で,1972 年に MIT から博士号を取得した.MIT ではノーム・チョムスキー (Noam Chomsky) に師事したが,WH 移動に関してしばしば意見を異にした.このことから,代案の理論を定式化することになった.現在ジョウン・ブレズナンは 1983 年以来教鞭を執るスタンフォード大学の言語学教授である.現在の研究課題はオーストラリア先住民の言語とバンツー語の研究である.彼女は言語類型論に関心があり,最適性理論の開発者の一人でもある.

参考文献

Bresnan, Joan 2001. *Lexical Functional Syntax*. Malden MA: Blackwell.

Bresnan, Joan and Judith Aissen 2002. 'Optimality and functionality: Objections and refutations', *Natural Language and Linguistic Theory 20*, 81-95.

Kaplan, Ronald and Joan Bresnan 1982. 'Lexical-functional grammar: A formal system for grammatical representation'. In J. Bresnan (ed.) *The Mental Representation of Grammatical Relations*. Cambridge, MA: The MIT Press, 173-281.

Croft, William(ウィリアム・クロフト)(1956生まれ)

アメリカの言語学者ウィリアム・クロフト(William Croft)は,今日の第一線で活躍している言語類型論学者の一人である,彼はスタンフォード大学でジョゼフ・グリーンバーグ(Joseph Greenberg)の指導を受け,1986年に卒業した.学位論文の題目は *Categories and Relations in Syntax: The Clause-level Organization of Information*(統語論における範疇と関係:情報の節レベルの組織化)であった.イギリスのマンチェスター大学で数年教えた後,現在はアメリカのニューメキシコ大学で教鞭を執っている.

学位論文以後のクロフト自身の研究の多くの部分は,様々な言語における文法的・統語的構文を対象としている.これらの現象は,彼によると,基本的には意味によって条件づけられているものである.彼のもう1つの大きな研究テーマは言語変化である.このテーマを扱った本として,彼は2000年に著書 *Explaining Language Change: An Evolutionary Approach*(言語変化の説明:進化論的アプローチ)を出版している.本書において,クロフトは,進化生物学に触発された枠組みを用いて言語変化を考察している.現在の彼は,根源的構文文法(Radical Construction Grammar)と呼ばれる,言語類型論指向の構文文法の枠組みの中で研究を続けている.彼は,言語に対する認知主義的接近方法を強く支持している.彼は,言語研究における機能的類型論的接近法の主唱者の一人で,この方法は認知主義と機能主義を合わせたものである.

参考文献

Croft, William 1994. 'The semantics of subjecthood'. In M. Yaguello (ed.) *Subjecthood and Subjectivity.* Paris: Ophrys, 29-75.

Croft, William 2000. *Explaining Language Change: An Evolution-*

ary Approach. Harlow, Essex: Longman.

Croft, William 2007. 'Typology and linguistic theory in the past decade: A personal view'. *Linguistic Typology 11*, 79-91.

Delbrück, Berthold(ベルトルト・デルブリュック)(1842-1922)

ドイツ人学者であるベルトルト・デルブリュック(Berthold Delbrück)は,彼の活躍した時代においては第一線の印欧語研究者の一人であった.彼はハレ(ザーレ)大学とベルリン大学の2つの大学で学び,ベルリン大学では,1866年にはサンスクリット語統語論を扱った学位論文により大学教授資格を得た.この論文は,比較統語論における先駆的研究である.1870年に,イェーナ大学で比較言語学およびサンスクリット言語学の教授となり,1913年に引退するまでそこで研究を続けた.彼は,青年文法学者(Neogrammarian)として知られる歴史言語学者の一人であった.

デルブリュックは比較統語論に興味があったので,カール・ブルークマン(Karl Brugmann)とともに大きな研究成果を世に出すこととなった.それは *Grundriß der vergleichenden Grammatik der indogermanischen Sprachen* ('Outline of the Comparative Grammar of the Indo-European Languages')(印欧諸語比較文法概説)という5巻本の研究書で,ブルークマンは音韻論と形態論の巻を担当し,デルブリュックは統語論の巻を担当したのであった.この5巻本は,様々な版を重ね,最終版は1916年に出版されたが,この最終版は今でも重要な参考文献であり続けている.

デルブリュックの統語論研究法は,彼の時代においては比較的新しいものであった.つまり,その時代において,統語論とはしばしば形態論の付録として扱われていたものであり,ほとんど屈折範疇の機能を論じることしかしていないのであった.しかし,デルブリュックは,そうではなく,文構造や文型をも記述し,文として定義されるものは何か,という問いを掲げて論じたのであった.彼の考えでは,文とは可能な発話として定義される.すなわち,それは,叙述(または陳述)(predication)を論理学的な用語で述べ直したものなどではなく,談話(discourse)の1つの単位であるとした.

Delbrück, Berthold

参考文献

Delbrück, Berthold 1888. *Altindische Syntax*. Halle: Weisenhauses.

Delbrück, Berthold 1901. *Vergleichende Syntax der indogermanischen Sprachen*. 2nd edn. 3 vols. Straßburg: Trübner.

Graffi, Giorgio 2001. *200 Years of Syntax. A Critical Survey*. Amsterdam: Benjamins.

Dixon, Robert Malcolm Ward

(ロバート・マルコム・ワード・ディクソン)(**1939 生まれ**)

R. M. W. ディクソン (R. M. W. Dixon) はイングランドで生まれ, オックスフォード大学で学士号および修士号を終えると, 1968 年にロンドン大学で言語学博士号を取得した. 学位論文である *The Dyirbal Language of North Queensland* (『北クイーンズランドのジルバル語』) は, オーストラリアで 1963 年から行った大規模実地調査の成果であった. 学位を終えるとすぐに, ディクソンはイングランドを離れオーストラリアに渡り, オーストラリア国立大学の教授となり, 1999 年までその職にあった. 2000 年にラ・トローブ大学 (La Trobe University) に移り, 現在に至るまで教鞭を執る.

当初は言語理論についていくつかの論文を書き, その後, フィールドワークへの関心からオーストラリアの現地諸語の記述に集中するようになったが, 2006 年にアメリカ言語学会からレナード・ブルームフィールド賞を受賞することになったのは, *The Jarawara Language of Southern Amazonia* (南アマゾンのヤラワラ語) という著書であった. 広範囲に渡る, 系統的に無関係な言語に対する深い知識は, 現地調査で集めた経験的なデータの取り扱いに裏打ちされており, その結果ディクソンは言語類型論の指導的研究者となっている.

統語論の分野において, ディクソンの名前はとりわけ, 様々な種類の格システム (alignment system) の記述および文法関係に関する類型論の発展と結びついている. ディクソンの研究により, 能格性は, 1979 年に *Language* 誌に掲載の長編論文となって初めて実証研究がなされた. 論文はその後 1994 年に *Ergativity* (能格性) として出版され, この分野で最も包括的かつ洞察に富む入門書となっている.

参考文献

Aikhenvald, Alexandra 2006. 'Dixon, Robert M. W'. In Keith

Brown (ed.), 737–739.
Dixon, R. M. W. 1972. *The Dyirbal Language of North Queensland*. Cambridge: CUP.
Dixon, R. M. W. 1977. *A Grammar of Yidiny*. Cambridge: CUP.
Dixon, R. M. W. 1979. 'Ergativity'. *Language 55*, 59–138.
Dixon, R. M. W. 1994. *Ergativity*. Cambridge: CUP.
Dixon, R. M. W. 2004. *The Jarawara Language of Southern Amazonia*. Oxford: OUP.

Fillmore, Charles J.(チャールズ J. フィルモア)(1929-2014)

アメリカの言語学者チャールズ・フィルモア(Charles Fillmore)は,1961年ミシガン大学より言語学博士号を取得した.オハイオ州立大学やスタンフォード大学で教鞭を執ったが,1971年にカリフォルニア大学バークレー校に移ると,1994年に退職するまでそこで教鞭を執った.

　フィルモアは格文法(Case Grammar)として知られる深層格の理論で,1960年代後半に特に影響力を持つようになった.また,生成意味論として知られる,当時主流であった変形生成文法に対抗する理論の創始者の一人でもあった.フィルモアのフレーム意味論は,認知言語学そして後には構文文法に礎を提供した.その後,フィルモアは,創発文法(Emergent Grammar)として知られる使用依拠アプローチの発展に共同で取り組んでいた.

参考文献

Fillmore, Charles 1968. 'The case for case'. In Bach and Harms (ed.): *Universals in Linguistic Theory*. New York: Holt, Rinehart & Winston, 1-88. [C. J. フィルモア(著), 田中春美・船城道雄(訳) (1975)『格文法の原理:言語の意味と構造』東京:三省堂]

Fillmore, Charles 1982. 'Frame semantics'. In Linguistic Society of Korea (ed.) *Linguistics in the Morning Calm*. Seoul: Hanshin Publishing Co., 111-137.

Givón, Talmy(タルミー・ギヴォン)(1936 年生まれ)

タルミー・ギヴォン(Talmy Givón)は,イスラエルに生まれた.ギヴォンは,アメリカにおける機能主義言語学の創始者の一人である.1959 年,ヘブライ大学で学士号を取得.その後は UCLA(カリフォルニア大学ロサンジェルス校)で研究を続け,1969 年に博士号を取得した.大学院時代に,UCLA の助教授として教鞭を執り始めた.後にオレゴン大学に移り,言語学科を設立した.

ギヴォンは現代アメリカ機能主義,とりわけ自らが創設に関わった西海岸機能主義として知られるアプローチの主導者である.ギヴォンは研究活動の多くを統語論に充てている.彼は統語論を,意味論と緊密な関連を持つもの,また文と談話における語用論と緊密な関連を持つものと考えている.機能統語論の概要を表したものに,2 冊から成る *Syntax: A Functional-Typological Introduction*(統語論:機能的・類型論的(アプローチ)概論)(vol. I, 1984; vol. II, 1990)があり,後に大幅に修正され *Syntax: An Introduction*(統語論:序論)(2 vols, 2001)として出版されている.

参考文献

Brdar, Mario 2006. 'Givón, Talmy'. In Keith Brown (ed.), 86-87.
Givón, Talmy 1984-1990. *Syntax: A Functional-Typological Introduction* (2 vols.). Amsterdam: Benjamins (2nd. rev. edn., 2001)

Goldberg, Adele (アデル・ゴールドバーグ) (1963年生まれ)

アメリカの言語学者アデル・ゴールドバーグ (Adele Goldberg) は,ペンシルベニア大学で数学および哲学の学士号を取得し,カリフォルニア大学バークレー校ではジョージ・レイコフ (George Lakoff) の指導を受け,言語学の博士号を取得した.イリノイ大学で1997年から2004年まで教鞭を執ったあと,プリンストン大学で言語学教授となった.

ゴールドバーグは構文文法という分野での研究で最もよく知られている.構文についての博士論文は,1995年に著書として出版され,翌年 the Gustave O. Arlt Humanities Award を受賞した.その著書は,日本語,韓国語,そして中国語に翻訳されている.2004～2007年,*Cognitive Linguistics* 誌の編集長であった.

参考文献

Goldberg, Adele 1995. *Constructions: A Construction Grammar Approach to Argument Structure*. Chicago: University of Chicago Press. [A. E. ゴールドバーグ(著), 河上誓作・谷口一美・早瀬尚子・堀田優子(訳) (2001)『構文文法論:英語構文への認知的アプローチ』東京:研究社]

Goldberg, Adele 2006. *Constructions at Work: The Nature of Generalization in Language*. Oxford: OUP.

Halliday, Michael Alexander Kirkwood
(マイケル・アレクサンダー・カークウッド・ハリデー) (1925 年生まれ)

英国の言語学者マイケル・アレクサンダー・カークウッド・ハリデー (Michael Alexander Kirkwood Halliday) は，ロンドン大学およびケンブリッジ大学で中国語言語学を学び，ケンブリッジ大学で博士号を取得した．この間，ハリデーは中国に3年滞在するなどした．1965年，ロンドン大学ユニバーシティ・カレッジの一般言語学教授に就任．1975年，ハリデーはシドニー大学に職を得て，ロンドン大学からシドニー大学に異動し，1987年に引退するまでそこで教鞭を執った．

ハリデーは特に，選択体系機能文法 (Systemic Functional Grammar) の創始者として知られている．ハリデーの主要な関心は常に，社会的コンテクストにおける言語使用にあった．自身の言語理論を構築する上で，ハリデーは恩師 J. R. ファース (J. R. Firth) (1890-1960) の影響を受けた．ファースの研究上の関心は主に韻律音韻論にあった．ファースは分析においてコンテクストが音と意味の両方に関わることを主張した．このほか，ファースは，単一の分析原理システムでは言語を正しく説明できないとし，むしろ，状況が異なれば，異なるシステムが必要だと考えた．

ハリデーは1961年に初めて選択体系文法の概略を論文で発表した．その後，理論は洗練され，1985年の著作 *An Introduction to Functional Grammar* (『機能文法概説』) (2 edn. 1994) で理論の詳細が展開された．

参考文献

Firth, John Rupert 1957. *Papers in Linguistics 1934-1951*. Oxford: OUP. [J. R. ファース(著)，大束百合子(訳)『ファース言語論集 (I) 1934-1951』東京：研究社]

Halliday, M. A. K. 1961. 'Categories of the theory of grammar'. *Word* 17.

Halliday, M. A. K. 1973. *Explorations in the Functions of Language*. London: Edward Arnold.

Halliday, M. A. K. 1978. *Language as Social Semiotic: The Social Interpretation of Language and Meaning*. London: Edward Arnold/Baltimore: University Park Press.

Halliday, M. A. K. 1994. *An Introduction to Functional Grammar*. 2 edn. London: Edward Arnold. [M. A. K. ハリデー(著), 山口登・筧壽雄(訳) (2001)『機能文法概説:ハリデー理論への誘い』東京:くろしお出版]

Harris, Zellig (ゼリッグ・ハリス) (1909-1992)

ゼリッグ・ハリス (Zellig Harris) はウクライナで生まれ，4歳のとき家族とともにペンシルベニア州フィラデルフィアに移住した．ペンシルベニア大学で学士号，修士号，および博士号を取得．1931年，ペンシルベニア大学で教鞭を執り始める．ハリスは1946年に，米国で初となる言語学科を同校に創設した．1979年にペンシルベニア大学を退職後は，コロンビア大学で教鞭を執った．1966年，ペンシルベニア大学ベンジャミン・フランクリン言語学教授に任命された．アメリカ哲学学会および全米科学アカデミーの会員であり，1955年にはアメリカ言語学会の会長を務めた．

ハリスは言語の形式的および数学的な特性，とりわけ意味と情報に対応する性質に関心があった．かつてのアメリカのブルームフィールド派構造主義と同様，分散の言語観に立った．さらに，代数に触発され，変形という概念を導入した．変形は後に，かつての教え子であるノーム・チョムスキー (Noam Chomsky) により発展することになる．1982年，代表作である *A Grammar of English on Mathematical Principles* (数理原理に基づく英文法) を出版した．

参考文献

Brabanter, Philippe de 2001. 'Zellig Harris's theory of syntax and linguistic reflexivity'. *Belgian Essays on Language and Literature L3*, 53–66.

Harris, Zellig 1970. *Papers in Structural and Transformational Linguistics*. New York: Humanities Press.

Harris, Zellig 1982. *A Grammar of English on Mathematical Principles*. New York: Wiley.

Harris, Zellig 1988. *Language and Information*. New York: Columbia University Press.

Jackendoff, Ray S.（レイ S. ジャッケンドフ）（**1945 年生まれ**）

アメリカ人言語学者レイ・ジャッケンドフ（Ray Jackendoff）は X バー理論に基づく統語論（X-bar syntax）の深化など変形生成文法に対して重要な貢献を行った．彼はスワースモア・カレッジで数学で学士号を取得し，*Some Rules of Semantic Interpretation for English*（英語の意味論解釈規則）という博士論文で，1969 年に MIT から博士号を取得した．ブランダイス大学で 30 年以上教鞭を執った後 2005 年以降タフツ大学で言語学と哲学を教えている．

レイ・ジャッケンドフは，統語論が言語の中で唯一の生成部門であるとするノーム・チョムスキー（Noam Chomsky）の統語論中心の言語観に反対している．ジャッケンドフによれば統語論，意味論，音韻論はインターフェース部門を通して互いに，そして知覚システムのような他のシステムとも繋がっている．彼の研究において，これらの部門間の適切なインターフェース規則を定式化している．ピーター・カリカバー（Peter Culicover）との共著である *Simpler Syntax*（より単純な統語論）で，2 人の著者は最も説明力の高い統語論は音韻論と意味との間をとりもつのに必要とされる可能な限り最小の構造を入力するものであると主張している．その結果，彼らの言語理論は他の枠組みに比べて，統語論と意味論の間にはるかに豊かな写像関係を与えている．

参考文献

Jackendoff, Ray S. 1977. *X-bar Syntax: A Study of Phrase Structure*. Cambridge MA: The MIT Press.

Jackendoff, Ray S. 2002. *Foundations of Language: Brain, Meaning, Grammar, Evolution*. Oxford: OUP.

Jackendoff, Ray S. and Peter Culicover. 2005. *Simpler Syntax*. Oxford: OUP.

Kayne, Richard S. (リチャード S. ケイン) (**1944年生まれ**)

アメリカ人言語学者リチャード S. ケイン (Richard S. Kayne) は，チョムスキー (Chomsky) の考えを補うような提案をいくつかして，変形生成文法の統語論一般に顕著な貢献をした．英語とロマンス諸語，主にフランス語に焦点をあてて研究している．

ケインは 1964 年にコロンビア・カレッジで数学で学士号を取得し，*The Transformational Cycle in French Syntax* (フランス語統語論における変形サイクル) という博士論文で，1969 年に MIT で博士号を取得した．この博士論文は後に MIT から出版された．1969 年から 1986 年までの間，パリ第 8 大学で，1988 年から 1997 年までニューヨーク市立大学で，そして 1997 年以降ニューヨーク大学で教鞭を執った．[1]

参考文献

Kayne, Richard S. 1975. *French Syntax: The Transformational Cycle*. Cambridge MA: The MIT Press.

Kayne, Richard S. 1994. *Antisymmetry in Syntax*. Cambridge MA: The MIT Press.

---

[1] ケインはまた，すべての言語において語順は c 統御により一律に決定されていて，すべての言語の構造は右枝分かれであることを主張する線形対応公理 (Linear Correspondence Axiom) の提案者としても知られている．

Lakoff, George(ジョージ・レイコフ)(1941年生まれ)

アメリカ人言語学者ジョージ・レイコフ(George Lakoff)は認知言語学(Cognitive Linguistics)の最も著名な提唱者の一人で,認知言語学を創設し発展させた言語学者の一人である.彼はメタファーの理論で最もよく知られている.メタファーについてはいくつかの著書があるが,なかでも1980年にマーク・ジョンソン(Mark Johnson)との共著 *Metaphors We Live By*(『レトリックと人生』)がよく知られている.彼は1966年にインディアナ大学から博士号を取得して,ハーバード大学,ミシガン大学で教鞭を執った後,1972年にバークレー大学に移籍し,現在はそこで認知言語学を講じている.

博士号を取得する前,レイコフはMITでノーム・チョムスキー(Noam Chomsky)の学生であった.1960年代初期に彼は統語論の自律性についてのチョムスキーの見方に対して批判的になり,意味論に基礎を置いたモデルに取り組み始めた.(ほんの数年後に出版されることになった)1963年の論文で,彼は生成意味論(Generative Semantics)という名称を初めて使った.1960年代,1970年代を通して,彼はロス(Ross),マコーレー(McCawley),フィルモア(Fillmore)等と生成意味論の発展に取り組んだ.

言語のほかに,レイコフは文学,哲学,数学,そして政治学などの人間活動のいくつかの他の分野も探求した.彼は進歩的な政治的価値を奨励するロックリッジ研究所(Rockridge Institute)の創設者の一人でもある.彼の枠組みに関する考えや政治的発言はしばしば論争を呼ぶものであった.それがよく表れているのが2006年の *Whose Freedom?: The Battle over America's Most Important Idea*(誰の自由:アメリカの最も重要な思想についての論争)を契機に生じた議論で,同書はスティーブン・ピンカー(Stephen Pinker)に厳しい批判を受けた.

参考文献

Lakoff, George 1971. 'Toward generative semantics'. In J. McCawley (ed.) *Notes from the Linguistic Underground*. New York: Academic Press, 43–61.

Lakoff, George and Mark Johnson 1980. *Metaphors We Live By*. Chicago: University of Chicago Press. ［G. レイコフ・M. ジョンソン(著), 渡部昇一他(訳) (1986)『レトリックと人生』東京: 大修館書店］

Lakoff, George and Mark Turner 1989. *More than Cool Reason: A Field Guide to Poetic Metaphor*. Chicago: University of Chicago Press.

Lakoff, George 1996. *Moral Politics*. Chicago: University of Chicago Press.

Lakoff, George and Mark Johnson 1999. *Philosophy in the Flesh*. New York: Basic Books.

Lakoff, George and Rafael Núñez 2000. *Where Mathematics Comes From*. New York: Basic Books.

Lakoff, George 2006. *Whose Freedom?: The Battle over America's Most Important Idea*. New York: Farrar, Straus and Giroux.

Lamb, Sydney M. (シドニィ M. ラム) (**1929 年生まれ**)

成層文法の創始者であるシドニィ・ラム (Sydney M. Lamb) は 1929 年, コロラド州デンバーに生まれた. 彼は学士号を 1951 年にイェール大学から取得した. そして, 博士号を 1958 年にカリフォルニア大学バークレー校から取得し, 1956 年から 1964 年までそこで教鞭を執った. 1964 年にイェール大学で教鞭を執った後, テキサス州ヒューストンのライス大学に加わった.

ラムはカリフォルニアの土着の言語を調査した. また, 歴史言語学, 計算言語学, 理論言語学への寄稿がある. 最も影響力のある本は 1966 年の *Outline of Stratificational Grammar* (成層文法の大要) であり, その中で彼は文の分析に意義レベル, 語彙レベル, 形態レベル, 音韻レベルが必要であると論じている. 彼によると, それらは階層的に関係づけられ, 下位の構造レベルの要素によって具現化される. ラムのレベルとレベル間の関係の考えは 1930 年代にルイス・イェルムスレウ (Louis Hjelmslev) によって展開された言理論 (Glossematics) の影響を大きく受けた.

近年, ラムは特に理論と神経構造や思考過程の関係を探ることによって, 理論をさらに発展させている. この研究は彼の著作の 1999 年に出版された *Pathways of the Brain: The Neurocognitive Basis of Language* (脳の経路:言語の神経認知的基礎) と 2004 年に出版された *Language and Reality* (言語と現実) の中で説明されている.

参考文献

Hjelmslev, Louis 1953. *Prolegomena to a Theory of Language*. Baltimore: Waverly Press, 1953 (first published 1943). 2nd revised edn. Madison: University of Wisconsin Press, 1961. [L. イェルムスレウ(著), 林栄一(訳述) (1959)『言語理論序説』(英語学ライブラリー 41) 東京:研究社]

Lamb, Sydney M. 1966. *Outline of Stratificational Grammar*. Washington: Georgetown University Press.

Lamb, Sydney M. 1988. 'Autobiographical sketch'. In Konrad Koerner (ed.), *First Person Singular III*. Amsterdam: Benjamins.

Lamb, Sydney M. 1999. *Pathways of the Brain: The Neurocognitive Basis of Language*. Amsterdam: Benjamins.

Lamb, Sydney M. 2004. *Language and Reality*. London: Continuum Books.

Langacker, Ronald W. (ロナルド W. ラネカー) (1942年生まれ)

アメリカ人言語学者ロナルド W. ラネカー (Ronald W. Langacker) は認知言語学の主要な提唱者の一人であり、認知文法の創始者である。彼は1966年に博士号をイリノイ大学アーバナ・シャンペーン校から取得した。その後すぐにカリフォルニア大学サンディエゴ校の言語学教授となり、2003年に退職するまでそこで教鞭を執った。研究者としての初期にユト・アステク語の広範囲な研究を行い、アメリカ人類言語学の伝統を継続させた。

1960年代、ラネカーは変形生成文法のパラダイムにおいて研究を行い、いくつかの重要な概念を作り出した。例えば、統御 (command) は後に修正されて、今日でも通用している (Langacker 1969 を参照)。1970年代初め、彼は変形生成文法で仮定されていた、意味論の解釈的な見方に対して批判的になった。また、生成意味論の創設者の一人であった。彼の空間文法 (Langacker 1982) は認知文法と構文文法の基礎となった。

統語論の分野で、ラネカーは1977年の再分析に関する論文で言語変化や通時性の研究に対して重要な貢献をした。それは「再分析の特定の例ではなく一般的性質を探るための初めての理論的な試みである」(Li and Thompson 1977: xi)。

ラネカーはいくつかの影響力のある本を出版したが、その中には今日に至るまで、認知文法の最も包括的な入門書である2巻の *Foundations of Cognitive Grammar* (認知言語学の基礎) がある。

参考文献

Langacker, R. W. 1977. *Studies in Uto-Aztecan Grammar.* Vol. 1: *An Overview of Uto-Aztecan Grammar.* Dallas: Summer Institute of Linguistics and University of Texas at Arlington.

Langacker, Ronald W. 1982. 'Space grammar, analysability, and the

English passive', *Language* 58, 22-80.

Langacker, Ronald W. 1987. *Foundations of Cognitive Grammar.* Vol. 1: *Theoretical Prerequisites.* Stanford: Stanford University Press.

Langacker, Ronald W. 1990. *Concept, Image, and Symbol: The Cognitive Basis of Grammar.* Berlin: Mouton De Gruyter.

Langacker, Ronald W. 1991. *Foundations of Cognitive Grammar*, Vol. 2: *Descriptive Application.* Stanford: Stanford University Press.

Lasnik, Howard（ハワード・ラズニック）(1945 生まれ)

アメリカ人言語学者ハワード・ラズニック（Howard Lasnik）は1967年に数学と英語の学士号をカーネギー工科大学で取得し，1969年に英語修士号（MA in English）をハーバード大学で取得した．また，1972年に博士論文 *Analysis of English Negation*（英語の否定の分析）で博士号を MIT で取得した．1972年から2002年まで30年間，コネチカット大学で教鞭を執り，2002年からは特別教授としてメリーランド大学で教鞭を執っている．

ラズニックは著作が多く，拡大標準理論から統率・束縛理論やミニマリスト・プログラム（Minimalist Program）まで，変形生成文法の発展と理論化において重要な役割を果たした．彼は1977年の 'Filters and control'（フィルターと制御）のような重要な論文をノーム・チョムスキー（Noam Chomsky）と共同執筆している．

参考文献

Chomsky, Noam and Howard Lasnik 1977. 'Filters and control', *Linguistic Inquiry* 8, 425–504.

Chomsky, Noam and Howard Lasnik 1993. 'The theory of Principles and Parameters'. In I. J. Jacobs et al. (eds.) *Syntax: An International Hanbook of Contemprory Research*. Berlin: De Gruyter, 505–569.

Lasnik, Howard 1999. *Minimalist Analysis*. Oxford: Blackwell.

Lehmann, Winfred Philip
(ウィンフレッド・フィリップ・レーマン) (1916-2007)

アメリカ人言語学者ウィンフレッド・フィリップ・レーマン (Winfred P. Lehmann) は史的統語論の創始者の一人であり，それを類型論的な視点から研究した．彼はウィスコンシン大学で研究を行い，そこでゲルマン語学の修士号を取得し，1941年に博士号を取得した．

第二次世界大戦後，彼はワシントン大学のドイツ語学部に加わった．1949年にテキサス大学オースティン校に移り，そこで言語学部を創り退職まで教鞭を執った．

レーマンの研究分野には機械翻訳もあったが，彼は特に印欧語の研究や歴史言語学への貢献で知られている．いち早く言語再建のためにグリーンバーグ (Greenburg) の普遍性 (Greenberg 1963) を用い，言語変化を説明した．1974年の著書 *PIE Syntax* (印欧祖語統語論) は印欧祖語の統語論を再建している．また，語順の普遍性から引き出される一般化は統語論を余すところなく記述することができるという想定に基づいて，印欧語の変化も説明する．この本は変形生成文法を採用しようというレーマンの最も一貫した形での試みでもある．*PIE Syntax* の出版後，歴史統語論の研究では約10年の間，ほとんど語順の変化だけに重点的に取り組んだ．

その後，*Theoretical Bases of Indo-European Linguistics* (インド・ヨーロッパ言語学の理論的基礎) で，レーマンはいかにして統語理論が歴史言語学と結びつくかについて折衷的な見解を示した．

参考文献

Friedrich, Paul 1975. 'Proto-Indo-European syntax. The order of meaningful elements'. Memoir 1, *Journal of Indo-European Studies*.

Lehmann, Winfred P. 1974. *Proto-Indo-European Syntax*. Austin,

TX: University of Texas Press.
Lehmann, Winfred P. 1993. *Theoretical Bases of Indo-European Linguistics*. London: Routledge.
Miller, Gary D. 1975. 'Indo-European: VSO, SOV, SVO or all three?'. *Lingua 37*, 31–52.

Lightfoot, David W.
(ディビッド W. ライトフット) (**1945 年生まれ**)

イギリスの言語学者ディビッド W. ライトフット (David W. Lightfoot) は，彼の 1979 年の著書 *Principles of Diachronic Syntax* (通時統語論の原理) において，初めて変形生成統語論を用いて言語の歴史的過程と統語変化を説明した言語学者である．彼は 1945 年にイギリスのプリマスで生まれた．彼は 1966 年にロンドン大学キングス・カレッジ (the University of London, King's College) で古典学の学士号 (BA) を受け，ミシガン大学で修士号 (MA) を取得し，さらに同校で 1970 年に *Natural Logic and the Moods of Classical Greek* (古代ギリシャ語の自然論理とムード) という博士論文で博士号 (Ph.D.) を得ている．

ライトフットは生産的な学者で，歴史変化や統語理論そして言語習得などの分野で多数の著書や論文を発表している．そして，彼は，これらの分野は密接に関係があると考えている．彼が教鞭を執った大学にはマギル大学，ユトレヒト大学，メリーランド大学，そしてジョージタウン大学がある．ジョージタウン大学では，彼は大学院委員会 (Graduate School for Arts and Science) の長を務め，さらにアメリカ国立科学財団 (National Science Foundation) の理事長補佐を務めている．

参考文献

Lightfoot, David W. 1979. *Principles of Diachronic Syntax*. Cambridge: CUP.

Lightfoot, David W. 1991. *How to Set Parameters: Arguments from Language Change*. Cambridge, MA: The MIT Press.

Lightfoot, David W. 1999. *The Development of Language Acquisition, Change and Evolution*. Oxford: Blackwell Publishers.

Lightfoot, David W. 2006. *How New Languages Emerge*. Cambridge: CUP.

Mathesius, Vilém（ヴィレーム・マテジウス）(1882-1945)

ヴィレーム・マテジウス（Vilém Mathesius）はチェコの言語学者で，ローマン・ヤコブソン（Roman Jakobson）やニコライ・トゥルベツコイ（Nikolaj Trubeckoj）などとともに，1926年のプラーグ学派の創設者の一人である．スラブ諸語，ゲルマン諸語そしてロマンス諸語の研究の後，彼は英語学の大学教授資格を得，1919年にプラハのカレル大学（Carl University）で英語英文学の教授となり，同大にて英語学科を創立した．

　様々な個人的な困難にもかかわらず（1922年には事実上目が見えなくなっていた），マテジウスはこの時代の最も影響力のある学者であり，文や談話の情報構造に関する現代の研究の端緒を開いた研究者であった．彼に学問的発想を与えるきっかけとなった1つの研究書として，ドイツ出身で在仏の文献学者であったヘンリ・ヴァイル（アンリ・ヴェーユ）（Henri Weil）(1818-1868) が1844年に出版した本がある．この本は，様々な言語の語順を比較検討し，ラテン語や古典ギリシャ語などの，ある一定の言語においては，語順を決めるのに伝達上の要因が大きな役割を演じていることを指摘したのである．

　マテジウスが1911年に王立ボヘミア科学学会（Royal Bohemian Society of Sciences）で行った講演 'On the potentiality of linguistic phenomena'（言語現象の可能性について）は，この研究分野の大きな発展の出発点となるものであった．そこで彼は文体的言語使用域という概念を論じているが，これによって我々は彼が早くから言語使用に関心があったことを知るのである．そして，このテーマはずっと彼の中心的研究分野であり続けた．以後の研究で彼は主題（theme）と題述（rheme）という述語を導入したが，これらは談話研究において現在も使われている用語となっている．そうした研究を集めたチェコ語の1巻本が1961年に出版され，その英語の翻訳は1975年に出版されている．

参考文献

Firbas, Jan 1968. 'On the prosodic features of the Modern English finite verb as means of Functional Sentence Perspective'. *Brno Studies in English 7*, 11–48.

Mathesius, Vilém 1975. *A Functional Analysis of Present Day English on a General Linguistic Basis*. The Hague: Mouton (English translation of *Obsahový rozbor současné angličtiny na základě obecně lingvistickém*, edited by J. Vachek, Prague). [V. マテジウス(著), J. ヴァヘク(編), 飯島周(訳) (1981)『機能言語学：一般言語学に基づく現代英語の機能的分析』東京：桐原書店]

Vachek, Josef and Libuše Dušková 1983. *Praguiana: Some Basic and Less Known Aspects of the Prague Linguistics School*. Amsterdam: Benjamins.

Weil, H. 1844. *De l'ordre des mots dans les langues anciennes comparées aux langues modernes*. Translated by C. W. Super as *The Order of Words in the Ancient Languages Compared with That of the Modern Languages*, 1978. Amsterdam: Benjamins.

McCawley, James D. (ジェイムズ D. マコーレー) (1938-1999)

アメリカの言語学者ジェイムズ・マコーレー（James McCawley）はスコットランド生まれで，子供の時にシカゴに移住した．彼は，それはそれは聡明な子供で，シカゴ大学に16歳で入学し，1958年（20歳の時）には数学で理学修士号（MS）を得ている．彼はその後言語学に興味を持ち，MIT に行って研究を続けた．彼はそこでノーム・チョムスキー（Noam Chomsky）のもとで研究し，1965年に博士論文を完成させている．1964年にはシカゴ大学で教え始めており，亡くなるまでそこで教えていた．

1960年代の後半，マコーレーは，統語論の自律性に関して変形生成文法の見解に異を唱え始めた．彼の1968年の論文 'The role of semantics in a grammar'（文法における意味論の役割），これは生成意味論に対する最も大きな貢献の1つであるが，この論文において，彼は自らの統語論についての見解を展開した．つまり，彼によると，統語論とは決定的に意味論と語用論に依存しているものである，と言うのである．統語論中心主義に対するマコーレーの懐疑主義は，彼が Moravcsik and Wirth (eds.) (1980) に寄稿した論文の題目に反映されている．その論文名は 'An un-syntax'（非統語論主義）といい，そこで彼は次のように主張している．「統語論が扱うものとして考えられてきた多くのものは，ほとんどが，形態論や論理学，言語産出の方法，そして協調の原理など，他の分野の反映なのである」(1980: 168)．

参考文献

McCawley, J. D. 1968. 'The role of semantics in a grammar'. In E. Bach and R. T. Harms (eds.) *Universals in Linguistic Theory*. New York: Holt, Rinehart and Winston, 124-169.

McCawley, J. D. 1980. 'An un-syntax'. In E. Moravcsik and J.

Wirth (eds.), 167–194.

Harris, Randy Allen 1993. *The Linguistics Wars*. Oxford: OUP.

Lawler, John 2003. 'Memorial for John McCawley'. *Language 79*, 614–625.

Postal, Paul M.（ポール M. ポスタル）（1936年生まれ）

アメリカの言語学者ポール M. ポスタル（Paul M. Postal）は，ディビッド M. パールムッター（David M. Perlmutter）とともに，関係文法という文法モデルを開発した．関係文法とは，変形を用いない形式文法であって，間接的にではあるが，構文研究における現代の形式的統語理論に重要な影響を与えたのであった．ポール・ポスタルはニュージャージー州ウィーホーケンに生まれ，1957年に人類学と哲学の学士号（BA）をコロンビア大学から得ている．そして，1963年に人類学の博士号（Ph.D.）をイェール大学から得ており，その博士論文の題目は *Some Syntactic Rules in Mohawk*（モーホーク語における統語的規則）であった．1963年から1965年にかけて，彼は MIT で言語学を教えている．MIT で彼はディビッド・パールムッターと共同研究を始めている．その時パールムッターは，彼の博士論文 *Deep and Surface Structure Constraints in Syntax*（統語論における深層・表層構造制約）を完成させつつあるところだった．

ポスタルとパールムッターは生成意味論の流れに関わるようになった．のちに彼らは彼ら自身の文法モデルである関係文法を開発した．その間，1965年から1967年にかけてポスタルはニューヨーク市立大学に移っており，そして1993年から現在までニューヨーク大学にいる．一方，パールムッターはと言うと，彼は長年カリフォルニア大学サンディエゴ校で教鞭を執り，現在は同校の名誉教授である．

参考文献

Johnson, David E. and Paul M. Postal 1980. *Arc Pair Grammar*. Princeton: Princeton University Press.

Perlmutter, David 1971. *Deep and Surface Structure Constraints in Syntax*. New York: Holt, Reinhart & Winston.

Postal, Paul M. 1974. *On Raising: One Rule of English Grammar and its Theoretical Implications*. Cambridge, MA: The MIT Press.

Perlmutter, David 1980. 'Relational Grammar'. In E. Moravcsik and J. Wirth (eds.), 195–229.

Postal, Paul M. and Bryan Joseph (eds.) 1990. *Studies in Relational Grammar 3*. Chicago: University of Chicago Press.

Pike, Kenneth Lee (ケネス・リー・パイク) (1912-2000)

アメリカの言語学者ケネス・リー・パイク (Kenneth Lee Pike) はタグミーミックス (文法素論, Tagmemics) の創始者で, 彼は, アメリカ言語学会夏期講座 (Summer Institute of Linguistics (SIL)) やミシガン大学で自らの言語学者としての経歴を発展させていった. 彼は, 1912 年にコネチカット州イースト・ウッドストックで生まれ, 1933 年にマサチューセッツ州ボストンのゴードン大学から神学と伝道で学士号 (BA) を得ている. そして, 1942 年にはミシガン大学から言語学の博士号 (Ph.D.) を受け, 同大学において 1947 年から 1977 年まで特別名誉研究者 (distinguished faculty member) であった. 1981 年には彼はテキサス大学アーリントン校の特任教授 (adjunct Professor) に任じられた. 彼は, 1942 年から 1979 年まで, アメリカ言語学会夏期講座の会長であった.

神学と伝道の学士号を得た後, パイクはタグミーミックスを用いて多くの言語の文法を書き, 聖書を翻訳せんとして, それをオーストラリアやアフリカ, アジア, そして南アメリカなどの現地語に訳していった. メキシコのオアハカ州 (Oaxaca) で話されているオトマンゲ語族 (Otomangean) の中の言語にミステク語 (Mixtec) というのがあるが, 彼のミステク語の分析は, 自身の言語研究の方法論の源となるものであった. 彼の言語理論, タグミーミックスは, アメリカ言語学会夏期講座を受講した宣教師たちが様々な言語を記述する際に, 彼らによって広く用いられたのであった. 彼は, 自分の学問研究時間をミシガン大学用とアメリカ言語学会夏期講座用の 2 つに分け, 後者においては, 多くの宣教師に対して言語学や聖書の翻訳の仕方の訓練をした.

参考文献

Pike, Kenneth L. 1967. *Language in Relation to a Unified Theory of the Structure of Human Behavior*. The Hague: Mouton.

Pike, Kenneth L. and Evelyn G. Pike 1977. *Grammatical Analysis*. Texas: Summer Institute of Linguistics and the University of Texas at Arlington.

Ross, John Robert(ジョン・ロバート・ロス)(1938年生まれ)

アメリカ人言語学者のジョン・ロバート・ロス(John Robert Ross)は1938年にマサチューセッツ州ボストンに生まれた.イェール大学で学士号を,ペンシルベニア大学で修士号を取得後,マサチューセッツ工科大学(MIT)で,ノーム・チョムスキー(Noam Chomsky)のもと,1967年に形式統語論において広範な影響力をもつ博士論文 *Constraints on Variables in Syntax* (文統語論における変項に対する制約)を書いて博士号を取得した.

統語論の分野における重要性にもかかわらず,彼の博士論文は *Infinite Syntax!* (無限統語論)というタイトルのもとに,1986年になって初めて出版された.博士論文でロスは統語的島(syntactic island),外置(extraposition),重名詞句転移(heavy NP shift)などの今日においても研究されているよく知られた統語現象の用語を提案した.彼は1966年から1985年までMITで教鞭を執っていた.米国外でしばらく教えあと,ノース・テキサス大学で教えるために米国に戻った.

1963年から彼はジョージ・レイコフ(George Lakoff),ポール・ポスタル(Paul Postal)などと協力して生成意味論の理論を発展させた.

参考文献

Lakoff, George and John R. Ross 1976. 'Is deep structure necessary?'. In J. D. McCawley (ed.) *Notes from the Linguistic Underground.* New York: Academic Press, 159–164.

Ross, John R. 1986. *Infinite Syntax!*. Norwood: ABLEX.

Van Valin, Robert D. Jr.
(ロバート D. ヴァン・ヴェーリン Jr.）(1952 年生まれ)

ロバート・ヴァン・ヴェーリン（Robert Van Valin）は特にウィリアム・フォウリー（William Foley）などとの協力で開発した文法理論である役割指示文法（Role and Reference Grammar）の主たる提唱者である．ヴァン・ヴェーリンとフォウリーはともにカリフォルニア大学バークレー校で言語学で博士号を取得した．2 人は自分たちの理論を概説した *Functional Syntax and Universal Grammar*（機能統語論と普遍文法）を共著で出版した．

　機能志向型の他の言語学者と同じく，ヴァン・ヴェーリンもまた，統語論の自律性に関するチョムスキーの仮定に反対の立場を取り，ミニマリスト・プログラム（Minimalist Program）の基本的概念のいくつかを批判して，「普遍文法の真に普遍的な部分は意味により駆動されている」と主張し，「この意味的中核からの逸脱は少なくとも部分的には談話-語用論に根拠を持つ」と提案している（Van Valin (ms.)）．

参考文献

Foley, William A. and Robert D. Van Valin, Jr. 1984. *Functional Syntax and Universal Grammar*. Cambridge: CUP.

Van Valin Robert D. Jr. ed. 1993. *Advances in Role and Reference Grammar*. Amsterdam: Benjamins.

Key Texts
主要文献

Bloomfield, Leonard 1933. *Language*. New York: Holt. ［L. ブルームフィールド(著), 勇康雄・増山節夫(訳) (1959)『言語（上）（下）』(英語学ライブラリー 39, 44) 東京：研究社；三宅鴻・日野資純(訳) (1987)『言語』東京：大修館書店］

Bresnan, Joan 2001. *Lexical-Functional Syntax*. Oxford: Blackwell.

Chomsky, Noam 1957. *Syntactic Structures*. The Hague: Mouton. ［N. チョムスキー(著), 勇康雄(訳) (1963)『文法の構造』東京：研究社；福井直樹・辻子美保子(訳) (2014)『統辞構造論』東京：岩波書店］

Chomsky, Noam 1965. *Aspects of the Theory of Syntax*. Cambridge MA: The MIT Press. ［N. チョムスキー(著), 安井稔(訳) (1970)『文法理論の諸相』東京：研究社］

Chomsky, Noam 1981. *Lectures on Government and Binding*. Dordrecht: Foris. ［N. チョムスキー(著), 安井稔・原口庄輔(訳) (1986)『統率・束縛理論』東京：研究社］

Chomsky, Noam 1986. *Knowledge of Language*. New York: Praeger. ［N. チョムスキー(著), 福井直樹(編訳) (2012)「言語の知識」『チョムスキー言語基礎論集』, 175-233. 東京：岩波書店］

Chomsky, Noam 1995. *The Minimalist Program*. Cambridge MA: The MIT Press. ［N. チョムスキー(著), 外池滋生・大石正幸(監訳) (1998)『ミニマリスト・プログラム』東京：翔泳社］

Comrie, Bernard 1989. *Language Universals and Linguistic Typology: Syntax and Morphology*. 2nd edn. Oxford: Blackwell/Chicago: University of Chicago Press. ［B. コムリー(著), 松本克己・山本秀

樹(訳)(1992)『言語普遍性と言語類型論:統語論と形態論』春日部:ひつじ書房]

Croft, William 1991. *Syntactic Categories and Grammatical Relations: The Cognitive Organization of Information*. Chicago: University of Chicago Press.

Dik, Simon C. 1997a. *The Theory of Functional Grammar*. Part 1: *The Structure of the Clause*. Second, revised edition. Edited by Kees Hengeveld. Berlin/New York: Mouton de Gruyter.

Dik, Simon C. 1997b. *The Theory of Functional Grammar*. Part 2: *Complex and Derived Constructions*. Edited by Kees Hengeveld. Berlin/New York: Mouton de Gruyter.

Dowty, David 1979. *Word Meaning and Montague Grammar*. Dordrecht: Reidel.

Fillmore, Charles 1968. 'The case for case'. In E. Bach and R. Harms (eds.) *Universals in Linguistic Theory*. New York: Holt, Rinehart & Winston, 1–88. [C. J. フィルモア(著), 田中春美・船城道雄(訳)(1975)『格文法の原理:言語の意味と構造』東京:三省堂]

Givón, Talmy 1984–1990. *Syntax: A Functional-Typological Introduction* (2 vols). Amsterdam: Benjamins (2nd, rev. edn., 2001).

Goldberg, Adele 1995. *Constructions: A Construction Grammar Approach to Argument Structure*. Chicago and London: Chicago University Press. [A. E. ゴールドバーグ(著), 河上誓作・谷口一美・早瀬尚子・堀田優子(訳)(2001)『構文文法論:英語構文への認知的アプローチ』東京:研究社]

Greenberg, Joseph 1963. 'Some universals of grammar with particular reference to the order of meaningful elements'. In *Universals of Language*. Cambridge: MIT Press, 73–113.

Grimshaw, Jane 1997. 'Projection, heads and optimality'. *Linguistic Inquiry 28*, 373–422.

Haegeman, Liliane 1991. *Introduction to Government and Binding Theory*. Blackwell: Oxford.

Halliday, M. A. K. 2004. *An Introduction to Functional Grammar*, 3rd edn., Revised by Ch. Matthiesen, London: Edward Arnold. [M. A. K. ハリデー(著), 山口登・筧壽雄(訳)(2001)『機能文法概説:ハ

リデー理論への誘い』東京：くろしお出版]

Harris, Alice and Lyle Campbell 1995. *Historical Syntax in Cross-Linguistic Perspective*. Cambridge: CUP.

Harris, Zellig 1951. *Methods in Structural Linguistics*. Chicago: University of Chicago Press.

Hopper, Paul and Sandra Thompson 1980. 'Transitivity in grammar and discourse'. *Language 56*, 251-299.

Hopper, Paul J. 1998. 'Emergent Grammar'. In M. Tomasello (ed.) *The New Psychology of Language*. Vol. 1. Mahvah (NJ): Lawrence Erlbaum Associates, 155-175.

Hornstein, Norbert, Jairo Nunes, and Kleanthes Grohmann 2006. *Understanding Minimalism*. Cambridge: CUP.

Hudson, Richard 1984. *Word Grammar*. Oxford: Blackwell.

Johnson, David E. and Paul M. Postal 1980. *Arc Pair Grammar*. Princeton: PUP.

Kayne, Richard 1994. *Antisymmetry in Syntax*. Cambridge MA: The MIT Press.

Keenan, Edward and Bernard Comrie 1977. 'Noun phrase accessibility and universal grammar'. *Linguistic Inquiry 8*, 63-69.

Koopman Hilda and Dominique Sportiche 1991. 'The position of subjects'. *Lingua 85*, 211-258.

Langacker, Ronald W. 1977. 'Syntactic reanalysis'. In Ch. N. Li (ed.) *Mechanisms of Syntactic Change*. Austin: University of Texas Press, 57-139.

Langacker, Ronald W. 1982. 'Space Grammar, Analysability, and the English Passive'. *Language 58*, 22-80.

Langacker, Ronald W. 1987. *Foundations of Cognitive Grammar*. Vol. 1: *Theoretical Prerequisites*. Stanford: Stanford University Press.

Langacker, Ronald W. 1991. *Foundations of Cognitive Grammar*. Vol. 2: *Descriptive Application*. Stanford: Stanford University Press.

Lightfoot, David W. 1979. *Principles of Diachronic Syntax*. Cambridge: CUP.

Moravcsik, Edith 2006. *An Introduction to Syntactic Theory*. London: Continuum Books.

Pollard, Carl and Ivan A. Sag 1994. *Head-Driven Phrase Structure Grammar*. Chicago: University of Chicago Press.

Pollock, Jean Yves 1989. 'Verb movement, UG and the structure of IP'. *Linguistic Inquiry 20*, 365-424.

Reinhart, Tanya 1983. *Anaphora and Semantic Interpretation*. London: Croom Helm.

Rizzi, Luigi 1990. *Relativized Minimality*. Cambridge MA: The MIT Press.

Roberts, Ian 2007. *Diachronic Syntax*. Oxford: OUP.

Ross, John R. 1986. *Infinite Syntax!* Norwood: ABLEX.

Shopen, Timothy 1985. *Language Typology and Syntactic Description*. 3 vols. Cambridge: CUP.

Tesnière, Lucien 1959. *Éléments de syntaxe structurale*, Klincksieck: Paris. [L. テニエール(著), 小泉保(訳) (2007)『構造統語論要説』東京：研究社]

Tomasello, Michael 1998-2002. *The New Psychology of Language*. 2 vols. Mahvah (NJ): Lawrence Erlbaum Associates.

Van Valin, Robert D. and Randy LaPolla 1997. *Syntax: Structure, Meaning and Function*. Cambridge: CUP.

Wackernagel, Jakob 1892. 'Über ein Gesetz der indogermanischen Wortstellung'. *Indogermanische Forschungen 1*, 333-436 (repr. in *Kleine Schriften*. Gottingen: Vandenhoek and Ruprecht, 1953).

Bibliography
参考文献

Abney, Steven R. 1987. *The Noun Phrase in its Sentential Aspect*. Substitute thesis for dissertation. MIT, Cambridge.

Andersen, Henning (ed.) 2001. *Actualization: Linguistic Change in Progress*. Amsterdam: Benjamins.

Anderson, Stephen 2005. *Aspects of the Theory of Clitics*. Oxford: OUP.

Arrivé, Michel and Driss Ablali 2001. 'Hjelmslev et Martinet: Correspondance, traduction, problemes theoriques'. *La Linguistique 37*, 33–57.

Bartsch, Renate and Theo Vennemann 1972. *Semantic Structures: A Study in the Relation between Semantics and Syntax*. Frankfurt am Main: Athenäum.

Behaghel, Otto 1909. 'Beziehungen zwischen Umfang und Reihenfolge von Satzgliedern'. *Indogermanische Forschungen 25*, 110–142.

Bloomfield, Leonard 1933. *Language*. New York: Henry Holt and Company. [L. ブルームフィールド(著), 勇康雄・増山節夫(訳) (1959) 『言語 (上) (下)』(英語学ライブラリー 39, 44) 東京：研究社；三宅鴻・日野資純(訳) (1987) 『言語』東京：大修館書店]

Boeckx, Cedric 2006. *Linguistic Minimalism*. Oxford: OUP.

Bresnan, Joan 1982. 'The passive in lexical theory'. In Joan W. Bresnan (ed.) *The Mental Representation of Grammatical Relations*. Cambridge MA: The MIT Press, 3–86.

Bresnan, Joan 2001. *Lexical-Functional Syntax*. Oxford: Blackwell.

Brown, Keith (ed.) 2006. *Encyclopedia of Language and Linguistics*. 2nd edn. Oxford: Elsevier.

Butler, Chris 2003. *Structure and Function: A Guide to Three Major Structural-Functional Theories*. Vol. 1: *Approaches to the Simplex Clause*. Vol. 2: *From Clause to Discourse and Beyond*. Amsterdam: John Benjamins.

Bybee, Joan 2007. *Frequency of Use and the Organization of Language*. Oxford: OUP.

Caplan, David 1981. 'Prospects for neurolinguistic theory'. *Cognition 10*, 59-64.

Chomsky, Noam 1957. *Syntactic Structures*. The Hague: Mouton. [N. チョムスキー(著), 勇康雄(訳) (1963)『文法の構造』東京：研究社；福井直樹・辻子美保子(訳) (2014)『統辞構造論』東京：岩波書店]

Chomsky, Noam 1965. *Aspects of the Theory of Syntax*. Cambridge MA: The MIT Press. [N. チョムスキー(著), 安井稔(訳) (1970)『文法理論の諸相』東京：研究社]

Chomsky, Noam 1970. 'Remarks on nominalization'. In Roderick Jacobs and Peter Rosenbaum (eds.) *Readings in English Transformational Grammar*. Waltham, MA: Blaisdell, 184-221. [N. チョムスキー(著), 安井稔(訳) (1976)「名詞句管見」『生成文法の意味論研究』(再録), 1-75. 東京：研究社]

Chomsky, Noam 1973. 'Conditions on transformations'. In S. R. Anderson and P. Kiparsky (eds.) *A Festschrift for Morris Halle*. New York: Holt, Rinehart & Winston, 232-286. [N. チョムスキー(著), 安井稔(訳) (1982)「変形に課せられる諸条件」『形式と解釈』(再録), 115-236. 東京：研究社]

Chomsky, Noam 1977. 'On *wh*-movement'. In Peter Culicover, Th. Wasow, and A. Akmajian (eds.) *Formal Syntax*. New York: Academic Press, 71-132.

Chomsky, Noam 1980. 'On binding'. *Linguistic Inquiry 11*, 1-46.

Chomsky, Noam 1981. *Lectures on Government and Binding*. Dordrecht: Foris. [N. チョムスキー(著), 安井稔・原口庄輔(訳)(1986)『統率・束縛理論』東京：研究社]

Chomsky, Noam 1982. *Some Concepts and Consequences of the Theory of Government and Binding*. Cambridge, MA: The MIT Press. [N. チョムスキー(著), 安井稔・原口庄輔(訳) (1987)『統率・束縛理論の意義と展開』東京：研究社]

Chomsky, Noam 1986. *Knowledge of Language*. New York: Praeger. [N. チョムスキー(著), 福井直樹(編訳) (2012)「言語の知識」『チョムスキー言語基礎論集』, 175-233. 東京：岩波書店]

Chomsky, Noam 1991. 'Some notes on economy of derivation and representation'. In R. Freidin (ed.) *Principles and Parameters in Comparative Grammar*. Cambridge, MA: The MIT Press: 417-454.

Chomsky, Noam 1995. *The Minimalist Program*. Cambridge, MA: The MIT Press. [N. チョムスキー(著), 外池滋生・大石正幸(監訳) (1998)『ミニマリスト・プログラム』東京：翔泳社]

Chomsky, Noam 2000. 'Minimalist inquiries: The framework'. In R. Martin, D. Michaels, and J. Uriagereka (eds.) *Step by Step*. Cambridge, MA: The MIT Press, 89-155.

Chomsky, Noam 2001. 'Derivation by phase'. In M. Kenstowicz (ed.) *Ken Hale. A Life in Language*. Cambridge, MA: The MIT Press, 1-52.

Chomsky, Noam 2004. 'Beyond explanatory adequacy'. In A. Belletti (ed.) *Structures and Beyond: The Cartography of Syntactic Structure*, vol. 3. Oxford: OUP.

Chomsky, Noam 2005. 'On phases'. In C. P. Otero et al. (eds.) *Foundational Issues in Linguistic Theory*. Cambridge, MA: The MIT Press.

Chomsky Noam and Howard Lasnik 1993. 'The theory of principles and parameters'. In I. J. Jacobs et al. (eds.) *Syntax: An International Handbook of Contemporary Research*. Berlin: De Gruyter, 506-569. [N. チョムスキー(著), 外池滋生・大石正幸(監訳) (1998)「派生と表示の経済性についての覚書」『ミニマリスト・プログラム』(再録), 153-197. 東京：翔泳社]

Comrie, Bernard 1976. 'The syntax of causative constructions: Cross-language similarities and divergences'. In M. Shibatani (ed.) *The Grammar of Causative Constructions*. New York: Academic Press, 261-312.

Comrie, Bernard 1985. *Tense*. Cambridge: CUP. [B. コムリー(著), 久保修三(訳) (2014)『テンス』東京：開拓社]

Corbett, Greville G. 2000. *Number*. Cambridge: CUP.

Corbett, Greville G., Norman M. Fraser, and Scott McGlashan (eds.) 1993. *Talking Heads. Heads in Grammatical Theory*. Cambridge: CUP.

Croft, William 1991. *Syntactic Categories and Grammatical Relations: The Cognitive Organization of Information*. Chicago: University of Chicago Press.

Croft, William 1995. 'Autonomy and functionalist linguistics'. *Language 71*, 490–532.

Croft, William 2001. *Radical Construction Grammar*. Oxford: OUP.

Croft, William 2003. *Topology and Universals*. 2nd edn. Cambridge: CUP.

Croft, William and D. Alan Cruse 2004. *Cognitive Linguistic*. Cambridge: CUP.

Culicover, Peter and Ray Jackendoff 2005. *Simpler Syntax*. Oxford: OUP.

Dalrymple, Mary 2006. 'Lexical Functional Grammar'. Keith Brown (ed.), 82–94.

Dik, Simon C. 1978. *Functional Grammar*. Amsterdam: North Holland/London: Academic Press.

Dik, Simon C. 1997. *The Theory of Functional Grammar*. 2 vols. 2nd edn. Edited by K. Hengeveld. Berlin: Mouton De Gruyter.

Dixon, R. M. W. 1977. *A Grammar of Yidiny*. Cambridge: CUP.

Dixon, R. M. W. 1980. *The Languages of Australia*. Cambridge: CUP.

Dixon, R. M. W. 1991. *A New Approach to English Grammar on Semantic Principles*. Oxford: Clarendon Press.

Dixon, R. M. W. 1994. *Ergativity*. Cambridge: CUP.

Droste, Flip G. and John E. Joseph (eds.) 1991. *Linguistic Theory and Grammatical Description*. Amsterdam: Benjamins.

Dryer, Matthew S. 1988. 'Object-verb order and adjective-noun order: Dispelling a myth'. *Lingua 74*, 77–109.

Edmondson, Jerold A. and Donald A. Burquest (eds.) 1992. *A Survey of Linguistic Theories*. Dallas, TX: The Summer Institute of Linguistics.

Fillmore, Charles J. 1963. 'The position of embedding transformations in a grammar'. *Word 19*, 208–231.

Fillmore, Charles J. 1968. 'The case for case'. In E. Bach and R. Harms (eds.) *Universals in Linguistic Theory*. New York: Holt, Rinehart & Winston, 1–88. [C. J. フィルモア(著), 田中春美・船城道雄(訳) (1975)『格文法の原理：言語の意味と構造』東京：三省堂]

Fillmore, Charles J., Paul Kay, and Mary C. O'Connor 1988. 'Regularity and idiomaticity in grammatical constructions'. *Language 64*, 501–538.

Gabelentz, Georg von der 1891. *Die Sprachwissenschaft*. Leipzig: Tauchnitz. New edition with an essay by E. Coseriu, 1972. Tübingen: Narr.

Gazdar, Gerald, Ewan Klein, Geoffrey K. Pullum, and Ivan Sag 1985. *Generalized Phrase Structure Grammar*. Cambridge MA: Harvard UP.

Givón, Talmy 1971. 'Historical syntax and synchronic morphology: An archaeologist's field trip'. *Chicago Linguistic Society 7*, 394–415.

Goldberg, Adele 1995. *Constructions: A Construction Grammar Approach to Argument Structure*. Chicago: University of Chicago Press. [A. E. ゴールドバーグ(著), 河上誓作・谷口一美・早瀬尚子・堀田優子(訳) (2001)『構文文法論：英語構文への認知的アプローチ』東京：研究社]

Graffi, Giorgio 2001. *200 Years of Syntax. A Critical Survey*. Amsterdam: Benjamins.

Greenberg, Joseph 1963. 'Some universals of grammar with particular reference to the order of meaningful elements', in *Universals of Language*. Cambridge MA: The MIT Press, 73–113.

Grimshaw, Jane 1997. 'Projection, heads and optimality'. *Linguistic Inquiry 28*, 373–422.

Haegeman, Liliane 1991. *Introduction to Government and Binding Theory*. Oxford: Blackwell.

Hale, Kenneth L. 1973. 'Person marking in Walbiri'. In Stephen R. Anderson & Paul Kiparsky (eds.) *A Festschrift for Morris Halle*. New York: Holt, Rinehart & Winston, 308-344.

Halliday, M. A. K. 2004. *An Introduction to Functional Grammar*, 3rd edn., Revised by Ch. Matthiesen, London: Edward Arnold. [M. A. K. ハリデー(著), 山口登・筧壽雄(訳) (2001)『機能文法概説：ハリデー理論への誘い』東京：くろしお出版]

Halliday, M. A. K. 2006. 'Systemic Theory'. In Keith Brown (ed.), 443-448.

Harris, Alice and Lyle Campbell 1995. *Historical Syntax in Cross-Linguistic Perspective*. Cambridge: CUP.

Harris, Randy 1993. *The Linguistics Wars*. Oxford: OUP.

Harris, Zellig 1946. 'From morpheme to utterance', *Language 22*, 161-183.

Harris, Zellig 1951. *Methods in Structural Linguistics*. Chicago: University of Chicago Press.

Harris, Zellig 1957. 'Co-occurrence and transformations in linguistic structure'. *Language 33*, 283-340.

Hauser, Marc, Noam Chomsky, and Tecumseh Fitch 2002. 'The evolution of the language faculty: Clarifications and implications'. *Science 298*, 1569-1579.

Hawkins, John A. 1983. *Word Order Universals*. New York: Academic Press.

Heine, Bernd 1993. *Auxiliaries: Cognitive Forces and Grammaticalization*. Chicago: University of Chicago Press.

Hengeveld, Kees and J. Lachlan Mackenzie 2005. 'Functional Discourse Grammar'. In Keith Brown (ed.) 668-676.

Hopper, Paul 1987. 'Emergent Grammar'. *Proceedings of the 13th Annual Meeting of the Berkeley Linguistics Society 13*, 139-157.

Hopper, Paul J. 1998. 'Emergent Grammar', In M. Tomasello (ed.) *The New Psychology of Language*. Vol. 1. Mahvah (NJ): Lawrence Erlbaum Associates, 155-175.

Hopper, Paul and Sandra Thompson 1980. 'Transitivity in grammar and discourse'. *Language 56*, 251-299.

Hopper, Paul and Sandra Thompson 1984. 'The discourse basis for lexical categories in universal grammar'. *Language 60*, 703-753.

Hopper, Paul and Elizabeth Closs Traugott 1993. *Grammaticalization*. Cambridge: CUP. [P. J. ホッパー・E. C. トラウゴット(著), 日野資成(訳) (2003)『文法化』福岡：九州大学出版会]

Hornstein, Norbert, Jairo Nunes and Kleanthes K. Grohmann 2005. *Understanding Minimalism*. Cambridge: CUP.

Hudson, Richard 1980a. 'Constituency and dependency'. *Linguistics 18*, 179-198.

Hudson, Richard 1980b. 'A second attack on constituency'. *Linguistics 18*, 489-504.

Hudson, Richard 1984. *Word Grammar*. Oxford: Blackwell.

Hudson, Richard 1987. 'Zwicky on heads'. *Journal of Linguistics 23*, 109-132.

Jespersen, Otto 1933. *Essentials of English Grammar*. London: Allen & Unwin. [O. イェスペルセン(著), 中島文雄(訳) (1962)『英文法エッセンシャルズ』東京：千城]

Johnson, David E. and Paul M. Postal 1980. *Arc Pair Grammar*. Princeton: PUP.

Jones, Linda K. 1980. 'A Synopsis of Tagmemics'. In E. Moravcsik and J. Wirth (eds.) 1980, 77-95.

Kayne, Richard 1994. *Antisymmetry in Syntax*. Cambridge MA: The MIT Press.

Keenan, Edward 1976. 'Towards a universal definition of "subject"'. C. N. Li (ed.) *Subject and Topic*. New York: Academic Press, 303-333.

Kim, Jong-Bok 2000. *The Grammar of Negation: A Constraint-Based Approach*. Stanford: CSLI Publications.

Klavans, Judith L. 1985. 'The independence of syntax and phonology in cliticization'. *Language 61*, 95-120.

Klima, Edward 1964. 'Negation in English'. In Jerry A. Fodor and Jerrold J. Katz (eds.) *The Structure of Language*. New York: Prentice Hall, 46-323.

Kuryłowicz, Jerzy 1949. 'Le problème du classement des cas'. *Biuletyn Polskiego Towarzystwa Ję,zykoznawczego 9*, 20-43.

Lakoff, George 1987. *Women, Fire, and Dangerous Things: What Categories Reveal about the Mind*. Chicago: University of Chicago Press. ［G. レイコフ(著), 池上嘉彦・河上誓作他(訳) (1993)『認知意味論：言語から見た人間の心』東京：紀伊國屋書店］

Lamb, Sydney 1966. *Outline of Stratificational Grammar*. Washington, DC: Georgetown University Press.

Lambrecht, Knud 1994. *Information Structure and Sentence Form: Topic, Focus, and the Mental Representation of Discourse Referents*. Cambridge: CUP.

Landau, Illan 2001. *Elements of Control: Structure and Meaning in Infinitival Constructions*. Dordrecht: Foris.

Langacker, Ronald W. 1969. 'On Pronominalization and the Chain of Command'. In D. A. Reibel and S. A. Schane (eds.) *Modern Studies in English: Readings in Transformational Grammar*. Englewood Cliffs, N. J.: Prentice-Hall, 160–186.

Langacker, Ronald W. 1977. 'Syntactic reanalysis'. In Ch. N. Li (ed.) *Mechanisms of Syntactic Change*. Austin: University of Texas Press, 57–139.

Langacker, Ronald W. 1982. 'Space grammar, analysability, and the English passive'. *Language 58*, 22–80.

Langacker, Ronald W. 1987. *Foundations of Cognitive Grammar: Theoretical Prerequisites*. Stanford: Stanford University Press.

Lehmann, Christian 1983. 'Rektion und syntaktische Relationen'. *Folia Linguistica 17*, 339–378.

Lehmann, Christian 1985. 'On grammatical relationality'. *Folia Linguistica 19*, 67–109.

Lehmann, Christian 1988. 'Towards a typology of clause linkage'. In J. Haiman and S. A. Thompson (eds.) *Clause Combining in Grammar and Discourse*, 181–225.

Lepschy, Giulio 1982. *A Survey of Structural Linguistics*. London: André Deutsch.

Levine, Robert D. and Detmar Meurers 2006. 'Head-Driven Phrase Structure Grammar: Linguistic Approach, Formal Foundations, and Computational Realization'. Keith Brown (ed.), 237–252.

Li, Charles N. and Sandra A. Thompson 1976. 'Subject and topic: A new typology of language'. In C. N. Li, (ed.), *Subject and Topic*. New York: Academic Press, 457-489.

Li, Charles 1977. Introduction to Ch. Li (ed.) *Mechanisms of Syntactic Change*. Austin: University of Texas Press, xi-xix.

Luraghi, Silvia 1990. *Old Hittite Sentence Structure*. London/New York: Routledge.

Lyons, John 1977. *Semantics*. Vol. 2. Cambridge: CUP.

Matthews, Peter H. 1993. *Grammatical Theory in the United States from Bloomfield to Chomsky*. Cambridge: CUP.

Matthiessen, C. M. I. M. and M. A. K. Halliday, forthcoming. 'Systemic Functional Grammar'. In Fred C. C. Peng and J. Ney (eds.) *Current Approaches to Syntax*, Amsterdam: Benjamins/London: Whurr.

Meillet, Antoine 1912. 'L'évolution des formes grammaticales'. *Scientia* 12/26, 6. Repr. in A. Meillet, *Linguistique historique et linguistique générale* 1 Paris: Champion, 1921, 130-148. [A. メイエ(著), 松本明子(編訳)(2007)『いかにして言語は変わるか：アントワーヌ・メイエ文法化論集』東京：ひつじ書房]

Moravcsik, Edith 1995. 'Government'. In *Syntax. Ein internationales Handbuch*. Berlin: Mouton De Gruyter, 705-721.

Moravcsik, Edith and Jessica Wirth (eds.) 1980. *Current Approaches to Syntax*. New York: Academic Press.

Newmeyer, Frederick 1986. *Linguistic Theory in America*. Orlando: Academic Press. [F. J. ニューマイヤー(著), 松田徳一郎他(訳)(1997)『現代アメリカ言語学史』東京：英潮社]

Ngonyani, Deo and Peter Githinji 2006. 'The asymmetric nature of Bantu applicative constructions'. *Lingua 116*, 31-63.

Otten, Heinrich 1981. *Die Apologie Hattusilis III. Das Bild der Überlieferung*, Wiesbaden: Harrassowitz.

Partee, Barbara H. and Herman L. W. Hendriks 1997. 'Montague grammar'. In J. van Benthem and A. ter Meulen (eds.) *Handbook of Logic and Language*. Amsterdam: Elsevier/Cambridge, MA: The MIT Press, 5-91.

Pollard, Carl and Ivan A. Sag 1987. *Information-Based Syntax and Semantics*. Vol. 1. *Fundamentals*. Stanford: CSLI Publications. [K. ポラード・I. A. サグ(著), 郡司隆男(訳) (1994)『制約にもとづく統語論と意味論：HPSG 入門』東京：産業図書]

Pollard, Carl and Ivan A. Sag 1994. *Head-Driven Phrase Structure Grammar*. Chicago: University of Chicago Press.

Pollock, Jean Yves 1989. 'Verb movement, UG and the structure of IP'. *Linguistic Inquiry 20*, 365–424.

Pustejovsky, James 1995. *The Generative Lexicon*. Cambridge MA: The MIT Press.

Radford, Andrew 1988. *Transformational Grammar: A First Course*. Cambridge: CUP.

Reinhart, Tanya 1983. *Anaphora and Semantic Interpretation*. London: Croom Helm.

Ross, John R. 1967. *Constraints on Variables in Syntax*. Ph.D. Diss.: MIT.

Ross, John R. 1986. *Infinite Syntax!* Norwood: ABLEX.

Sadock, Jerrold M. 1991. *Autolexical Syntax: A Theory of Parallel Grammatical Representations*. Chicago: University of Chicago Press.

Sag, Ivan A., Thomas Wasow, and Emily Bender 2003. *Syntactic Theory: A Formal Introduction*. 2nd edn. Chicago: University of Chicago Press.

Sapir, Edward 1911. 'The problem of noun incorporation in American languages'. *American Anthropologist 13*, 250–282.

Sapir, Edward 1921. *Language*. New York: Harcourt, Brace & Co. [E. サピア(著), 泉井久之助(訳) (1957)『言語：ことば研究』東京：紀伊國屋書店; 安藤貞雄(訳) (1998)『言語：ことばの研究序説』(岩波文庫) 東京：岩波書店]

Schiller, Eric, Elisa Steinberg, and Barbara Need (eds.) 1996. *Autolexical Theory: Ideas and Methods*. Berlin: Mouton De Gruyter.

Schwischay, Bernd ms. 'Introduction à la syntaxe structurale de L. Tesnière'. http://www.home.uni-osnabrueck.de/bschwisc/archives/tesniere.pdf

Spreng, Bettina 2005. 'Events in Inuktitut: Voice alternations and viewpoint aspect'. *Proceedings of the 41st Annual Meeting of the Chicago Linguistic Society*. Chicago: University of Chicago Press.

Sulkala, Helena and Merja Karjalainen 1992. *Finnish*. Routledge, London.

Takahashi, Kiyoko and Rumiko Shinzato 2003. 'On Thai copulas, *khUU1* and *pen1*: A cognitive approach'. *Proceedings of the 2nd Seoul International Conference on Discourse and Cognitive Linguistics: Discourse and Cognitive Perspectives on Human Language*, 131–145.

Tesnière, Lucien 1953. *Esquisse d'une syntaxe structurale*, Paris: Klincksieck.

Tesnière, Lucien 1959. *Éléments de syntaxe structurale.* Paris: Klincksieck. [L. テニエール(著), 小泉保(訳) (2007)『構造統語論要説』東京：研究社]

Thompson, Sandra A. 1978. 'Modern English from a typological point of view: Some implications of the function of word order'. *Linguistische Berichte 54*, 19–35.

Thompson, Sandra A. 1988. 'A discourse approach to the cross-linguistic category "adjective"'. In John Hawkins (ed.) *Explanations for Language Universals*. Oxford: Blackwell, 167–185.

Timberlake, Alan 1977. 'Reanalysis and actualization in syntactic change'. In Ch. N. Li (ed.) *Mechanisms of Syntactic Change*. Austin: University of Texas Press, 141–177.

Tomasello, Michael 2002. 'Introduction'. In M. Tomasello (ed.) *The New Psychology of Language*. Vol. 2. Mahvah (NJ): Lawrence Erlbaum Associates.

Traugott, Elizabeth 1988. 'Pragmatic strengthening and grammaticalization'. *Proceedings of the 14th Annual Meeting of the Berkeley Linguistic Society*, 406–416.

Van Valin, Robert D. Jr. 1990. 'Semantic parameters of split intransitivity'. *Language 66*, 221–260.

Van Valin, Robert D. Jr. 2006. 'Role and reference grammar'. In Keith Brown (ed.), 641–650.

Van Valin, Robert D. Jr. 2002. ms. 'Minimalism and explanation'. J. Moore and M. Polinsky (eds.), *Explanations in Linguistics*, Stanford: CSLI, 281–297. http://wings.buffalo.edu/soc-sci/linguistics/research/rrg/vanvalin_papers/Min-Expl.pdf

Van Valin, Robert D. Jr. and Randy LaPolla 1997. *Syntax: Structure, Meaning and Function.* Cambridge: CUP.

Vendler, Zeno 1957. 'Verbs and Times'. *Philosophical Review 56*, 143–160.

Wackernagel, Jacob 1953. *Kleine Schriften*. 2 vols. Göttingen: Vandenhoek & Ruprecht.

Wanner, Dieter 1987. *The Development of Romance Clitic Pronouns*. Berlin: Mouton De Gruyter.

Weil, H. 1844. *De l'ordre des mots dans les langues anciennes comparées aux langues modernes*. Translated by C. W. Super as *The Order of Words in the Ancient Languages Compared with That of the Modern Languages*, 1978. Amsterdam: Benjamins.

Wells, Rulon 1947. 'Immediate constituents'. *Language 23*, 81–117.

Yuasa, Etsuyo and Jerrold Sadock 2002. 'Pseudo-subordination: A mismatch between syntax and semantics'. *Journal of Linguistics 38*, 87–111.

Zwicky, Arnold M. 1977. *On Clitics*. Bloomington, IN: Indiana University Linguistics Club.

Zwicky, Arnold M. 1985. 'Heads'. *Journal of Linguistics 21*, 1–30.

Index
索　引

- 日本語は五十音順に，英語はアルファベット順に並べている．
- 数字はページ数を表す．1つの項目が本文中の複数のページに記載がある場合は，見出しになっているページ，その項目が太字で強調されているページ，中心的な定義や議論が記されているページを太字で示している．

1. 日本語事項索引

[あ行]

値未付与の (unvalued)　165
アメリカ言語学会 (Linguistic Society of America (LSA))　267, 294, 301
アメリカ言語学会夏期講座 (the Summer Institute of Linguistics (SIL))　321
アルゴンキン語族 (Algonquian)　268-269
言い間違い　243
意義素論 (semology)　55
意志性 (volitionality)　75
位相／フェイズ (phase)　42, 107, 115, **190-191**, 226
位相不可侵条件 (Phase Impenetrability Condition (PIC))　**191**
依存関係 (Dependecy relation / dependency)　19-22, 61, **126-127**, 146, 158-159, 172, 281-282
依存節 (dependent clause)　230
依存文法 (Dependency Grammar)　**19-21**, 25, 78, 281-282
位置 (position)　**222**
位置格 (locative)　89
位置の変化 (change of position)

223-224
一致 (Agreement)　41, **68-71**
一致 (Agree)　146, 165
一致要素 (Agreement)　33, 192, 199
一般化句構造文法 (Generlized Phrase Structure Grammar)　**29**
一般化変形 (generalized transformation)　42, 53
移動 (Move)　42, **107**, 120, **220-221**, 265
移動 (Movement)　**173-174**
移動の経済性 (Economy of movement)　45-46
意味解釈 (semantic interpretation)　165, 170, 242
意味解釈規則 (interpretive semantic rule)　24
意味格 (semantic case)　**90-91**
意味規則　29, 50
意味極 (semantic pole)　186
意味上の一致 (semantic agreement)　**69**
意味上の主語 (semantic subject)　**202**
意味的機能階層 (Semantic Function Hierarchy)　**228**
意味表示 (semantic representation)　23-25, 34, 50-51, 55
意味漂白 (semantic bleaching)　83
意味マクロ役割 (Semantic macro-role)　**211-212**, 214
意味役割 (Semantic role)　212-**215**, 232-234, 252
意味論 (semantics)　7-8, 11, 13, 17, 22, 24, 30, 56, 180, 246, 297, 302, 304, 308, 317
インターフェイス (interface)　60, 107, 115, 126, 144, 246
インターフェイスレベル　170, 191
インド・ヨーロッパ諸語 (Indo-European languages)　155, 181-182, 185, 188-189, 284-285
インド・ヨーロッパ祖語 (Proto-Indo-European)　246, 284-285
ヴァッカーナーゲル, ヤーコプ (Wackernagel, Jocob)　181-182
ヴァッカーナーゲルの法則 (Wackernagel's Law)　181, 246, **254**, 285
ヴェーダ語 (Vedic Sanskrit)　285
受身　249
運動感覚体系　244
枝分かれ (Branching)　**87**
枝分かれ節点　103-104
演算子 (Operator)　22, 63, 84, 95, **180**, 210, 238, 249
王立ボヘミア科学学会 (Royal Bohemian Society of Sciences)　315
オジブワ語 (Ojibwa)　269
オトマンゲ語族 (Otomangean)　321
重い (heavy)　**110**, **254**
音韻制約 (PHON)　36

Index

音韻的宿主（phonological host） **101**, 160
音韻論（phonology） 2, 11, 44, 55, 59-60, 273, 284, 292, 302
音声形式（Phonetic Form / PF） **191-192**, **220-221**

[か行]

外縁部（edge） 191
回帰性（Recursion / recursivity） 53-54, 188, **205**, 216
回帰の能力（recursion） 244
外項（external argument） **149**, 262-265
外項主語 169
解釈意味論 43
解釈可能（interpretable） 40, 107, 199
解釈可能素性（interpretable feature） **41**, 144, 146, 163, **164-165**, 167
解釈不能素性／[−解釈可能] （Uninterpretable feature / [−interpretable]） **41**, **96**, **144**, 146, 165, **167**, 242
解釈モデル 24
階層言語対非階層言語（Configurational vs. nonconfigurational language） **108**
階層構造 20, 65
階層性 182
概念・意図的 232
概念意図体系 244
概念意図特性（C-I 体系）（Conceptual and Intentional property） **107**
概念的必然性（conceptual necessity） 126, 232
下位範疇化（subcategorization） 37, 54, **225**
下位範疇化規則 53-55
下位範疇化する（subcategorize） 54, **225**
下位範疇下フレーム（subcategorization frame） **225**
替え玉の（dummy） 229
書き換え規則 13, 193
書き出し（Spell out） **107**, **220-221**, 225, 273
掻き混ぜ（Scrambling） **211**
格（Case） **88-91**
画一性条件（Uniformity Condition） **242**
格下げ 97
格システム（Alignment / alignment system） **71-73**, 294
格照合（Case checking） 96
核心部（nucleus） **176**, 190
格素性（Case feature） 242
格素性照合（Case-feature checking） 42
拡大投射原理（Extended Projection Principle（EPP）） **33**, **139-140**, 199, 229
拡大投射原理素性（Extended Projection Principle Feature（EPP feature）） 42
格標示（case marking） **88**, 90-91
格フィルター（Case Filter） 33, **92**, **96**, 249
格付与（Case-assignment） 42,

91, 96, 138, 175
格付与子 (Case assigner) 137
核文 (kernel sentence) 14, **166**, **218**
格文法 (Case Grammar) 7, **12-13**, 16-17, 88, 212, 296
格理論 (Case Theory) 31, 33, **92**
可視移動 (overt movement) 42
可視条件 (Visibility Condition) 92, **249-250**
下接の条件 (Subjacency Condition) **49**, **225-226**
活格型 (active) **71-72**
活格-状態格型 (active-stative) 71-72
活格言語 (Active Language) **65**
活性話題 (active topic) **237**
合致 44, 96
活動 (action/activity) 148, **222-224**, 241
過程 (process) **221-224**, 240
軽い (light) **110**, **254**, 258-259, 288
感覚動詞 (verb of perception) 224
感覚の過程 (process of sensing) 224
関係格 (relational) **91**
関係節 (relative clause) 50, 81, 97-99, 134, 172, **205-208**, 226-227, 257, 259
関係節化 (relativization) 34, 206-207, 226-227
関係的過程 224
関係文法 (Relational Grammar) **46-48**

完結的 240
感情的順序 (emotive order) 257-258
感情動詞 224
間接疑問文 (indirect question) **105**, 197
間接者 (Indirect) 212, 214
間接的 (indirect) **164**
間接マクロ役割 (indirect macro-role) 212
間接目的語 (indirect object) **152**, 164
完全解釈 (Full Interpretation) 40, 45-46, **144**, 273
完全解釈の原理 (Full Interpretation Principle) 34, **242**, 273
感嘆文 (exclamatory sentence) 217
間投詞 (interjection) 188
観念構成的メタ機能 240
完璧な装置 273
完了の 222
完了相 222
機械的発見 271
記号 (sign) 36
記号化 (coding) 227, 258
記号的構造 (symbolic structure) 186
擬似分裂文 (pseudo-cleft) **99**
基底生成 (base-generate) 41, 170, 173, 255-256
起点 (Source) 215
起動 (inchoative) 224
機能主義 (functionalism) 8-10, 277, 290, 297
機能的構文論 (Functional Sen-

Index

tence Perspective) **28-29**
機能範疇 (functional category) 41, 168, 183
機能文法 (Functional Grammar) **25-28**
疑問文 (interrogative sentence) 50, 84, 174, 217, 228, 263
逆受動態／反受動 (Antipassive) **76**, **252**
旧情報 (old information) 104, 236
境界がある 223
境界理論 (Bounding theory) 31
狭義の言語機能 (faculty of language in the narrow sense) **244**
共指示する (corefer) 171
強勢 (accent) 99-100, 102, 144, 284-285
強素性 (strong feature) 140, 142, 174, 180, **225**, 254
協調の原理 317
共動詞 (coverb) 219
極小的 273
局所性 (locality) 42, 85, **170**
局所性条件 (locality condition) 170
虚辞 (Expletive) 98-99, **138-139**, 199, 202, 229
虚辞の pro 199
ギリシャ語 (Greek) 74, 93, 147, 183, 189, 227, 230, 285
近代高地ドイツ語 (Modern High German) 285, 288
空格 (null case) 198
空間格 (spatial) **89**

空間上の移動 241
空間文法 (Space Grammar) 16, 308
空主語 (null subject) 32, 98-99, 128, **139**, **177**, 197, 246
空主語言語 (Null subject language) 99, 138, **177**, **198-199**, 229, 258
空主語パラメター (Null subject parameter) 182
偶然の欠落 44
空疎語 (mots vides) 21
空の演算子 238
空の項 108
空範疇原理 (Empty Category Principle (ECP)) 33, 121, **135-136**, 170
空目的語 (null object) 言語 **177**
具格 (instrument case) **88-89**, 253
具現 (Actualization) **65**
句構造規則／構成素構造規則 (Phrase structure rule) **13**, 16, 29, 32, 47, 53, **193-194**, 273
句構造標識 (phrase structure marker) 63, 102
具象格 (concrete case／concrete) **90-91**
句接辞 (phrasal affix) **99**, 102
屈折 (inflection) 167, 202, 218, 263
屈折句／屈折要素句 (inflectional phrase) 91, 139, 151, 174, 192, 198, 216, 232, 263
屈折形態素 (inflectional

morpheme） 41, 95
屈折言語 227
屈折範疇 88, 285, 292
句標識（phrase marker） 13-14, 16, 53, 120, 175, **193**
繰り上げ（Raising） 34, **202-203**, 227
繰り上げ動詞（raising verb） **197, 202-203**
クリー語（Cree） 269
グリーンバーグ（Greenberg）の普遍性 311
経験構成様式 240
経験者（experiencer） 212-213, 215, 233, **234**, 264
計算（computation） 140, 177, 191, **220**
計算言語学 184, 306
計算システム（computational system） 15, **106-107, 177**, 183
計算装置 244
形式素性（formal feature） 41, 167
繋辞を含む文 224
形態格（morphological case） 88
形態層（morphemic stratum） 55
形態的使役形 93-95
形態論（morphology） 11, 23, 51, 56, 59-61, 112-113, 154, 218, 254, 268, 284-285, 292, 317
軽動詞（light verb） **167-169**, 265
形容項（épithète） 21
経路（Path） 89, 215
結合（connexion） 20
結合価（Valency／Valance） **246-249**
結合価文法 21
結合価変化（valency-changing） 76
結合価を変える操作（valency changing operation） **94-95**
ゲルマン語派（Germanic） 69, 76-77, 140, 148, 157, 211, 245-246, 260, 285
原因（Cause） 67, 214
嫌悪格（aversive） **90**
言語運用（performance） 272
言語習得／言語獲得（language acquisition） 5, 25, 44, 54, 182, 243, 263, 272
言語機能（faculty of language） 41, **244**, 273
言語産出の方法 317
言語障害 244
言語資料 9, 43, 243, 270-271
言語的過程 224
言語的創造性（linguistic creativity） 272
言語能力（competence） 244, 272
言語の類型 44
言語分析の手順 270
顕在的（overt） 26, 50, 92, 133, 135, 135, 142, 179, 207, 217, 229, 235, 254-256, 273
顕在的移動（Overt movement） 124, 174, **180**, 255
顕在的統語論（overt syntax） 200, 220
顕在的部門（overt component） 242
現実 240

Index

現実性 240
原始的文法関係 (primitive grammatical relation) 97
検証 (evaluate) 271
限定語 (Attribute) **81**
限定節 (Attributive clause) **81-82**, 205, 230
限定的／限定用法の (attributive) 20, 22, 70
(束縛理論の) 原理C／束縛原理C (principle C (of the Binding Theory)) 86-87, 121, 135, 257
原理・媒介変数理論 (Principles and Parameters (P&P) Theory) **30-34**
言理論 (Glossematics) 306
弧 (arc) 47
語彙記載 36
語彙記載項 167
語彙規則 35
語彙機能文法 (Lexical Functional Grammar) 22, 29, 35, **37-40**, 47, 152, 248, 289
語彙項目 (lexical item) 177-178, 185-186
語彙指定 36
語彙相 (lexical aspect) **223**
語彙挿入 (lexical insertion) 151, 235
語彙挿入規則 25, 53-55
語彙的アスペクト (lexical aspect/Aktionsart) 186
語彙部門 (lexicon) 165
語彙余剰規則 (Lexical Redundancy Rule) **165**, 167

語彙列挙 (numeration) 121, 162, **172**, **177-178**, **220-221**, 273
語彙論仮説 (lexicalist hypothesis) 24
語彙論的文法モデル (Lexicalist Grammatical Model) 24
項 (Argument) **78-80**
行為項 (Actant) 21, **64**, 282-283
行為者／動作主 (Actor) 64, **65**, 194, 211-213, 241
行為の過程 (process of doing) 224
向格 (allative) **89**
降格 (demotion) **126**, 251
降格(する) (demote) 48
広義の言語機能 (faculty of language in the broad sense) **244**
項構造／a 構造 (argument structure) 40, 44, **78-80**, 125, 168, **195**, 248
構成性の原理 (the Principle of Compositionality) 43
構成素 (Constituent) **109-112**
構成素性 (Constituency) 23, **108**
構成素の重さ (weight (of constituent)) **110**, **254**, 258
構造格 91-92
構造言語学 270-271
構造上の宿主 (structural host/host) **101**, 181
構造節点 (noeud structural) 20
構造的多義性 271
拘束形態素 (bound morpheme) 16, 21, 112, 155, 268
後置詞 (postposition) 109,

140-141, **188**, **194**, 259
肯定　240
肯定的　240
行動主義 (behaviorism)　5, 267-268
行動の過程　224
構文文法 (Construction Grammar)　**17-19**, 23
候補　44
後方照応 (Cataphora)　**92-93**
呼格 (vocative)　**90**, 179
語順 (word order)　**257-261**
後接 (proclisis)　**100**
古代インド語派　181
古代インド・ヨーロッパ諸語　181
古典ギリシャ語 (Classical Greek)　128, 147, 208, 251, 258, 261, 315
古典文献学 (classical philology)　284
コピー (Copy)　43, **120-121**, 174, 190, 256
語文法 (Word Grammar)　**61-62**
個別化　75, 240
個別化される　240
固有名詞　131, 186, 240
語用論 (pragmatics)　3, 17, 56, 297, 317
根源的構文文法 (Radical Construction Grammar)　**17-19**, 290
痕跡 (trace)　**174**, **238**
痕跡理論 (Trace Theory)　31, **49**, 121, **238**

[さ行]

再括弧化 (rebracketing)　**204**
再帰形小辞　252
再帰性 (recursivity)　133
再帰代名詞 (reflexive pronoun / reflexive)　85, 103, 227
再帰代名詞束縛 (reflexive binding)　103
再帰的に (recursively)　263
再構造化 (restructuring)　**204**, **208**
最後の手段としての移動 (Last Resort Movement)　**41**
最終手段／最後の手段 (Last Resort)　**167**
最終手段条件 (Last Resort Condition)　**167**
最小性 (minimality)　170
最小労力／最小の努力 (Least Effort)　**41**, 273
最小領域 (minimal domain)　170
最大投射　174, 211
最短移動 (Shortest Move)　**41**
最適性理論 (Optimality Theory)　**44-46**, 289
最適の出力　44
再分析 (Reanalysis)　141, **204-205**, 308
再録詞 (Resumption)　206, **209**
再録代名詞 (resumptive pronoun)　**206**
先延ばし (原理) (Procrastinate)　96, **123**, 167, **174**, **200**, 254
削除 (delete / deletion)　96, 120, **126**, 165, 200, 242

Index

作用域 (Scope) **210**
参加者／参与者 (Participant) 64, **185**, **221**
三価動詞 (trivalent) **94-95**, 164
サンスクリット語 (Sanskrit) 284, 292
使役 (Causative) **93-95**, 224
使役構文 (causative construction) **93-95**, 253
使役接尾辞 93
使役態 (causative) **76-77**
使役動詞 (causative verb) **93**
視界 (perspective) 251
時間 (Time) 215
軸項 (Pivot) **194**
時系列的 (iconically) 184
刺激 (Stimulus) 215
刺激と反応のモデル 272
刺激の貧困 (poverty of the stimulus) 243, 272
指示的 (referential/definite) 64, 197, 240
指示表現 (referential expression) 31, 33, 85-86, 121, 151
辞書 (lexicon) 11, 17, 23-25, 35, 56, 60, 113, 183
事象 (event) 23, 114, 184-186, 212, 218, 221-224, 240, 247, 283
時制 (tense) 38, 41, 72, 118, 167, 181, 186, 192, 225
時制文条件 (Tensed S Condition) **49**
辞素 (lexeme) 55
辞層 (lexeme stratum) 55
事態 (State of affairs) 114, 148, 221-224
失業者 (chômeur) 48, **97**, 251
実詞 185
指定主語条件 (Specified Subject Condition) **49**
指定部 (specifier/Spec) 41-42, 45, 63, 96, 135, 140, 150-151, 174, 191, 219, 238, 255-256, 262, 265
指定部-主要部一致 (Spec-head agreement) 150, 170
史的統語論 279, 311
自動詞 (intransitive verb) **238**, **250-251**
支配 (rection) 20
支配関係 102
支配項 (regissant) **20-22**
支配する (régit) 20
自発的事象 224
自発的に起こる 222
指標 (index) 103, 107, 177, 232
島 (island) **165**
姉妹 (sisters) **175**, 219, 262, 264
姉妹依存文法 (Daughter-Dependency Grammar) 62
姉妹関係 (Sisterhood) 96, 149-150, **219**
島の条件 (Island condition) **165**
島の制約 (Island constraint) **165**
斜格 (Oblique/Oblique case) 33, 88, **91**, **152**, **179**, 207, 253
弱強勢 (weakly accented) 284
弱素性 (Weak Feature) **123**, 225, **254**
弱化された 236
従位接続詞 188

充実語 (mots pleins)　21
修飾関係 (modification relation)　**79**, **108**, 127
修正拡大標準（変形生成）理論 (Revised Extended Standard Transformation)　**49-50**
収束（する）(convergence)　107, **115**, 190
従属 (hypotaxis/subordination)　**230-231**
従属項 (dependant)　**20-22**
従属節 (subordinate clause)　97-98, 105-106, 133-134, 216-218, 230-231
充当態 (Applicative)　**76-77**
適用態 (applicative voice)　253
重文 (compound sentence)　**216**
周辺格 (peripheral)　**91**
周辺部 (periphery/satellite)　26, 52, **66**, 121-122, **190**, 218
従要素 (subordinate)　**20-21**
受益者 (beneficiary)　212, 214, 219, 229, 233
受益者格 (beneficiary)　77
主格 (nominative)　**88-91**
主格-対格型 (nominative-accusative)　**71**
樹形図 (tree diagram)　102, 120, 124, 175, 219, 231, **241**, 262
主語 (subject)　**53-54**, **152**, **226-230**
主語節 (subject clause)　**105-106**, 197
主格-対格言語 (nominative-accusative language)　71, 128, 227-228, 239

主語卓越言語 (subject-prominent language)　**229**
主語補語　196
受信者 (Addressee)　212-213
主節 (main clause)　97-98, 216-218
主題 (theme)　**232-234**
主題基準／θ基準 (Theta Criterion/θ-Criterion)　233, **234-235**
主題標示する　233
主題役割／θ役割 (Theta-role/thematic role)　31, 33, 63, 117, 138, 149-150, 197, 199, 202-203, 212, **233-234**, 250, 264
手段 (Means)　214
出格 (elative)　89
述語 (predicate)　**195-196**
述語枠／述語フレーム (Predicate frame)　27-28, 40, **195-196**, 248
述語名詞　90, 98, 196
受動化（する）(passivize/passivization)　14, 34, 47, 54, 105, 164, 239
受動語彙規則　35
受動態 (passive voice)　**250-253**
主要素 (superordinate)　20
主要部 (head)　**157-158**
主要部-主要部の関係　170
主要部駆動文法／主要部駆動句構造文法 (Head Driven Phrase Structure Grammar)　29, **35-37**
主要部後続 (head-last)　183

Index

主要部-主要部移動（head-to-head movement）**174**
主要部先行　183
主要部内在型関係節（internally headed relative clauses）**207**
主要部パラメター　183
授与動詞　248
受領者（recipient）　18, 212-213, 229
瞬間的　240
循環的（cyclically）　54, 273
瞬時の　224
小プロ（Pro/little pro/small pro）**198-200**
使用依拠アプローチ（usage-based approach）　22, 296
照応関係（Anaphora）**73-75**, 194
照応形／照応表現（anaphor）**73-75**
照応代名詞（anaphoric pronoun）　70, 74, 120, 236
昇格（promotion）　48, **201**, 251
上格（superessive）　89
昇格(する)（promote）　48
状況（situation）**222-223**
状況項／状況体（circumstant）　21, 64, 283
状況的（circumstantial）　58, **97**
状況表現（circumstantial）　65
条件節　230
照合(する)（check/checking）**96**
照合領域（checking domain）　170
冗語的（pleonastic）　170
小節（small clause）　216, **219-220**
状態（state）**222**
状態変化（change of state）　148, 222, 224, 239
焦点（focus）　99, 104, 142, 194, 218
情報構造（information structure）　97-98, **218**, 230, 235
叙述（Predication）**196**, 221, 229, 292
助動詞（Auxiliary）**82-83**, 168, 188
所有者（possessor）　212-213
自律語彙文法（Autolexical Grammar）　11
神経認知言語学（Neurocognitive Linguistics）　55
新情報　104, 236
深層格（deep case）　12-13, 88, 212, 296
深層構造（deep structure）　6, 11, 24, 53-55, **125-126**, 170
深層構造樹形図（deep structure tree）**53**
推移（transition）　224
随格（comitative）**90**
数（number）　165, 185
数量詞（quantifier）　210
性（gender）　165, 185
制御構文（control construction）　74
制御されない（uncontrolled）　222
制御される（controlled）　222-223
制御子（controller）　68, 74-76, 197
制御動詞（control verb）　36
制御理論／コントロール理論（Control Theory）　31, **113**
制御を行う実体　222

制限的 (restrictive) **78**, **208**
精神的過程 224
生成 (GEN) 45
生成意味論 (Generative Semantics) 7, 9, 12, 16, 23-24, **29-30**, 296, 308, 317, 319, 323
成層文法 (stratificational grammar) **55-56**, 61-62, 307
生得的 (innate) 243, 272
青年文法学派 (Neogrammarian) 284, 292
生物学的天賦の才 (biological endowment) 272
制約 (CON) 44
制約のランキング 44-46
制約表 (constraint tableau) 46
接格 (addessive) 89
接近可能性 (accessibility) 227-228
接近可能性階層 (Accessibility hierarchy) **64**, 207
接語 (clitic) 11, **99-102**, 163, 168, 286
接合 (jonction) 20-21
接語代名詞 100
接語要素 (enclitic) 181
接辞 (affix) 163, 168
接触節 (contact clause) **113**, 207
接続詞 (conjunction) 284
接続詞並列 (syndetic parataxis) 184
絶対格 (absolutive case) **64**, 72, **89**, 227-228, 252-253
接置詞 (Adposition) **66**, 109, 141, **188**

節点機能 (fonction nodale) 20
接尾辞転写 (suffix copying) **70**, **231**
節複合 (CLAUSE COMPLEX) 216
狭い作用域 (narrow scope) 210
ゼロ照応関係を制御する 226
ゼロの要素 236
先行 (precedence) **175**
先行関係 102
先行詞 (Antecedent) **76**
前接 (enclisis) **100**
前接語 (Proclitic) **200**
選択 (Selection) **211**
選択 (Select) 43
選択規則 54
選択する (select) 43, **107**, 220-221
選択体系機能文法／選択体系的機能文法 (Systemic Functional Grammar) **56**, 61, 66, 213, 215, 240, 299
前置詞格 (prepositional) **88-89**
先頭部 (head) **95**
前方照応 93, 236
層 (stratum / strata) 55
相 (aspect) 167
相互代名詞 (reciprocal) 85
創発文法 (Emergent Grammar) **22-23**, 296
属格 (genitive) **88**
属性・値行列表記 (AVM) 36
束縛 (Binding) **84-85**, 170, 225
束縛原理 A・B・C (Binding Principle A・B・C) **85**
束縛領域 (binding domain) 74,

Index

171
束縛理論 (Binding Theory) 24, **85-87**
束縛理論の原理 A (principle A of Binding Theory) 120-121, 171, 237
素性 (feature) 167, 242, 273
素性照合 (feature checking) 96, 174, 254
存在的過程 224
存在の過程 (process of being) 224

[た行]

態 (Voice) **250-253**
対格 (accusative) **88**
態格 (essive) **90**
題述 (rheme) 104, **209**, 212, 218, 257, 315
代名詞 (Pronoun) **201**
代名詞脱落／代名詞省略 (Pro-drop) 32, **200**
代名詞省略言語 (Pro-Drop Language) **198**
タガログ語 181
タグミーミックス／文法素論 (Tagmemics) **59-60**, 321
多層理論 (multistratal theory) 46
奪格 (ablative) **89**
達成 (accomplishment) 148, **223-224**
脱文化して (de-sententialized) **230**
他動詞 (transitive verb) **238**
他動性 (transitivity) **238-240**
単一変形規則 (singulary transformation) 54
探査子 (Probe) **42**, **146**
単数 (singular) 68-71
単層的 (monostratal) 11, 60-61
断定 97
単文 (simple sentence) **216**
断片 43
談話 (discourse) 92, 97, 292
談話の結束性 236
力 (Force) 214
着点 (Goal) 215
着格 (sublative) 89
仲介者 (Intermediary) 214
中核部 (core) 26, 122, 176
中間態 (middle voice) **251-252**
中国語 (Chinese) 255-256, 298
忠実性の制約 **44**
抽象格 (abstract case) 31, 88, **91-92**, 250
中心格 (core) **91**
中断 243
調音・知覚特性／A-P システム (Articulatory and Perceptual property／A-P system) **81**, 170
調音・知覚的 232
長距離移動 226
直示語 (deictic) 187
直接格 (direct) **91**
直接構成素 (immediate constituent) 13, 87, **111**
直接支配原理 (Immediate Dominance Principle, IDP) 36

直接支配する 190, 197, 219
直接目的語 (direct object) **53**
対弧文法 (Arc Pair Grammar) 48
通格 (perlative) **89**
通時性 308
定 (definite) 186
定形助動詞 245
定形動詞 (finite verb) 32, 67-68, 197, 202, 217, 225, 245, 261, 285
定性 (definiteness) 128, 131, 154, 162, 187
適格な (well-formed) 153
摘出可能性 (extrability) 165
転換 (translation) 20-21
天候動詞 246-247
伝達動詞 248
展望地点 (vantage point) 251
ドイツ語 (German) **245-246**
等位構造縮約 (coordination reduction) **117-118**, 226-230
等位接続 (conjunction) 21, 74, **115-117**
等位接続詞 116, 184, 188
同一指示性 (coreferentiality) 24
同一指標 (coindexation) 49, 84, 136
同一名詞句削除 (equi NP deletion) **137**, 227
同格関係 (Apposition) **77-78**
道具 (instrument) 212, 214, 229
統語・意味制約 (SYNSEM) 36
統語型 (diathesis) **250**, 252
統語上の主語 (syntactic subject) **202**, 212

統語範疇 (syntactic category) 34, 37, **185**, 194
統語表示 (syntactic representation) 38, 51, 170, 173
動作主 (agent) 65, 72, 89, 93, 114, 126, 197, 212, 214, 221, 228, 232, 250-253
動作主性 240
動作相 (Aktionsart) 223
動作の様態 223
動作様態 240
動詞句内主語仮説 (VP-internal subject hypothesis) 150, 262, 264
動詞形 (verb form) 81-83, 284
動詞語根 (verb root) 168
動詞前辞 (preverb) 285
動詞素性 168
動詞第二位言語／V2言語 (Verb Second Language) 181-182, 228, **245**
動詞的複合体 94
動詞の形態 225
投射原理 (Projection Principle) **33**, 170, **200-201**
統率 (government) **146-152**
統率・束縛原理と媒介変数理論 (Government and Binding and Principles and Parameters Theory) 30
統率・束縛理論 (Government and Binding Theory) **34**, 85, 253
統率領域 (governing domain) 85-86, **151**
統率理論 (Government theory)

Index

31-34
到達 (achievement) **223-224**
倒置擬似分裂文 (Inverted pseudo-cleft) **99**
動的 (dynamic) 事態 222, 224
特殊接語 (special clitic) **102**
閉じたクラス (closed class) 185, 188-189
トブラー=ムッサフィアの法則 (Tober-Mussafia Law) **100**, **235**, 286
取り出し (extraction) 165
貪欲 (Greed) 167

[な行]

内格 (inessive) 89
内項 (internal argument) 137, **149**, 225, 232
内在格 (inherent Case) 92
内部領域 (internal domain) 170
内包論理学 29
二次動作主 93
二重格表示 (double case) 70
二重他動詞 (ditransitive/bitransitive) 94, **130**, **164**, 168-169, 186, **239**
二方向唯一性の条件 234
日本語 (Japanese) 60, 145, 154, 168, 183, 188, 207, 233, 236, 255-257, 259, 263, 298
入格 (illative) 89
入力 (input) 24, 44-45, 50, 53, 125, 170, 177, 191
人間言語の創造性 (creativity of human language) 243

人称 (person) 41, 165, 186
認知科学 (cognitive science) 15, 270, 274
認知言語学 (Cognitive Linguistics) 9, 22, 280, 296, 304, 308
認知主義 9, 290
認知動詞 224
認知文法 (Cognitive Grammar) 7-10, 13, **16-18**, 61, 98, 186, 249
能格 (ergative) 70-72, **89**, 253
能格型 (ergative) **71**
能格言語 89, 137
能動態 (Active/active voice) 38, **65**, 201, 203, 239, **250-251**

[は行]

「は」(-wa) 233, 236
パールムッター, デイビッド (Perlmutter, David) 46, 319
媒介変数／パラメター (parameter) 5, 22, 30-31, 40, **182**, 183, 221-222, 224, 273
背景化 (background) **156**, 163
場所格 (Locative/location) 12-13, **89**
派生形態素 (derivational morpheme) 95
派生全体に対する条件 (Global Condition) 167
派生の経済性原理 (principle of economy of derivation) 41
破綻(する) (crash) 42, 96, 107, **115**, 144, 242

発話内の力（illocutionary force） 230-231
母親（mother） **175**
範疇（category） 17, 19, 33, 42, 54, 134, 154, 157, 216, 224, 231, 262
範疇文法（categorial grammar） **44**
非A束縛／Aバー束縛（A-bar binding） 84, 180, 210, 249
非意図的 240
非インド・ヨーロッパ語 181
被演算子（operand） 22, **158**, **179**
被害者（malefactive） 214
非階層性 182
非階層の言語（nonconfigurational language） 111, 211
非活性／不活性（inactive） 146, **237**
非完結的 240
非顕在的（covert） 48, 123-124, 134, 139, 142, 174, 255-256
非顕在的統語論（covert syntax） **124**, 200, 254
非現実 240
被作用性 240
被使役者（causee） **93**, 95
非指示的 129, 229, 240
非主語格 91
非瞬間的 240
非制限的（nonrestrictive） 78, **208**
非接続詞並列（asyndetic parataxis） 184
非対格（unaccusative） **242**
非対格動詞（unaccusative (verb)） 169, 175, **240-241**

左側に移動 235
ヒッタイト語（Hittite） 94, 101-102, 285
非定形の 67, 81-82, 198, 245, 263
否定詞（negator） 188
否定的 240
被動者（patient） 72, 212-213, 215, 228-229, 233, 239, 251-253
非動的事態 222
非人称 251
非能格動詞（unergative (verb)） 169, **240-241**, 248
非派生的 35
尾部（tail） **233**
評価（EVAL） 45
評言（comment） **104**, 143, 209, 218, **235-236**
表層構造（surface structure） 11, 13, 24-25, 34, 50, 55, 126, 170, 204, **231-232**
標的子（target） 68-70, 76
漂白化（bleaching） 168
開いたクラス（open class） 185, 189
広い作用域（wide scope） 210
フォックス語（Fox） 269
付加部（Adjunct） **65-66**
不規則形式 243
複合語（compound） 163, 190
複合述語（complex predicate） 238
複合動詞 70-71, 82, 245
複合名詞句条件（Complex Noun Phrase Condition） **165**
副詞（Adverb） 66

Index

副詞格 (adverbial) **91**
副詞節 (Adverbial clause) **67**, 97, 114, 156, 230
副詞的語句／副詞類 (Adverbial) **66-67**, 90, **152**, 162-163, 251
複数 (plural) 49, 70-71, 75, 93, 116, 240
複文 (complex sentence) 98, **216**, 230
付随者 (Comitative) 214
物質的 (material) 224, 240
物質的過程 224
不定(の) (indefinite) 128-129, 163, 186-187
部分格 (partitive) **90**
不変化詞 (particle) 181, 187-188, 233, 236, 284-285
普遍文法 (Universal Grammar) **243-244**
プラーグ学派 (Prague School) 3, 28, 104, 257, 281, 315
フランス語 (French) 64, 94-95, 97, 124, 142, 229, 245, 254-255, 258-259, 303
フレーム意味論 (Frame Semantics) 13, 16-17, 296
プロ／大プロ (PRO/big PRO/ large PRO) **196-198**
プロトタイプ (prototype) 17, 213
プロファイル (profile) 98, 186
文 (Sentence) **216-218**
分析的使役形 94
文体的言語使用域 315
分布上の枠組み 225
文法 (grammar) 55

文法格 (grammatical case) **90-91**
文脈依存 (context sensitive / contextual) 29, **91**
文脈依存規則 54
文脈自由 29, 38
文脈自由規則 54
分裂S型 (split-S) **72**
分裂自動詞型 (split-intransitivity) **72**
分裂能格性 (split-ergativity) **72**, **221**
分裂文 (Cleft sentence) **98-99**, 142
文連結詞 188
併合 (Merge) **42-43**, **107**, **158**, **172**, **174**, **205**, **220**
平叙文 (declarative sentence) 217, 228, 263
ベハーゲルの法則 (Behaghel's Law) **84**, 258
変形 (transformation) **238**
変形生成文法 (Transformational Generative Grammar) **60-61**
変項 (variable) **249**
編入 (incorporation) **162-163**
変容者 (Undergoer) 212, 215, 241
母音変異 (ablaut) 190
法／ムード (mood) 56-58, 167
包含語 (polysynthetic language) 163
包含性条件 (Inclusiveness Condition) 121, **162**
方向 (Direction) 215

抱合　230
補完（complete）　20
母型　230
母語の直観（native language intuition）　243
ポスタル，ポール（Postal, Paul M.）　29, **319**, 323
補足部（Afterthought）　**68**
補部，補文（Complement）　**104–105**
補文（Complement clause）　**105–106**
補文標識（Complementizer）　**106**, 192
補文標識句（Complementizer Phrase（CP））　63, 106, 130, 135, 138, 174, 192, 264
ホメロスのギリシャ語（Homeric Greek）　181, 284

[ま行]

末端部（tail/foot）　**95**
末尾／末尾要素（tail）　**68**, 194
未完了　222
右，左枝分かれ（Right- vs Left-branching）　**209**
ミクロ役割（micro-role）　212
自らの意志で行動する　223
ミステク語（Mixtec）　321
ミニマリスト・プログラム／極小主義プログラム（Minimalist Program）　**40–43**, 273
無強勢の　285
娘（daughter）　**175**
無生物　153, 214, 240

名詞句移動（Move NP/NP-movement）　**34**, **49–50**, **175–176**
名詞句島（NP island）　165
名詞文（nominal sentence）　**216**
命令文（imperative sentence）　217
メノミニ語（Menomini）　267–269
目的（Purpose）　214
目的語（object）　**179**
目的語節（object clause）　**105**
目的語編入　163
目標子／着点（goal）　**42**, 146
モジュール　9, 16, 31, 34, 61, 85, 92
モジュール文法（modular grammar）　11
元位置 Wh（Wh-in situ）　123, **255–256**
モンタギュー文法（Montague Grammar）　29, **43–44**

[や行]

役割指示文法（Role and Reference Grammar）　8, **51–53**
宿主（host）　**99–102**, **160**, 181
優位条件／優位性条件（Superiority Condition）　**231**, 256
優位な位置　231
有生（animate）　75, 128–129, 240
有生性（Animacy）　**75–76**, 163
有生性の尺度（animacy scale）　75
有標性の制約（Markedness

Index

constraint) **44**
与格 (Dative) **88**, **125**
与格移動 (dative shift) **125**, **164**, **239**

[ら行]

ラテン語 (Latin) 89-90, 105, 110-111, 118, 184, 189, 196, 204, 211, 227, 250-251, 258, 285, 315
理由 (Reason) 214
類 185
例外的格標示 (ECM) 106
例外的格標示動詞 (Exceptional Case Marking Verb (ECM Verb)) **137**
レイコフ, ジョージ (Lakoff, George) 30, 298, 323
列挙／語彙列挙 (Numeration / N) **41**, **172**, **177-178**
連結 (link) **95**
連結詞／繋辞 (copula) **118-120**, 196
連鎖 (Chain) **95**, 194, 242, 256
連鎖条件 (Chain Condition) **95-96**
連動詞 (serial verb) 83, 123, **169**, **218-219**
ロス, ジョン・R (Ross, John R.) 29, 304
ロマンス諸語 (Romance languages) 100, 102, 129, 154, 177, 187, 204, 252, 303, 315
論理学 (logic) 5, 44, 268, 317

論理形式 (Logical Form (LF)) **170-171**

[わ行]

話題 (topic) **235-237**
話題化 (topicalization) 132, 235-236
話題化する (topicalize) 235-236
話題卓越言語 (topic-prominent language) **230**, 236
話題連続性 (topic continuity) **237**
ワッカーナゲル接語 (Wackernagel clitic) **100-101**
ワルピリ語 (Warlpiri) 108, 181

[英字・ギリシャ文字から始まる語]

A 位置 (A-position) **63**, 84, 95 175
A 移動 (A movement) 237
A 束縛 (A-binding) 84, 96
A バー位置 (A-bar position) 34, **63**, 84, 95, 256-257
A バー移動 (A-bar movement) 238
A バー連鎖 95
A 連鎖 95-96
C-I システム 232
C 統御 (C-command) **33**, 84, **102-104**, **149**, 210
D 構造（深層構造）(D-structure / Deep Structure) **125-126**, **205**

E 言語／外在言語（E-language / external language） **244**
FOXP2 244
I 移動 180
I 言語／内在言語（I-language / internal language） **244**
LF 条件（LF condition） 96
NP 痕跡（NP-trace） 120, 134–136, **176**, 237
P2 接語（P2 clitic） **100**, **181–182**, 286
pro-drop 言語 **177**
SPE（Sound Patterns of English） 44
S 構造（表層構造）（SS, S-structure） **221**, **231–232**
S 構造条件 96

Tough 移動（Tough Movement） **237**
Wh 移動（Wh-movement） **50**, **256–257**
wh 疑問文（wh-question） 84, 142, 231
X バー理論（X-bar theory） **262–265**
α 移動（Move α） **34–35**, **50**, **173–174**, 273
θ 基準／主題基準（Theta Criterion） 33, 199, 201, 233, **234–235**
θ 標示（Theta-mark） 95
θ 役割付与 150, 172, 253
θ 理論（Theta theory） 13, 31

2. 英語事項索引

[A]

A-position（A 位置） **63**, 84, 95, 175

A-bar binding（非 A 束縛／A バー束縛） 84, 180, 210, 249

A-bar movement（A バー移動） 238

A-bar position（A バー位置） 34, **63**, 84, 95, 256-257

A-binding（A 束縛） 84, 96

ablative（奪格） **89**

ablaut（母音変異） 190

absolute case（絶対格） **64**, 72, **89**, 227-228, 252-253

abstract case（抽象格） 31, 88, **91-92**, 250

accent（強勢） 99-100, 102, 144, 284-285

accessibility（接近可能性） 227-228

Accessibility hierarchy（接近可能性階層） **64**, 207

accomplishment（達成） 148, **223-224**

accusative（対格） **88**, 105

achievement（到達） **223-224**

Actant（行為項） 21, **64**, 282-283

action/activity（活動） 148, **222-224**, 241

active（活格型） **71-72**

Active Language（活格言語） **65**

active topic（活性話題） **237**

active-stative（活格-状態格型） **71-72**

Active/active voice（能動態） 38, **65**, 201, 203, 239, **250-251**

Actor（行為者／動作主） 64, **65**, 194, 211-213, 241

Actualization（具現） **65**

Addressee（受信者） 212-213

Adjunct（付加部） **65-66**

Adposition（接置詞） **66**, **109**, 141, **188**

Adverb（副詞） **66**

adverbial（副詞格） **91**

Adverbial（副詞的語句／副詞類） **66-67**, 90, **152**, 162-163, 251

Adverbial clause（副詞節） **67**, 97, 114, 156, 230

affix（接辞） 163, 168

Afterthought（補足部） **68**

agent（動作主） 65, 72, 89, 93, 114, 126, 197, 212, 214, 221, 228, 232, 250-253

Agree（一致） 146, 165

Agreement（一致） 41, **68-71**

Agreement（一致要素） 33, 192, 199

Aktionsart（動作相） 223

Algonquian（アルゴンキン語族） 268-269

Alignment/alignment system（格システム） **71-73**, 294

allative（向格） **89**

anaphor（照応形／照応表現）
73-75
Anaphora（照応関係）**73-75**, 194
anaphoric pronoun（照応代名詞）
70, 74, 120, 236
Animacy（有生性）**75-76**, 163
animacy scale（有生性の尺度）
75
animate（有生）75, 128-129, 240
Antecedent（先行詞）**76**
Antipassive（逆受動態／反受動）
76, 252
Applicative（充当態）**76-77**
applicative case（適用態）253
Apposition（同格関係）**77-78**
arc（弧）47
Arc Pair Grammar（対弧文法）
48
Argument（項）**78-80**
argument structure（項構造／a 構
造）40, 44, **78-80**, 125, 168,
195, **248**
Articulatory and Perceptual
property/A-P system（調音・
知覚特性／A-P システム）
81, 170
aspect（相）167
asyndetic parataxis（非接続詞並
列）184
Attribute（限定語）**81**
attributive（限定的／限定用法の）
20, 22, 70
Attributive clause（限定節）
81-82, 205, 230
Autolexical Grammar（自律語彙
文法）11

Auxiliary（助動詞）**82-83**, 168,
188
aversive（嫌悪格）**90**
AVM（属性・値行列表記）36

[B]

background（背景化）**156**, 163
base-generate（基底生成）41,
170, 173, 255-256
Behaghel's Law（ベハーゲルの法
則）**84**, 258
behaviorism（行動主義）5, 267-
268
beneficiary（受益者）212, 214,
219, 229, 233
beneficiary（受益者格）77
Binding（束縛）**84-85**, 170, 225
binding domain（束縛領域）74,
171
Binding Principle A・B・C（束
縛原理 A・B・C）**85**
Binding Theory（束縛理論）24,
85-87
bleaching（漂白化）168
bound morpheme（拘束形態素）
16, 21, 112, 155, 268
Bounding theory（境界理論）31
Branching（枝分かれ）**87**

[C]

C-command（C 統御）**33**, 84,
102-104, **149**, 210
Case（格）**88-91**
Case assigner（格付与子）137
Case checking（格照合）96
Case feature（格素性）242

Index

Case Filter（格フィルター） 33, **92**, **96**, 249
Case Grammar（格文法） 7, **12-13**, 16-17, 88, 212, 296
case marking（格標示） **88**, 90-91
Case Theory（格理論） 31, 33, **92**
Case-assignment（格付与） 42, **91**, 96, 138, 175
Case-feature checking（格素性照合） 42
Cataphora（後方照応） **92-93**
categorial grammar（範疇文法） **44**
category（範疇） 17, 19, 33, 42, 54, 134, 154, 157, 216, 224, 231, 262
Causative（使役） **93-95**, 224
causative（使役態） **76-77**
causative construction（使役構文） **93-95**, 253
causative verb（使役動詞） **93**
Cause（原因） 67, 214
causee（被使役者） **93**, 95
Chain（連鎖） **95**, 194, 242, 256
Chain Condition（連鎖条件） **95-96**
change of position（位置の変化） 223-224
change of state（状態変化） 148, 222, 224, 239
check/checking（照合(する)） **96**
checking domain（照合領域） 170
Chinese（中国語） 255-256, 298

chômeur（失業者） 48, **97**, 251
circumstant（状況項／状況体） 21, 64, 283
circumstantial（状況的） 58, **97**
circumstantial（状況表現） 65
class（類） 185
Classical Greek（古典ギリシャ語） 128, 147, 208, 251, 258, 261, 315
classical philology（古典文献学） 284
CLAUSE COMPLEX（節複合） 216
Cleft sentence（分裂文） **98-99**, 142
clitic（接語） 11, **99-102**, 163, 168, 286
closed class（閉じたクラス） 185, 188-189
coding（記号化） 227, 258
Cognitive Grammar（認知文法） 7-10, 13, **16-18**, 61, 98, 186, 249
Cognitive Linguistics（認知言語学） 9, 22, 280, 296, 304, 308
cognitive science（認知科学） 15, 270, 274
coindexation（同一指標） 49, 84, 136
Comitative（付随者） 214
comment（評言） **104**, 143, 209, 218, **235-236**
competence（言語能力） 244, 272
Complement（補部，補文） **104-105**
Complement clause（補文）

105-106
Complementizer（補文標識） **106**, 192
Complementizer Phrase (CP)（補文標識句） 63, 106, 130, 135, 138, 174, 192, 264
complete（補完） 20
Complex Noun Phrase Condition（複合名詞句条件） **165**
complex sentence（複文） 98, **216**, 230
compound（複合語） 163, 190
compound sentence（重文） **216**
computation（計算） 140, 177, 191, **220**
computational system（計算システム） 15, **106-107**, **177**, 183
CON（制約） 44
Conceptual and Intentional property（概念意図特性（C-I体系）） **107**
conceptual necessity（概念的必然性） 126, 232
concrete case / concrete（具象格） **90-91**
Configurational vs. nonconfigurational language（階層言語対非階層言語） **108**
conjunction（接続詞） 284
connexion（結合） 20
Constituency（構成素性） 23, **108**
Constituent（構成素） **109-112**
Construction Grammar（構文文法） **17-19**, 23
contact clause（接触節） **113**, 207
context sensitive / contexual（文脈依存） 29, **91**
control construction（制御構文） 74
Control Theory（制御理論／コントロール理論） 31, **113**
Control verb（制御動詞） 36
controlled（制御される） 222-223
controller（制御子） 68, 74-76, 197
convergence（収束（する）） 107, **115**, 190
coordination reduction（等位構造縮約） **117-118**, 226-229
copula（連結詞／繋辞） **118-120**, 196
Copy（コピー） 43, **120-121**, 174, 190, 256
core（中核部） 26, 122, 176
corefer（共指示する） 171
coreferentiality（同一指示性） 24
coverb（共動詞） 219
covert（非顕在的） 48, 123-124, 134, 139, 142, 174, 255-256
covert syntax（非顕在的統語論） **124**, 200, 254
crash（破綻（する）） 42, 96, 107, **115**, 144, 242
creativity of human language（人間言語の創造性） 243
Cree（クリー語） 269
cyclically（循環的） 54, 273

[D]

D-structure / Deep Structure（D構造／深層構造） **125-126**, 205
Dative（与格） **88**, **125**

Index

dative shift（与格移動）**125**, **164**, **239**
daughter（娘）175
Daughter-Dependency Grammar（姉妹依存文法）62
de-sententialized（脱文化して）**230**
declarative sentence（平叙文）217, 228, 263
deep case（深層格）12-13, 88, 212, 296
deep structure tree（深層構造樹形図）**53**
definite（定）186
definiteness（定性）128, 131, 154, 162, 187
deictic（直示語）187
delete/deletion（削除）96, 120, **126**, 165, 200, 242
demote（降格（する））48
demotion（降格）**126**, 251
dependant（従属項）**20**-**22**
Dependecy relation/dependency（依存関係）19-22, 61, **126-127**, 146, 158-159, 172, 281-282
Dependency Grammar（依存文法）**19-21**, 25, 78, 281-282
dependent clause（依存節）230
derivational morpheme（派生形態素）95
diathesis（統語型）**250**, 252
direct（直接格）**91**
direct object（直接目的語）53
Direction（方向）215
discourse（談話）92, 97, 292
ditransitive/bitransitive（二重他動詞）94, 130, 164, 168-169, 186, 239
double case（二重格表示）70
dummy（替え玉の）229
dynamic state of affairs（動的事態）222, 224

[E]

E-language/external language（E言語／外在言語）**244**
ECM（例外的格標示）106
Economy of movement（移動の経済性）45-46
edge（外縁部）191
elative（出格）89
Emergent Grammar（創発文法）**22**, 296
emotive order（感情的順序）257-258
Empty Category Principle (ECP)（空範疇原理）33, 121, **135-136**, 170
enclitic（接語要素）181
épithète（形容項）21
equi NP deletion（同一名詞句削除）**137**, 227
ergative（能格）70-72, **89**, 253
ergative（能格型）**71**
essive（態格）**90**
EVAL（評価）45
evaluate（検証）271
event（事象）23, 114, 184-186, 212, 218, 221-224, 240, 247, 283
Exceptional Case Marking Verb

(ECM Verb)（例外的格標示動詞）**137**
exclamatory sentence（感嘆文） 217
experiencer（経験者） 212-213, 215, **233-234**, 264
Expletive（虚辞） 98-99, **138-139**, 199, 202, 229
Extended Projection Principle (EPP)（拡大投射原理） **33**, **139-140**, 199, 229
Extended Projection Principle Feature (EPP feature)（拡大投射原理素性） 42
external argument（外項） **149**, 262-265
extrability（摘出可能性） 165
extraction（取り出し） 165

[F]

faculty of language（言語機能） 41, **244**, 273
faculty of language in the broad sense（広義の言語機能） **244**
faculty of language in the narrow sense（狭義の言語機能） **244**
feature（素性） 167, 242, 273
feature checking（素性照合） 96, 174, 254
finite verb（定形動詞） 32, 67-68, 197, 202, 217, 225, 245, 261, 285
focus（焦点） 99, 104, 142, 194, 218
fonction nodale（節点機能） 20
Force（力） 214

formal feature（形式素性） 41, 167
Fox（フォックス語） 269
FOXP2 (FOXP2) 244
Frame semantics（フレーム意味論） 13, 16-17, 296
French（フランス語） 64, 94-95, 97, 124, 142, 229, 245, 254-255, 258-259, 303
Full Interpretation（完全解釈） 40, 45-46, **144**, 273
Full Interpretation Principle（完全解釈の原理） 34, **242**, 273
functional category（機能範疇） 41, 168, 183
Functional Grammar（機能文法） **25-28**
Functional Sentence Perspective（機能的構文論） **28-29**
functionalism（機能主義） 8-10, 277, 290, 297

[G]

GEN（生成） 45
gender（性） 165, 185
generalized transformation（一般化変形） 42, 53
Generative Semantics（生成意味論） 7, 9, 12, 16, 23, 24, **29-30**, 296, 308, 317, 319, 323
Generlized Phrase Structure Grammar（一般化句構造文法） **29**
genetive（属格） **88**
German（ドイツ語） **245-246**
Germanic（ゲルマン語派） 69,

Index

76-77, 140, 148, 157, 211, 245-246, 260, 285
Global Condition (派生全体に対する条件) 167
Glossematics (言理論) 306
Goal (着点) 215
goal (目標子／着点) **42, 146**
governing domain (統率領域) 85-86, **151**
government (統率) **146-152**
Government and Binding and Principles and Parameters Theory (統率・束縛原理と媒介変数理論) **30**
Government and Binding Theory (統率・束縛理論) **34**, 85, 253
Government theory (統率理論) 31-34
grammar (文法) 55
grammatical case (文法格) **90-91**
Greed (貪欲) 167
Greek (ギリシャ語) 74, 93, 147, 181, 183, 189, 227, 230, 285
Greenberg's universals (グリーンバーグの普遍性) 311

[H]

head (主要部) **157-158**
head (先頭部) **95**
Head Driven Phrase Structure Grammar (主要部駆動文法／主要部駆動句構造文法) 29, **35-37**
head-last (主要部後続) 183
head-to-head movement (主要部-主要部移動) **174**
heavy (重い) **110**, 254
Hittite (ヒッタイト語) 94, 101-102, 285
Homeric Greek (ホメロスのギリシャ語) 181, 284
host (宿主) **99-102, 160**, 181
hypotaxis/subordination (従属) **230-231**

[I]

I-language/internal language (I言語／内在言語) **244**
iconically (時系列的) 184
illative (入格) 89
illocutionary force (発話内の力) 230-231
immediate constituent (直接構成素) 13, 87, **111**
imperative sentence (命令文) 217
inactive (非活性／不活性) 146, **237**
inchoative (起動) 224
Inclusiveness Condition (包含性条件) 121, **162**
incorporation (編入) **162-163**
indefinite (不定(の)) 128-129, 163, 186-187
index (指標) 103, 107, 177, 232
Indirect (間接者) 212, 214
indirect (間接的) **164**
indirect macro-role (間接マクロ役割) 212
indirect object (間接目的語)

152, **164**
indirect questions（間接疑問文） **105**, 197
Indo-European languages（インド・ヨーロッパ諸語） 155, 181-182, 185, 188-189, 284-285
inessive（内格） 89
inflection（屈折） 167, 202, 218, 263
inflectional morpheme（屈折形態素） 41, 95
inflectional phrase（屈折句／屈折要素句） 91, 139, 151, 174, 192, 198, 216, 232, 263
inherent Case（内在格） 92
innate（生得的） 243, 272
instrument（道具） 212, 214, 229
instrument case（具格） **88-89**, 253
interface（インターフェイス） 60, 107, 115, 126, 144, 246
interjection（間投詞） 188
Intermediary（仲介者） 214
internal argument（内項） 137, **149**, 225, 232
internal domain（内部領域） 170
internally headed relative clause（主要部内在型関係節） 207
interpretable（解釈可能） 40, 107, 199
interpretable feature（解釈可能素性） **41**, 144, 146, 163, **164-165**, 167
interpretive semantic rule（意味解釈規則） 24

interrogative sentence（疑問文） 50, 84, 174, 217, 228, 263
intransitive verb（自動詞） **238**, **250-251**
Inverted pseudo-cleft（倒置擬似分裂文） **99**
island（島） **165**
Island condition（島の条件） **165**
Island constraint（島の制約） **165**

[J]

Japanese（日本語） 60, 145, 154, 168, 183, 188, 207, 233, 236, 255-257, 259, 263, 298
jonction（接合） 20-21

[K]

kernel sentence（核文） 14, **166**, **218**

[L]

Lakoff, George（レイコフ, ジョージ） 30, 298, 323
language acquisition（言語習得／言語獲得） 5, 25, 44, 54, 182, 243, 263, 272
Last Resort（最終手段／最後の手段） **167**
Last Resort Condition（最終手段条件） **167**
Last Resort Movement（最後の手段としての移動） **41**
Latin（ラテン語） 89-90, 105, 110-111, 118, 184, 189, 196, 204, 211, 227, 250-251, 258, 285, 315

Index

lexeme（辞素） 55
lexeme stratum（辞層） 55
lexical aspect（語彙相） **223**
lexical aspect, Aktionsart（語彙的アスペクト） 186
Lexical Functional Grammar（語彙機能文法） 22, 29, 35, **37**-**40**, 47, 152, 248, 289
lexical insertion（語彙挿入） 151, 235
lexical item（語彙項目） 177-178, 185-186
Lexical Redundancy Rule（語彙余剰規則） **165**, **167**
Lexicalist Grammatical Model（語彙論的文法モデル） 24
lexicalist hypothesis（語彙論仮説） 24
lexicon（語彙部門） 165
lexicon（辞書） 11, 17, 23-25, 35, 56, 60, 113, 183
LF condition（LF 条件） 96
light（軽い） **110**, **254**, 258-259, 288
light verb（軽動詞） **167**-**169**, 265
linguistic creativity（言語的創造性） 272
Linguistic Society of America (LSA)（アメリカ言語学会） 267, 294, 301
link（連結） **95**
locality（局所性） 42, 85, **170**
locality condition（局所性条件） 170
locative（位置格） **89**
Locative / location（場所格） 12-13, **89**, 215
logic（論理学） 5, 44, 268, 317
Logical Form (LF)（論理形式） **170**-**171**

[M]

main clause（主節） 97-98, 216-218
malefactive（被害者） 214
Markedness constraint（有標性の制約） **44**
material（物質的） 224, 240
Means（手段） 214
Menomini（メノミニ語） 267-269
Merge（併合） **42**-**43**, **107**, **158**, **172**, **174**, **205**, **220**
micro-role（ミクロ役割） 212
middle voice（中間態） **251**-**252**
minimal domain（最小領域） 170
Minimalist Program（ミニマリスト・プログラム／極小主義プログラム） **40**-**43**, 273
minimality（最小性） 170
Mixtec（ミステク語） 321
Modern High German（現代高地ドイツ語） 245, 288
modification relation（修飾関係） **79**, **108**, 127
modular grammar（モジュール文法） 11
monostratal（単層的） 11, 60-61
Montague Grammar（モンタギュー文法） 29, **43**-**44**
mood（法／ムード） 56-58, 167
morphemic stratum（形態層） 55

morphological case（形態格） 88
morphology（形態論） 11, 23, 51, 56, 59-61, 112-113, 154, 218, 254, 268, 284-285, 292, 317
mother（母親） **175**
mots pleins（充実語） 21
mots vides（空疎語） 21
Move（移動） 42, **107**, 120, **220-221**, 265
Move NP / NP-movement（名詞句移動） **34**, **49-50**, **175-176**
Move α（α 移動） **34-35**, **50**, **173-174**, 273
Movement（移動） **173-174**
multistratal theory（多層理論） 46

[N]

narrow scope（狭い作用域） 210
native language intuition（母語の直観） 243
negator（否定詞） 188
Neogrammarian（青年文法学派） 284, 292
Neurocognitive Linguistics（神経認知言語学） 55
noeud structural（構造節点） 20
nominal sentence（名詞文） **216**
nominative（主格） **88-91**
nominative-accusative（主格-対格型） **71**
nominative-accusative language（主格-対格言語） 128, 226
nonconfigurational language（非階層的言語） 111, 211
nonrestrictive（非制限的） 78, **208**
NP island（名詞句島） 165
NP-trace（NP 痕跡） 120, 134-136, **176**, 237
nucleus（核心部） **176**, 190
null case（空格） 198
null object language（空目的語言語） **177**
null subject（空主語） 32, 98-99, 128, **139**, **177**, 197, 246
Null subject language（空主語言語） 99, 138, **177**, **198**, 199, 229, 258
Null subject parameter（空主語パラメター） 182
number（数） 165, 185
Numeration / N（列挙／語彙列挙） **41**, 121, 162, **172**, **177-178**, **220-221**, 273

[O]

object（目的語） **179**
object clause（目的語節） **105**
Oblique / Oblique case（斜格） 33, 88, **91**, **152**, **179**, 207, 253
Ojibwa（オジブワ語） 269
old information（旧情報） 104, 236
open class（開いたクラス） 185, 189
operand（被演算子） 22, **158**, **179**
Operator（演算子） 22, 63, 84, 95, **180**, 210, 238, 249
Optimality Theory（最適性理論） **44-46**, 289
Otomangean（オトマンゲ語族）

Index

321
overt（顕在的） 26, 50, 92, 133, 135, 135, 142, 179, 207, 217, 229, 235, 254-256, 273
overt component（顕在的部門） 242
Overt movement（顕在的移動） 42, 124, 174, **180**, 255
overt syntax（顕在的統語論） 200, 220, 223, 225, 254

[P]

P2 clitic（P2 接語） **100**, **181-182**, 286
parameter（パラメーター／媒介変数） 5, 22, 30-31, 40, **182-183**, 221-222, 224, 273
Participant（参加者／参与者） 64, **185**, **221**
particle（不変化詞） 181, 187-188, 233, 236, 284-285
partitive（部分格） **90**
passive voice（受動態） **250-253**
passivize／passivization（受動化（する）） 14, 34, 47, 54, 105, 164, 239
Path（経路） 89, 215
patient（被動者） 72, 212-213, 215, 228-229, 233, 239, 251-253
performance（言語運用） 272
peripheral（周辺格） **91**
periphery／satellite（周辺部） 26, 52, **66**, 121-122, **190**, 218
perlative（通格） **89**
Perlmutter, David（パールムッター，デイビッド） 46, 319
person（人称） 41, 165, 186
perspective（視界） 251
phase（位相／フェイズ） 42, 107, 115, **190-191**, 226
Phase Impenetrability Condition (PIC)（位相不可侵条件） **191**
PHON（音韻制約） 36
Phonetic Form／PF（音声形式） **220-221**
phonological host（音韻的宿主） **101**, 160
phonology（音韻論） 2, 11, 44, 55, 59-60, 273, 284, 292, 302
phrasal affix（句接辞） **99**, 102
phrase marker（句標識） 13-14, 16, 53, 120, 175, **193**
phrase structure marker（句構造標識） 63, 102
Phrase structure rule（句構造規則／構成素構造規則） **13**, 16, 29, 32, 47, 53, **193-194**, 273
Pivot（軸項） **194**
pleonastic（冗語的） 170
plural（複数） 49, 70-71, 75, 93, 116, 240
polysynthetic language（包含語） 163
position（位置） **222**
possessor（所有者） 212-213
Postal, Paul M.（ポスタル，ポール） 29, 323
postposition（後置詞） 109, 140-141, **188**, **194**, 259
poverty of the stimulus（刺激の貧

困）243, 272
pragmatics（語用論）3, 17, 56, 297, 317
Prague School（プラーグ学派）3, 28, 104, 257, 281, 315
precedence（先行）175
predicate（述語）**195-196**
Predicate frame（述語枠／述語フレーム）27-28, 40, **195-196**, **248**
Predication（叙述）**196**, 221, 229, 292
prepositional（前置詞格）**88-89**
preverb（動詞前辞）285
primitive grammatical relation（原始的文法関係）97
principle A of Binding Theory（束縛理論の原理 A）120-121, 171, 237
principle C (of the Binding Theory)（（束縛理論の）原理 C／束縛原理 C）86-87, 121, 135, 257
principle of economy of derivation（派生の経済性原理）41
Principles and Parameters (P&P) Theory（原理・媒介変数理論）**30-34**
Pro-drop（代名詞脱落／代名詞省略）32, **200**
Pro-Drop Language（代名詞省略言語）**198**
PRO/big PRO/large PRO（プロ／大プロ）**196-198**
Pro/little pro/small pro（小プロ）**198-200**

Probe（探査子）**42**, **146**
process（過程）**221-224**, 240
process of being（存在の過程）224
process of doing（行為の過程）224
process of sensing（感覚の過程）224
proclisis（後接）**100**
Proclitic（前接語）**200**
Procrastinate（先延ばし（原理））96, **123**, 167, **174**, **200**, 254
profile（プロファイル）98, 186
Projection Principle（投射原理）**33**, 170, **200-201**
promote（昇格（する））48
promotion（昇格）48, **201**, 251
Pronoun（代名詞）**201**
prototype（プロトタイプ）17, 213
pseudo-cleft（擬似分裂文）**99**
Purpose（目的）214

[Q]
quantifier（数量詞）210

[R]
Radical Construction Grammar（根源的構文文法）**17-19**, 290
Raising（繰り上げ）34, **202-203**, 227
raising verb（繰り上げ動詞）**197**, **202-203**
realis（現実）240
Reanalysis（再分析）141,

Index

204-205, 308
Reason（理由）214
rebracketing（再括弧化）**204**
recipient（受領者）18, 212-213, 229
reciprocal（相互代名詞）85
rection（支配）20
Recursion / recursivity（回帰性／再帰性／回帰の能力）53-54, 133, 188, **205**, 216, 244
recursively（再帰的に）263
referential expression（指示表現）31, 33, 85-86, 121, 151
referential / definite（指示的）64, 197, 240
reflexive binding（再帰代名詞束縛）103
reflexive pronoun / reflexive（再帰代名詞）85, 103, 227
regissant（支配項）**20-22**
régit（支配する）20
relational（関係格）**91**
Relational Grammar（関係文法）**46-48**
relative clause（関係節）50, 81, 97-99, 134, 172, **205-208**, 226-227, 257, 259
relativization（関係節化）34, 206-207, 226-227
restrictive（制限的）**78**, 208
restructuring（再構造化）**204**, **208**
Resumption（再録詞）206, **209**
resumptive pronoun（再録代名詞）**206**
Revised Extended Standard Transformation（修正拡大標準（変形生成）理論）**49-50**
rheme（題述）104, 148, 209, 212, 218, 233, 257, 315
Right- vs Left-branching（右, 左枝分かれ）**209**
Role and Reference Grammar（役割指示文法）8, **51-53**
Romance languages（ロマンス諸語）100, 102, 129, 154, 177, 187, 204, 252, 303, 315
Ross, John R.（ロス, ジョン R.）29, 304
Royal Bohemian Society of Sciences（王立ボヘミア科学学会）315

[S]

Sanskrit（サンスクリット語）284, 292
Scope（作用域）**210**
Scrambling（掻き混ぜ）**211**
Select / select（選択／選択する）43, **107**, 220-221
Selection（選択）**211**
semantic agreement（意味上の一致）**69**
semantic bleaching（意味漂白）83
semantic case（意味格）**90-91**
Semantic Function Hierarchy（意味的機能階層）**228**
semantic interpretation（意味解釈）165, 170, 242
Semantic macro-role（意味マクロ役割）**211-212**, 214

semantic pole（意味極） 186
semantic representation（意味表示） 23-25, 34, 50-51, 55
Semantic role（意味役割） **212-215**, **232-234**, 252
semantic subject（意味上の主語） **202**
semantics（意味論） 7-8, 11, 13, 17, 22, 24, 30, 56, 180, 246, 297, 302, 304, 308, 317
semology（意義素論） 55
Sentence（文） **216-218**
serial verb（連動詞） 83, 123, **169**, 218-219
Shortest Move（最短移動） **41**
simple sentence（単文） **216**
singular（単数） 68-71
singular transformation（単一変形規則） 54
Sisterhood（姉妹関係） 96, 149-150, **219**
sisters（姉妹） **175**, 219, 262, 264
situation（状況） **222-223**
small clause（小節） 216, **219-220**
Sound Patterns of English (SPE) 44
Source（起点） 215
Space Grammar（空間文法） 16, 308
spatial（空間格） **89**
Spec-head agreement（指定部-主要部一致） 150, 170
special clitic（特殊接語） **102**
Specified Subject Condition（指定主語条件） **49**

specifier/Spec（指定部） 41-42, 45, 63, 96, 135, 140, 150-151, 174, 191, 219, 238, 255-256, 262, 265
Spell out（書き出し） 107, **220-221**, 225, 273
split-ergativity（分裂能格性） 72, **221**
split-intransitivity（分裂自動詞型） **72**
split-S（分裂S型） **72**
SS, S-structure（S構造（表層構造）） **221**, **231-232**
state（状態） **222**
State of affairs（事態） 114, 148, **221-224**
Stimulus（刺激） 215
stratificational grammar（成層文法） **55-56**, 61-62, 307
stratum/strata（層） 55
strong feature（強い素性／強素性） 140, 142, 174, 180, **225**, 254
structural host/host（構造上の宿主） **101**, 181
subcategorization（下位範疇化） 37, 41, 54, 79, **225**
subcategorization frame（下位範疇下フレーム） **225**
subcategorize（下位範疇化する） 54, **225**
Subjacency Condition（下接の条件） **49**, **225-226**
subject（主語） **53-54**, 152, **226-230**
subject clause（主語節） **105-106**,

Index

197
subject-prominent language（主語卓越言語） **229**
sublative（着格） 89
subordinate（従要素） 20-21
subordinate clause（従属節） 97-98, 105-106, 133-134, 216-218, 230-231
suffix copying（接尾辞転写） **70**, **231**
superessive（上格） 89
Superiority Condition（優位条件／優位性条件） **231**, 256
superordinate（主要素） 20
surface structure（表層構造） 11, 13, 24-25, 34, 50, 55, 126, 170, 204, **231-232**
symbolic structure（記号的構造） 186
syndetic parataxis（接続詞並列） 184
SYNSEM（統語・意味制約） 36
syntactic category（統語範疇） 34, 37, **185**, 194
syntactic representation（統語表示） 38, 51, 170, 173
syntactic subject（統語上の主語） **202**, 212
Systemic Functional Grammar（選択体系機能文法／選択体系的機能文法） **56**, 61, 66, 213, 215, 240, 299

[T]

Tagmemics（タグミーミックス／文法素論） **59-60**, 321

tail（尾部） **233**
tail（末尾／末尾要素） **68**, 194
tail / foot（末端部） **95**
target（標的子） 68-70, 76
tense（時制） 38, 41, 72, 118, 167, 181, 186, 192, 225
Tensed S Condition（時制文条件） **49**
the Principle of Compositionality（構成性の原理） 43
the Summer Institute of Linguistics (SIL)（アメリカ言語学会夏期講座） 321
theme（主題） **232-234**
Theta Criterion（主題基準／θ基準） 33, 199, 201, 233, **234-235**
Theta theory（θ理論） 13, 31
Theta-mark（θ標示） 95
theta-role assignment（θ役割付与） 150, 172, 253
Theta-role / thematic role（主題役割／θ役割） 31, 33, 63, 117, 138, 149-150, 197, 199, 202-203, 212, **233-234**, 250, 264
Time（時間） 215
Tober-Mussafia Law（トブラー＝ムッサフィアの法則） **100**, **235**, 286
topic（話題） **235-237**
topic continuity（話題連続性） **237**
topic-prominent language（話題卓越言語） **230**, 236
topicalization（話題化） 132, 235-236

topicalize(話題化する) 235-236
Tough Movement (Tough 移動) **237**
trace(痕跡) **174**, **238**
Trace Theory(痕跡理論) 31, **49**, 121, **238**
transformation(変形) **238**
Transformational Generative Grammar(変形生成文法) **60-61**
transition(推移) 224
transitive verb(他動詞) **238**
transitivity(他動性) **238-240**
translation(転換) 20-21
tree diagram(樹形図) 102, 120, 124, 175, 219, 231, **241**, 262
trivalent(三価動詞) **94-95**, 164

[U]

unaccusative(非対格) **242**
unaccusative (verb)(非対格動詞) 169, 175, **240-241**
uncontrolled(制御されない) 222
Undergoer(変容者) 212, 215, 241
unergative (verb)(非能格動詞) 169, **240-241**, 248
Uniformity Condition(画一性条件) **242**
Uninterpretable feature/ [−interpretable](解釈不能素性/[−解釈可能]) **41**, 96, **144**, 146, 165, **167**, 242
Universal Grammar(普遍文法) **243-244**

unvalued(値未付与の) 165
usage-based approach(使用依拠アプローチ) 22, 296

[V]

Verb Second Language/V2 language(動詞第二位言語/ V2言語) 181-182, 228, **245**
valency changing operation(結合価を変える操作) **94-95**
valency-changing(結合価変化) **76**
Valency/Valance(結合価) **246-249**
vantage point(展望地点) 251
variable(変項) 249
Vedic Sanskrit(ヴェーダ語) 285
verb form(動詞形) 81-83, 284
verb root(動詞語根) 168
Visibility Condition(可視条件) 92, **249-250**
vocative(呼格) **90**, 179
Voice(態) **250-253**
volitionality(意志性) 75
VP-internal subject hypothesis(動詞句内主語仮説) 150, 262, 264

[W]

Wackernagel clitic(ヴァッカーナゲル接語) **100-101**
Wackernagel, Jocob(ヴァッカーナーゲル, ヤーコプ) 181-182
Wackernagel's Law(ヴァッカーナーゲルの法則) 181, 246,

Index

254, 285
Warlpiri (ワルピリ語) 108, 181
Weak Feature (弱素性) **123**, 225, **254**
weakly accented (弱強勢) 284
weight of constituent (構成素の重さ) **110**, **254**, 258
well-formed (適格な) 153
Wh-in situ (元位置 Wh) 123, **255–256**
Wh-movement (Wh 移動) **50**, **256–257**
wh-question (wh 疑問文) 84, 142, 231
wide scope (広い作用域) 210
Word Grammar (語文法) **61–62**
word order (語順) **257–261**

[X]

X-bar theory (X バー理論) **262–265**

著者・監訳者・訳者紹介

[著者]

Sylvia Luraghi (シルヴィア ルラギ)

イタリア生まれ．トリノ大学で学士号，パヴィア大学で PhD を取得．現在，パヴィア大学，理論・応用言語学科准教授．

主要業績：*Linguistique historique et indoneuropéenne* (Louvaine-la-Neube, 2010), *The Bloomsbury Companion to Syntax* (Claudia Parodi と共著, Continuum, 2013), *Perspective on Semantic Roles* (Heiko Narrog と共著, Benjamins, 2014).

Claudia Parodi (クラウディア パロディ)

メキシコ生まれ．イベロアメリカーナ大学で，学士号，メキシコ国立自治大学で修士号を，カリフォルニア大学ロサンジェルス校で博士号を取得．現在カリフォルニア大学ロサンジェルス校，スペイン語・ポルトガル語学科教授．

主要業績：*El español de América* (Rebeca Barriga, Pedro Martín Butragüeño と共著, Arco Libros, 1999), *Visiones del encuentro de dos mundos en América: Lengua, cultura, traducción y transculturación* (Karen Dakin, Mercedes Montes de Oca と共著, メキシコ国立自治大学, 2009), *The Bloomsbury Companion to Syntax* (Sylvia Luraghi と共著, Continuum, 2013).

[監訳者・訳者]

外池　滋生 (とのいけ　しげお)

元青山学院大学文学部教授，哲学博士 (PhD). 専門分野は生成文法理

論(ミニマリスト統語論),日英語比較統語論,

主要業績:『ミニマリスト・プログラム』(共監訳,翔泳社),「第2次認知革命」『生成文法』(共著,岩波書店),『[新版] 入門ミニマリスト統語論』(監訳,研究社),「ミニマリスト・プログラム」『言語学の領域 (I)』(共著,朝倉書店)

江頭　浩樹　(えがしら　ひろき)

大妻女子大学比較文化学部准教授,博士 (文学).専門分野は統語論.

主要業績:"Topicalization and Relativization in Minimalist Syntax" *English Linguistics* 14,『[新版] 入門ミニマリスト統語論』(共訳,研究社),「主語からの Wh 移動の可能性について」『より良き代案を絶えず求めて』(共編著,開拓社),*On Extraction from Subjects: An Excorporation Account* (近刊,開拓社).

伊藤　達也　(いとう　たつや)

首都大学東京非常勤講師,修士 (文学).専門分野は統語論,意味論.

主要業績:『[新版] 入門ミニマリスト統語論』(共訳,研究社),「不定名詞の作用域」『英語と英語教育の眺望』(共著,DTP 出版),「E タイプ代名詞と「その」」『より良き代案を絶えず求めて』(共著,開拓社).

中澤　和夫　(なかざわ　かずお)

青山学院大学文学部教授,博士 (文学).専門分野は統語論.

主要業績:"The Genesis of English Head-Internal Relative Clauses" *English Linguistics* 23,「構文拡張の要件」『英語青年』152 巻 12 号,「公園通りと本町通りの交差点」『英語研究の次世代に向けて』(共編著,ひつじ書房),「限定修飾について」『英語語法文法研究』第 21 号,「統語的機能構造について」『より良き代案を絶えず求めて』(共編著,開拓社).

野村　美由紀　(のむら　みゆき)

北海道教育大学非常勤講師,修士 (イギリス文学).専門は英語学,統語論.

主要業績:"On Relatives"『より良き代案を絶えず求めて』(共著,開

拓社),『[新版] 入門ミニマリスト統語論』(共訳, 研究社), "Psych-Verbs and Quantifier Interpretation" *Proceedings of TACL Summer Institute of Linguistics* 1995 (TACL), "On Floating Quantifiers"『学習院大学人文科学論集』5 (学習院大学大学院人文科学研究科).

野村　忠央（のむら　ただお）

明海大学複言語・複文化教育センター講師, 博士（文学). 専門は英語学, 統語論, 英語語法文法研究.

主要業績：*ModalP and Subjunctive Present* (Hituzi Syobo),「本当に2種類の to が存在するのか？――制御タイプの to と繰り上げタイプの to」『英語と文学, 教育の視座』(共編著, DTP 出版),「beware の用法及び活用体系に基づく定形性の概念について」『より良き代案を絶えず求めて』(共編著, 開拓社),「〈to not do〉語順再考」『英語青年』153 巻 6 号 (共著).

大石　正幸（おおいし　まさゆき）

東北学院大学文学部教授, 文学博士. 専門は言語学.

主要業績：『障壁理論』(共訳, 研究社),『ミニマリスト・プログラム』(共監訳, 翔泳社),『言語と思考』(訳, 松柏社),『自然と言語』(共監訳, 研究社), "The Hunt for a Label"『より良き代案を絶えず求めて』(共編著, 開拓社).

大野　真機（おおの　まさき）

昭和大学富士吉田教育部講師, 修士（文学). 専門分野は統語論.

主要業績："On the Positions of Floated Quantifiers and Relativized Minimality" *The World of Linguistic Research: A Festschrift for Kinsuke Hasegawa on the Occasion of His Seventieth Birthday* (Kaitakusha), "Stranded Quantifiers, Reconstruction and QR" *Major Trends in Theoretical and Applied Linguistics*, volume 1 (De Gruyter).

西前　明（さいぜん　あきら）

明治学院大学非常勤講師, 修士（文学). 専門分野は統語論, 語法研究.

主要業績：『基礎知識辞典 20 世紀クロノペディア』(共訳, ゆまに書

房),『[新版] 入門ミニマリスト統語論』(共訳, 研究社),「英語の不定詞演算子節について」『日本英語英文学』第 24 号(日本英語英文学会),「tough 構文の派生について」『より良き代案を絶えず求めて』(共編著, 開拓社).

鈴木　泉子　(すずき　もとこ)
信州豊南短期大学言語コミュニケーション学科専任講師, 修士 (文学). 専門分野は英語学, 日本語学, 統語論, レキシコン研究.
主要業績:「ヲ格を伴う移動動詞について」『より良き代案を絶えず求めて』(共編著, 開拓社),「思考動詞のアスペクトに関する一考察」『ことばの事実をみつめて：言語研究の理論と実証』(開拓社),『[新版] 入門ミニマリスト統語論』(共訳, 研究社).

統語論キーターム事典

2016 年 9 月 22 日　第 1 版第 1 刷発行

著　者	Silvia Luraghi・Claudia Parodi
監訳者	外池滋生
訳　者	江頭浩樹・伊藤達也・中澤和夫・野村美由紀・野村忠央・大石正幸・大野真機・西前　明・鈴木泉子
発行者	武村哲司
印刷所	日之出印刷株式会社

発行所　株式会社　開拓社

〒113-0023　東京都文京区向丘 1-5-2
電話　(03) 5842-8900（代表）
振替　00160-8-39587
http://www.kaitakusha.co.jp

Japanese edition ⓒ 2016 Shigeo Tonoike et al.　　ISBN978-4-7589-2226-5　C3080

JCOPY ＜(社)出版者著作権管理機構　委託出版物＞
本書の無断複写は著作権法上での例外を除き禁じられています．複写される場合は，そのつど事前に，(社)出版者著作権管理機構（電話 03-3513-6969, FAX 03-3513-6979, e-mail: info@jcopy.or.jp）の許諾を得てください．